礼记的读法

LIJI DE
DUFA

林素玟 著

北京联合出版公司
Beijing United Publishing Co.,Ltd.

图书在版编目（CIP）数据

礼记的读法 / 林素玟著 . -- 北京：北京联合出版

公司, 2025. 5. -- ISBN 978-7-5596-8188-1

Ⅰ . K892.9

中国国家版本馆 CIP 数据核字第 2024EQ6859 号

北京市版权局著作权合同登记 图字：01-2025-1416

礼记的读法

作　　者：林素玟

出 品 人：赵红仕

责任编辑：牛炜征

封面设计：东合社 - 安宁

内文排版：九章文化

北京联合出版公司出版

（北京市西城区德外大街 83 号楼 9 层　100088）

北京联合天畅文化传播公司发行

固安兰星球彩色印刷有限公司印刷　新华书店经销

字数 278 千字　710 毫米 ×1000 毫米　1/16　22.25 印张

2025 年 5 月第 1 版　2025 年 5 月第 1 次印刷

ISBN 978-7-5596-8188-1

定价：75.00 元

目　录

导　读 001

壹　说"礼"：礼学概论 019
　　礼的产生 021
　　制礼原则 024
　　礼的分类 032
　　礼的功能 036

贰　生活游艺的威仪化身体 043
　　美身：见美尽饰 047
　　养身：饮食必时 072
　　敬身：言行孝亲 096

叁　即身涵德的艺术化身体 123
　　修身：诚意正心 125
　　澡身：博学浴德 138
　　成身：以乐彰德 163

肆　以体践礼的社会化身体　196

　　大体：养生送死　200

　　容体：践礼观德　211

　　遗体：终身行孝　240

伍　身体美学的终极理想　325

　　中和之美　327

　　大同之世　334

　　小康之治　338

　　身心：身体美学趋势　340

参考书目　343

导　读

　　《礼记》为古代"三礼"之一。"三礼"指《周礼》《仪礼》《礼记》三部周代有关国家典章制度、政治典礼、家族仪节的重要经典。《周礼》原名《周官》，是记载周代国家制度、团体行为规范的重要文献。《仪礼》为古代的《礼经》，记载的是周代的世俗仪文，以及士阶层以上贵族的个人行为规范。《礼记》最初是解释《仪礼》的文字记录，内容论及礼的根本意义、礼的核心价值，以及制定各种礼仪的原则等。

　　其后各朝代的礼制因革损益，《周礼》《仪礼》所载礼仪已多不适用于后代，反而《礼记》因诠释礼的精神意义、核心价值、制礼原则，重要性逐渐超越《周礼》《仪礼》，在汉初成为"五经"之一，在明代被纳入"十三经"。其中《大学》《中庸》两篇，为南宋朱熹自《礼记》一书所摘出独立成篇，与《论语》《孟子》合称为"四书"。

一、《礼记》的成书

　　《礼记》一书，并非一时一地一人的作品，而是经过数百年，由许多传礼的知识分子陆续完成。其编辑成书的过程，涉及作者、编纂者以及编纂年代等问题。据《汉书·艺文志》所载："《记》百三十一篇，七十子后学者所记也。"可知《礼记》为孔子弟子及其后学，将孔子及弟子论礼的言论记录下来,又经过汉初学者纂集成书。

秦汉之际,设有《诗》《书》《易》《礼》《春秋》五经博士。其中博士后苍专门研治《礼经》,著有《后氏曲台记》一书。后苍有两位著名的弟子:戴德和戴圣叔侄。戴德辑录了后苍阐论《礼经》的文字共八十五篇,称为《大戴礼记》,可惜残缺不全;戴德的侄子戴圣所辑录后苍论述《礼经》的文字共四十九篇,称为《小戴礼记》。戴圣所编的《小戴礼记》,因为有汉代大儒郑玄作注,到了唐代,又有孔子的后裔孔颖达作疏,因此流传非常广远,影响也比《大戴礼记》深远。

"十三经"所收录的《礼记》,即戴圣所编的《小戴礼记》。清代孙希旦广泛地搜集了汉代郑玄注、唐代孔颖达疏,以及历代的《礼记》注解文字,并加上孙氏个人的见解,辑成《礼记集解》一书,是自学与研究《礼记》不可或缺的参考文献。

本书以《小戴礼记》为文本基础,依内容重点,共分五章。

(1)版本:各章所摘录的"原典精选",以孙希旦《礼记集解》辑录的《礼记》原文作为征引文本之依据,并参校王梦鸥《礼记校证》《礼记今注今译》的考证成果。

(2)方法:以身体美学为诠释方法,参考现代学者诸多研究《礼记》及身体观、身体美学的成果,对精选原典从身体美学的理论角度加以诠释。

(3)架构:"原典精选"之下,附上"简注""语译"与"现代解读",期盼在传统经学的诠释方向之外,本书能够让经典活化,让《礼记》以崭新面貌呈现给现代人其独有的学习价值。

二、《礼记》的核心价值:中和之美

《礼记》共四十九篇,对周代生命过渡礼仪的精神意义以及各项仪节，均有深入的论述。就四十九篇的内容❶，其核心价值一言以蔽之，曰：中和之美。

由中和之美所展开的体系，可分为四个主要方面。

（1）通论：泛论礼的原则与价值。

（2）通礼：泛论生活常规与政令制度。

（3）专礼：专论冠、婚、丧、祭等生命过渡仪式。

（4）专礼：专论乡、射、燕、聘、投壶等人伦交往仪式。

以上四个方面在《礼记》中均有相对应的篇章加以深入阐述，从对应篇章的数量可以明显看出，先秦礼制所着重的核心价值在于中和的秩序之美，体现在生命过渡仪式中，则以丧礼与祭礼的篇章最为丰富，彰显了丧祭之礼在先秦父系的分封礼制之下，最受贵族的重视。

（一）通论：礼的原则与价值

1.泛论礼意

《礼记》中广泛地通论礼之意义的篇章有：

《礼运》，通论礼的兴起，以及因应时代变化而产生的演变与发展趋势。

《礼器》，由礼的外在形式探索礼的精神内涵，并提出五项制礼原则，即时、顺、体、宜、称。

《经解》，说明"六经"的教育宗旨和特色，归本到礼是领导政教的关键。

《哀公问》，以鲁哀公向孔子问礼，说明为政先礼、礼为政教之本。

---

❶ 以下《礼记》四十九篇文本的内容述要，参酌周何的意见，加以因革损益而成。周何：《礼记：儒家的理想国》，台北：时报文化出版企业股份有限公司，1996年，12—17页。

《仲尼燕居》，记述孔子为弟子讲论礼乐政教之道，说明礼对社会政教所具有的指导作用。

2.泛论与礼相关的学术思想

《礼记》中论及与礼有关的学术思想的篇章有：

《学记》，记述古代学校的教育目标、教育方法，以及教育心理、得失兴废等。

《乐记》，阐述礼乐的根源、形式、功能、理想境界等人文美学思想。

《孔子闲居》，记述孔子与子夏的问答，阐述礼乐的抽象精神与作用。

《坊记》，说明礼的目的在于事先的防范，以避免罪恶、过错的发生，从而建立健全的行为准则。

《中庸》，阐释中和的审美理想，说明修身的目标与美善的境界。

《表记》，说明君子应致力于内在道德的修养，以及对外在行为仪表的敬慎。

《缁衣》，说明有德位之君子，应以德化民，实现安国治民的政治理想。

《儒行》，说明儒者特有的道德行为，表明真正的儒者不同于凡俗的可贵之处。

《大学》，阐述个人修身、齐家，乃至治国、平天下的修德次第，由内圣而外王的终极理想。

（二）通礼：生活常规与政令制度

1.泛论世俗生活常规

《礼记》中论及士阶层以上贵族世俗生活常规的篇章有：

《曲礼》上下，记载日常生活的细小仪则，兼及说明朝廷及社会上的各种称谓。

《内则》，记述为人子女在家庭生活中行、住、坐、卧、衣、食的细小仪节。

《玉藻》，记述士阶层以上的贵族，在衣、食、容貌、称谓等方面的礼仪规定。

《少仪》，记载人际交往中许多应注意的琐细行为规范。

《深衣》，说明深衣的制度，以及符应规、矩、绳、权、衡的用意。

2.泛论国家政令制度

《礼记》中论及国家政令以及典章制度的篇章有：

《王制》，记述王者为政应具备的行政制度。

《月令》，说明一年十二个月，为政者应配合月份节气举行各种政令典礼。

《文王世子》，记述世子教育的内容，以及侍奉君父应有的态度与行为。

《明堂位》，记述鲁国兼备虞、夏、商、周四代典章制度，以及以诸侯国而能拥有天子礼乐的缘由。

（三）专礼：生命过渡仪式

1.冠礼

《冠义》原为《仪礼·士冠礼》的释文，阐述士冠礼的意义、社会功能与重要性，以及各项冠礼仪式的精神。

2.婚礼

《昏义》原为《仪礼·士昏礼》的释文，阐述士婚礼的意义、社会功能与重要性，以及六项婚礼仪式的精神。

3.丧礼

《礼记》四十九篇文本中，论丧葬礼仪的篇章最为丰富，共有十四篇，反映了先秦贵族阶层对丧葬礼仪的重视。十四篇的内容分别为：

《檀弓》上下，记述周人行丧礼时，得失的事迹或言语。

《曾子问》，以孔子与曾子问答的方式，对丧制和丧服做深入的讨论。

《丧服小记》，为《仪礼·丧服》的补记，偏重于士子丧服制度的说明。

《大传》，说明治理天下以亲亲为基础，由此论及宗法及丧服制度等问题。

《杂记》上下，杂记诸侯以至士子的丧礼，补充说明丧礼仪制的各种细节。

《丧大记》，记载士子以上不同阶层的丧制，多为丧葬用器的介绍。

《奔丧》，记述士子在外获知父母亡故，由远方匍匐奔丧的礼仪。

《问丧》，阐述士丧礼的精神、社会功能与重要性，以及重要丧仪的意义。

《服问》，依据《仪礼》，对丧服礼制做进一步的说明。

《间传》，记述丧礼仪节和服制，特别注重亲疏远近、轻重薄厚的举止。

《三年问》，阐释守丧"称情而立文"之精神，以及制定五种丧期的意义。

《丧服四制》，阐释丧服所依据的恩、理、节、权四种原则的核心精神，以及丧服制度的意义与功能。

4.祭礼

《礼记》四十九篇文本中，论祭祀礼仪的篇章共有四篇，反映了先秦贵族阶层对祭祀礼仪亦非常重视。四篇的内容分别为：

《郊特牲》，论述祭天、社祭、蜡祭的意义、社会功能与作用，以及重要仪式蕴含的精神。

《祭法》，记述日月山川等祭天、祭地的礼文仪节，以及宗庙祖先祭祀的制度。

《祭义》，说明宗庙祖先祭祀的义理、由来和作用，以此推论孝亲敬长之道。

《祭统》，说明祭礼的意义、社会功能与作用，并阐述祭祀的十项功能。

（四）专礼：人伦交往仪式

1.乡饮酒礼

《乡饮酒义》原为《仪礼·乡饮酒礼》的释文，阐述的是乡饮酒礼的意义、社会功能与作用，以及重要仪式的意义。

2.射礼

《射义》原为《仪礼·乡射礼》《仪礼·大射仪》两篇的释文，阐述的是乡射礼、大射仪的意义、社会功能与作用，以及"射以观德"的意义。

3.燕礼

《燕义》原为《仪礼·燕礼》的释文，阐述的是宴飨之礼的意义、社会功能，以及促进君臣一体、人和政通、威仪等差、示民有常的教育作用。

4. 聘礼

《聘义》原为《仪礼·聘礼》的释文，阐述的是聘礼的意义、社会功能，以及诸侯之间互相聘问、轻财重礼的作用。

5. 投壶礼

《投壶》阐述的是主人与宾客宴饮、讲论才艺的投壶礼制的功能与作用。

三、《礼记》的思维方法：身体美学

所谓身体，可从广义与狭义两方面加以定义。周与沉指出，狭义的身体，指形躯结构之身；广义的身体，则统摄形、气、心而组成生命整体。身体并非单指生物性的肉体，而是指蕴含着身与心、感性与灵性、自然与价值，以及生理、意识和无意识，而且在时空中动态生成、展现的生命整体。❶

21世纪以来，在中国思想史的研究中，身体观这一课题的研究蔚为大观，儒、道、释三家从不同角度对身体观进行研究。其中尤以儒家身体观的研究数量最多，成果也最为丰硕。周与沉指出，在先秦的文献典籍中，身与体是两个不同的概念，大多分别使用，彼此密切相关，却有不同的修养内容，功夫路径及实践功能亦有所差异。身的含义非常广泛，除表示形体外，更与自我、生命等义相通。体指称血肉形躯，凡四肢、五官、五脏、躯体等皆可用其表达，如四体、五体、小体、形体等，有时亦可指心思。❷

---

❶　参见周与沉《身体：思想与修行——以中国经典为中心的跨文化观照》，北京：中国社会科学出版社，2005年，2、88页。

❷　参见周与沉《身体：思想与修行——以中国经典为中心的跨文化观照》，北京：中国社会科学出版社，2005年，87页。

儒家所指的身，具有即身涵德的意义，生理身体与心智都统一于人的生命。身既代表生理机体，又代表精神德性。如在《论语》中，身出现了十七次，有省身、正身之意；在《孟子》中，身出现了五十三次，强调修身、守身、诚身、安身；后世则多有立身、殉身之谓。❶在《易经》中，正面表述身的有修身、正身、反身、存身、安身、致身、敬身、尊身、养身等；负面表述身的有忘身、失身、辱身、舍身、贱身等。❷

另外，杨儒宾在论及儒家的身体观时认为，传统儒家理想的身体观应该具备意识的身体、形躯的身体、自然气化的身体与社会的身体四义。❸以此四义审视《礼记》，四十九篇文本中呈现出的有践礼的社会化身体、生活的威仪化身体，以及涵德的艺术化身体。其中涵德的艺术化身体，即意识的身体。可见《礼记》的身体观，已包含了儒家理想的身体观中的三义，涵盖面较于《论语》《孟子》《荀子》更为广泛。换言之，《礼记》的身体观，实为先秦儒家身体观之集大成。

在儒家身体观的研究课题中，《礼记》是一本极为重要的经典，文本中呈现了丰富的身与体，其出现比重，是先秦儒家各经典之最。❹身字出现了一百二十七次之多，较重要且正面的语词有修身、敬身、成身、慎身、诚身、终身等；负面的语词有危身、没身、亡身、辱身等。其中出现次数最多的语词为修身，共出现了十四次，其在《礼记》中

---

❶　参见周与沉《身体：思想与修行——以中国经典为中心的跨文化观照》，北京：中国社会科学出版社，2005年，87、134页。

❷　参见钟云莺《身与体：〈易经〉儒家身体观所呈现的两个面向》，《佛学与科学》第11卷第1期，2010年2月，22页。

❸　参见杨儒宾《儒家身体观》，台北："中研院中国文哲研究所"，2004年，9、10页。

❹　参见林素玟《即身涵德、以体践礼——〈礼记〉的身体美学》，《成大中文学报》第65期，2019年6月，1—44页。

的重要性不言而喻，而且多集中在《大学》《中庸》及《乐记》三篇，可以明显地看出，三篇内容均是先秦儒家论君子修身成德的重要篇章。

虽然在《礼记》文本中，体出现的次数比身少，但也出现了六十次之多，反映了体与礼的关系非常密切，礼的仪式与过程，必须借由体来行动、参与和实践，才能具有真实的意义。《礼记》中的体具有两种意义，一是指作为名词关系四肢五体的血肉形躯，或耳、目、鼻、口、心智等各种器官与思考，如容体、大体、遗体、四体、百体等；二是指作为动词关系体现、效法、实践、体恤等义，如体天地、体信、体远、体长幼等。《礼记》文本中，与体相关的出现的最多的词语为容体，计有六次；其次为大体，出现了三次，指礼的五大体类。如人之有四肢、五体等器官，礼亦有吉、凶、军、宾、嘉等五类。遗体一词，也出现了三次，指父母所生、所遗留下来给孝子的血肉形躯。容体、大体、遗体，都是《礼记》身体美学中极为重要的词语。

就《礼记》文本而言，身与体大多分别独立出现，而身体二字连用的现象仅有一处，出现在《乐记》一文中。可见在先秦至汉初的观念中，身与体有不同的意义、内容及修养功夫。归纳而言，《礼记》文本中身的使用，多与生命、人格的德性有关；而与礼有关的身体概念，则常以体字呈现，表示践礼时人与人互动的行为、容貌、肢体，均为社会化的身体。诚如黄俊杰所指出的，对中国人而言，身体是通过礼节而建构出的人与人之间的关系。中国文化中的身体有其强烈的社会性与政治性。所谓礼，正是经由人的身体加以实践的。❶

至于身体美学的概念，在西方首先由美国学者理查德·舒斯特曼（Richard Shusterman）在《实用主义美学》中提出，其将身体美学定义为："对一个人的身体——作为感觉审美欣赏及创造性的自我塑造

❶ 参见黄俊杰《中国思想史中"身体观"研究的新视野》，《中国文哲研究集刊》第20期，2002年3月，559、560页。

场所——经验和作用的、批判的、改善的研究。因此，它也致力于构成身体关怀或身体改善的知识、谈论、实践以及身体上的训练。"❶舒斯特曼所认为的身体美学，实际上是就所有外在形躯身体与内在生命精神而言。外观的身体美学，强调身体表面的健康与美观，而内在的身体美学，则集中在精神生命的审美性质。

自此之后，中国学术界引进了身体美学概念，掀起了身体美学的研究热潮。2014年复旦大学中文系举办"身体美学与当代中国审美文化"国际学术会议，从养生思想与快乐美学、视觉文化与身体美学等角度，讨论了对身体美学的认识。❷方英敏针对中国学界身体美学的研究方向，归纳出三种代表性定义，即人体美学，消费文化中的美体之学，以及培养、改良身体意识的身体感性学。在类型上，前两者属于将身体作为审美对象和感性活动的外观美学，后者属于将身体作为审美主体的体验美学。❸

方英敏进一步指出，身体美是人的肉身或以肉身为符号，所直接、间接呈现出的美。其将身体美学定义为，以身体美的塑造、欣赏和展现为中心的审美实践。方英敏认为，身体美应与自然美、社会美和艺术美并置为美的四大领域。❹

由此可知，身体观及身体美学实为21世纪以来研究中国思想与美学不可忽视的思维方法。《礼记》的身与体涵盖面包括外在形躯以及内在心灵等各层面，可称为先秦儒家身体观及身体美学集大成的重要

❶　参见理查德·舒斯特曼著，彭锋译《实用主义美学》，北京：商务印书馆，2002年，354页。

❷　参见方英敏《什么是身体美学——基于身体美学定义的批判与发展性考察》，《贵州大学学报·社会科学版》第34卷第1期，2016年1月，25页。

❸　同上，16页。

❹　同上，12页。

经典。因此，本书从思维方法与精神修养的角度，以"原典精选"的方式，加以"简注""语译"和"现代解读"，试着建构《礼记》身体美学所呈现的三个方面，阐释《礼记》四十九篇文本，一以贯之的思维方法与人文关怀，以省察先秦儒家对士阶层以上贵族的身体，赋予的样貌的审美理想。

（一）生活常规的威仪化身体

《礼记》文本中论及有关生活常规的威仪化身体，归纳而言，有养身、美身、敬身等。本书第二章以此考察先秦儒家认为符合礼仪的身体，必须具备何种样态的生活美感。此威仪化的身体，指践礼时外在的艺术化身体（文），注入德性情感（质），使身体各部位在日常生活的食、衣、住、行、坐、卧的每一场景，均展现文质彬彬、致中和的人文化成之美。

（二）即身涵德的艺术化身体

《礼记》文本中论及有关涵德的艺术化身体，归纳而言，有修身、澡身、成身等德行实践。本书第三章以此追索先秦儒家想要达到的理想的、美善的身体，所需要的修养功夫及其历程。此涵德的艺术化身体，指通过礼乐教化，修养并摄持身体的行为举止，使身体在各种场合的表达均臻于"称情而立文"，不论践行生命过渡仪式，还是人伦交往仪式，均有内在情感的真实流露（体仁），如祭祀主敬、丧事主哀等，在涵德体仁的践礼中，身体自然会流露出艺术性的人格光辉。

（三）以体践礼的社会化身体

《礼记》文本中论及有关以体践礼的社会化身体，归纳而言，有大体、容体、遗体等。本书第四章以此探究先秦儒家所主张的冠、婚、丧、祭等过渡仪式中，身体与社会礼制有怎样密切的关系。此社会化的身体，指身体作为最直接的艺术媒介，在践履礼乐仪式时的外在行为举止，如冠礼的"正容体"、射礼的"容体比于礼"、祭祀的"容貌必温，身必诎"，以及平日居家时的坐姿、表情、气势等，虽为个体生命过渡仪式的礼节，但同时也具备群体人伦交往的社会功能与意义。

本书根据生活常规、即身涵德、以体践礼三方面的身体美学，精选出相应的《礼记》各篇原文，借以表达《礼记》所要展现的理想化身体，乃是以至诚修身、以礼乐成身的艺术化身体，通过具体践行生命过渡仪式及人伦交往仪式，展现身体的美感样貌，进而达到参赞天地、化育万物的中和之美境界。

四、《礼记》在传统文化的作用和地位

孔子曾说："民之所由生，礼为大。"（《礼记·哀公问》）自商周以来，礼一直是维系中国社会稳定的力量，也是中华传统文化的支柱。即使到了21世纪，我们的社会仍旧依循着两千多年前祖先们流传下来的智慧结晶，每逢年节及重要日子，均会举行相应的典礼与仪式。不论个人或群体，礼都是中华文化圈中，维系社会和平与秩序最为重要的制度。如果没有礼，人们便手足无措，不知该如何视听言行、应对进退。通过冠、婚、丧、祭各种生命过渡仪式以及乡、射、燕、聘各种人伦交往典礼的制定，个人在家族、社会、国家中，才算是真正存在的生命主体。以下为节录《礼记》原文中，论及礼在人际交往、人心调节、养生送死、祭祀鬼神，以及家国治理等方面作用和地位的文本。

（一）人际交往之准则

大上贵德，其次务施报。礼尚往来。往而不来，非礼也；来而不往，亦非礼也。人有礼则安，无礼则危。故曰：礼者不可不学也。(《曲礼上》)

上古原始初民时期，人心极为纯朴，凡事以德行为贵，不需要什么礼制规范。但到了礼乐教化的文明时代，凡是人际交往，务必要有施与、有回报。此时的礼崇尚有来有往，施惠于人而别人不来报答的，不合于礼，别人施恩惠而不去报答的，也不合于礼。人伦之间如果有了礼，则人心安定；如果没有礼，则人际关系倾危。所以说，礼是不可不学习的。

（二）人心欲望之调节

饮食男女，人之大欲存焉；死亡贫苦，人之大恶存焉。故欲恶者，心之大端也。人藏其心，不可测度也，美恶皆在其心，不见其色也，欲一以穷之，舍礼何以哉？(《礼运》)

饮食和男女之事，是人类最基本的欲望，人心均想积极满足此本能欲望，而死亡和贫穷困苦，是人类最害怕发生的事，人心也极力避免这些事的发生。因此，不论追求欲望还是回避厌恶，都是人心两大强烈的本能。然而，人类会由于某些原因而隐藏欲望和厌恶，使他人无从揣测捉摸，喜好与厌恶全都隐藏在心中而不表现于外表形色上，如果要以一种方式使人心的好恶完全表露无遗，除了运用礼来表达以外，难道还有更好的方法吗？可见，人心的好恶，可通过适度的礼来调节，礼可谓人心最好的沟通与表达方式。

（三）养生送死事鬼神

礼义也者，人之大端也，所以讲信修睦，而固人之肌肤之会、筋骸之束也。所以养生送死事鬼神之大端也。(《礼运》)

符合礼义的行为，是人之所以为人的最基本的特征，人类运用符合礼义的行为来互相交往，才能讲求信用、修习和睦，进而成为稳固人与人之间身体接触以及肢体约束的最佳方法。符合礼义的行为，可以说是用来维持生者的照顾养护、料理死者的送葬丧事，以及祭祀鬼神祖先最好的方式了。

（四）社会政治之管理

非礼无以节事天地之神也，非礼无以辨君臣、上下、长幼之位也，非礼无以别男女、父子、兄弟之亲，昏姻、疏数之交也。君子以此之为尊敬然。(《哀公问》)

如果没有祭天、祭地、祭宗庙祖先的祭礼，便无法表达对神圣的天、地、祖先的崇高敬意；如果没有燕礼、聘礼、射礼和乡饮酒礼，便无法辨别君臣关系、上下尊卑，以及长辈晚辈的地位名分；如果没有冠礼、笄礼，便无法展现二十岁成年男子及十五岁成年女子为自己独立负责的行为；如果没有婚礼，便无法分辨男女、夫妇的角色与亲密关系；如果没有丧礼的五种丧服和五个丧期的制定，便无法区分父子兄弟和宗族血缘的亲疏远近。所以古代德位相称的君王，均将礼奉为最尊贵、最值得恭敬持守的管理规范。

从以上四个方面检视《礼记》，不论谈及个体生命的心灵境界，还是群体文化的礼乐生活，乃至丧祭仪式的宗教含义，均彰显出儒家

人文美学的终极精神。❶而从出生礼、冠礼、婚礼、丧礼、祭礼等一
系列生命过渡仪式，以及宴飨之礼、聘问之礼、习射之礼、乡饮酒礼
等人伦交往仪式，乃至于《曲礼》《内则》《少仪》各篇所记载的日常
生活行为细则，处处均显示出儒家对生命价值与死亡课题的看法。而
《学记》在讨论教育心理，《乐记》在探究礼乐美典，丧礼、祭礼在阐
释神圣仪式及神圣时空、神圣服器中圣与俗的宗教心理时，莫不关涉
个体生命与群体文化的深层治疗。

　　从身体美学的起源上来说，礼与美有根源性的共同点。美的本义
指巫术礼仪，其起源和礼的本义相同。东汉许慎的《说文解字》谓：
"禮（"礼"的繁体），履也，所以事神致福也。从示，从豊，豊亦声。"
段玉裁注云："禮有五经，莫重于祭。故禮字从示。豊者，行禮之器。"
再者，从性质上来论，礼属于宗教范畴，"美"属于艺术与美学范畴。
宗教与艺术或宗教与美学的关系，一则矛盾紧张，一则难分难解，其
间微妙的关联，一向受到研究宗教学与艺术、美学的学者的青睐，不
论宗教学者还是美学家，大致都认为宗教的狂热与审美的狂喜，同为
人们摆脱现实环境，达到迷狂境界的途径，两者皆为臻于脱俗的心理
状态之手段。❷

　　以此观之，宗教性的礼与艺术性的美，实有极为密切的关系。仪
式具有审美的意味，尤其是儒家的礼乐文化，更可视为一套美的典
范。而此礼乐美典最重要的文献，则荟萃于《礼记》一书。

　　西周至春秋时期，礼乐艺术多由世卿所把持。至战国时期，世卿
专政之制被破坏殆尽，出现了知识阶层的士。所谓士，指等级制度中贵

---

❶　有关《礼记》的生命美学、文化美学及宗教美学的论述，详参林素玟《〈礼记〉
人文美学探究》，台北：文津出版社，2001年。
❷　参见林素玟《〈礼记〉人文美学探究》，台北：文津出版社，2001年，257—258页。

族阶级的最下层，此士包括各种不同身份的人，品类复杂，大体分作名相、名将、游说之士、学士、高士、义侠之士等❶，是礼乐艺术的主要推动者。《仪礼》与《礼记》所载，皆以士阶层的礼制为主，由士阶层向上推及大夫、卿、诸侯，以至天子之礼，将礼乐艺术深入社会各阶层，使礼乐美典成为先秦贵族与知识分子间普遍的审美心理与思潮，反映了儒家想要恢复以礼乐为主的艺术生活与文化特质的良苦用心。

现代社会主张人人平等，古代的封建阶级制度早已经不适用于现代。因此，《周礼》《仪礼》的有些仪式早已不合时宜。但《礼记》一书，因其内容以阐述礼的精神、意义、原则、价值为主，而各朝各代的典礼仪式虽有因革损益，但礼的精神意义与核心思想，是此心同、此理同，不容易因时代的更迭而改变，具有历久弥新的永恒价值。现今社会，重视个人身体的自主、自觉，以及美感品味的养成，《礼记》一书在 21 世纪，更具有举足轻重、无可取代的地位。

根据《礼记》的核心价值，以及身体美学的思维方法与诠释体系，本书的书写体例，共分为四个部分。

（1）原典精选

本书对《礼记》四十九篇原典进行精选，打破以往选文以单篇文本为主的形式，改以身体美学为"原典精选"的标准。凡是与生活常规、即身涵德及以体践礼的威仪化、艺术化、社会化身体美学相关的原典，皆为本书精选之列。然因《礼记》的性质属于先秦礼家论礼文字的记载与收录，同一篇文本的不同段落，主旨意义如有不同，则分别置于以上三个不同的章节中。

（2）简注

有关《礼记》的"简注"，本书除了参考古籍，如汉代郑玄注、

❶ 参见康学伟《先秦孝道研究》，（台北：文津出版社，1992 年），156—157 页。

唐代孔颖达疏以及清代孙希旦《礼记集解》，亦参酌现代学者之论著与校证，如中国台湾礼学专家王梦鸥先生的《礼记今注今译》《礼记校证》，以及周何先生的《礼记：儒家的理想国》，并加以明确的注释与校证。

（3）语译

有关《礼记》的"语译"部分，1969年王梦鸥先生的《礼记今注今译》一书中"今译"部分相当完备；1987年周何先生的《礼记：儒家的理想国》也有许多精彩的选文及译解。本书参酌以上两本书，再用现代习惯用语来翻译，以适应21世纪喜爱礼学经典的现代人的阅读习惯。

（4）现代解读

本书从身体美学的角度，参酌东汉郑玄注、唐代孔颖达疏、清代孙希旦《礼记集解》等，以及笔者对《礼记》的研究成果，诸如：《即身涵德、以体践礼——〈礼记〉的身体美学》《〈礼记〉神圣空间的审美治疗》《仪式、审美与治疗——论〈礼记·乐记〉之审美治疗》，以及《〈礼记〉人文美学探究》等，并参考现代学者研究的专著与论文，对精选原典加以身体美学的解说，期盼在《礼记》的原典阅读上，凸显个人对儒家身体美学的思想体系的诠释与建构。

本书从《礼记》四十九篇文本中，精选身与体的相关原典，以身体美学作为切入点，记载先秦士阶层以上的贵族，如何通过生活常规、德行修养、践行礼仪，以达到威仪化、艺术化以及社会化的身体美感。对广义的形、气、神合一的身体，做什么样的礼乐修养、美感教育，以达到身、心、灵合一的中和之美。因此，本书适合对礼学有兴趣者自学使用，也适合现代大学的中文系在《礼记》课程上作教科书使用，更可以作为研究《礼记》及儒家身体美学的参考文献。其中尚有许多错误舛谬之处，乃笔者学养不足所致，尚祈方家不吝指正！

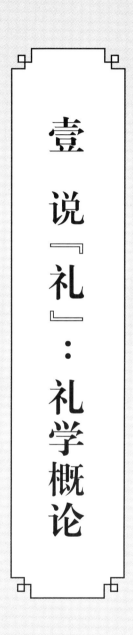

壹 说『礼』：礼学概论

礼的产生

一、生命过渡

【原典精选】

人生十年曰幼，学；二十曰弱，冠；三十曰壮，有室；四十曰强，而仕；五十曰艾①，服官政；六十曰耆②，指使；七十曰老，而传；八十、九十曰耄③；七年曰悼④。悼与耄，虽有罪，不加刑焉。百年曰期⑤，颐⑥。(《曲礼上》)

【简注】

①艾：长也。五十岁命为大夫，办事经验丰富，已可担任行政长官。

②耆：六十岁渐近老年，无法胜任劳役，但可指导后辈做事。

③耄：音 mào，指视力、听力、记忆力均已衰退的年纪，即八九十岁。

④悼：怜惜、可爱之义。

⑤期：音 jī，一生的周期。

⑥颐：供养。

【语译】

人从出生到十岁，称为幼，开始学习。二十岁称弱，学识经历不足，体力骨骼尚未发育完全，应举行冠礼仪式，以示成人。三十岁称壮，体力骨骼均已发展成熟强壮，可以物色对象，成立家庭。四十岁称强，身体及智慧都发展到最强大的状态，可以为官从政，开始服务社会。五十岁称艾，人生历练丰富，办事稳健，可以担任行政长官，管理大众之事。六十岁称耆，体力开始衰退，不适合从事劳役之务，但可以凭经验指导后辈做事。七十岁称老，已到告老还乡的退休年龄，可以把祭祀等大事传给后辈。八十岁、九十岁称耄，视力、听力、记忆力都已衰退。七岁天真可爱的儿童称悼。七岁的儿童和八九十岁的老人，即使犯罪，也不会被处罚。一百岁称期，可享受儿孙小辈照顾，颐养天年。

【现代解读】

人的一生，以百年为一期，有着不同的成长阶段，每个成长阶段均会遇到许多危机。于是，世界各民族均会制定许多仪式，让每个阶段都能渡过危机，以便平安顺遂地走向下一个阶段。人类学家将这些重要的礼仪称为过渡仪式。

通过《礼记》的记载，我们可以明确地知道，先秦时期的主政者，以十年为一个断限，根据一生的重要阶段与主要任务制定了各种不同的礼仪。最重要的有出生礼、冠礼、婚礼、丧礼、祭礼等生命过渡仪式，以及射礼、乡饮酒礼、朝觐之礼、聘问之礼等人际交往仪式。这些礼仪，是各民族之礼产生的重要原因之一，人们借此祝福每个诞生于这个世界的生命，都能平安顺遂地走完属于自己的人生旅程。

二、分别等差

【原典精选】

亲亲、尊尊、长长①，男女之有别，人道之大者也。(《丧服小记》)

仁者，人也，亲亲为大；义者，宜也，尊贤为大。亲亲之杀，尊贤之等，礼所生也。(《中庸》)

【简注】

① 亲亲、尊尊、长长：郑玄《礼记注》云："言服之所以隆杀。"指不同身份者丧服的区别，其制定原则，以血缘亲疏、地位尊卑、年龄长幼为考量而向下递减。第一个"亲""尊""长"，均作动词解。

【语译】

丧服的制度，以血缘亲疏、地位尊卑、年龄长幼为考量，再加上男女性别的区别，这是人伦社会中重要的制礼原则。

所谓仁，是人之所以为人的特质，以血缘亲疏为重要原则；所谓义，是理智行为的合宜，以地位尊卑及贤能与否为重要原则。在家族中根据血缘亲疏，礼制逐渐递减，在社会中根据尊卑与贤不贤的阶层等差，而有不同的礼仪展现，这是礼产生的原因。

【现代解读】

"亲亲"即亲爱亲人，源于家族血缘情感，以血缘亲疏远近维系家族、宗族的人伦关系；"尊贤"即"尊尊"与"贤不贤"，尊于尊者及贤于贤者，乃基于理智行为的合宜，由上下尊卑与贤不贤的阶层等差，纠合个体与群体的政治社群关系。"亲亲""尊尊"是各种礼仪产生的原因。在宗教方面，以"亲亲"为原则，由"亲亲"的主观性血缘关系，向外再推扩出"尊尊"的客观阶层关系。"亲亲""尊尊"的审美功能，在丧礼的五服和五期，以及祭礼的祭天、祭地、祭祖先等各项仪式中，表现得最为明显。

制礼原则

【原典精选】

礼，时为大，顺次之，体次之，宜次之，称次之。(《礼器》)

【语译】

制礼的原则，最重要的是随顺天时，其次是顺应人情，再次是完备五体，再次是权变得宜，再次是合乎身份。

【现代解读】

先秦制礼有五大原则：时者，随时，即随顺天时；顺者，达顺，即顺应人情；体者，备体，即完备五体；宜者，从宜，即因时制宜、因地制宜；称者，合宜，即行礼者身份与礼仪的合宜。以下分别征引《礼记》文本加以解释。❶

一、随顺天时

【原典精选】

孔子曰："夫礼，先王以承天之道，以治人之情。故失之者死，得之者生……是故夫礼，必本于天，殽于地，列于鬼神，达于丧、

---

❶ 关于制礼原则之时、顺、体、宜、称，可详参林素玟：《礼记·人文美学探究》，165—178页。

祭、射、御、冠、昏、朝、聘。故圣人以礼示之，故天下国家可得而正也。"(《礼运》)

是故夫礼，必本于大一^①，分而为天地，转而为阴阳，变而为四时，列而为鬼神。其降曰命，其官于天也。夫礼必本于天，动而之地，列而之事，变而从时，协于分艺^②，其居人也曰养，其行之以货、力、辞让、饮食、冠、昏、丧、祭、射、御、朝、聘。(《礼运》)

【简注】

① 大一：即太一、太乙，天文学上的北极星，后哲学化为永恒至纯的形上理体，即道。

② 协于分艺：每个季节种植的农作物，必须契合于该季节。

【语译】

孔子说："所谓礼，是先王承袭大自然法则，用来管理人性、人情的。所以，失去这宇宙法则的便无法生存，得到这宇宙法则的便可长治久安……所谓的礼，必定根源于天，效法于地，配合祖先鬼神，表达在丧礼、祭礼、射礼、乡饮酒礼、冠礼、婚礼、朝觐之礼、聘问之礼等各方面。所以，圣人以礼来彰显天道人情，因此，天下国家才有条理秩序而行于正道。"

所以制礼的首要原则，必须根源于天地未分之前永恒至纯的形上理体，由理体分化而为天、地，由理体的动转而为阴、阳，理体的嬗变而有四季节令，展列而有祭祀鬼神的事务。此理体下降赋予人类的任务称为天命，实即由天理来主宰。所以制礼的原则务必根源于天理，运行而达于大地，展列出来成为多元丰富的事务，天理的消长要依从四季而变化，每个季节种植的作物要契合该季节。人居天地之间，称为天地所生养的万物，其行为表现在财货、劳力、辞让、食礼、冠礼、婚礼、丧礼、祭礼、射礼、乡饮酒礼、朝觐之礼、聘问之礼等仪式上。

【现代解读】

制礼的第一项原则为时，即随顺天时。礼之根源本于天，随顺天时是圣人创制礼文仪式时，要遵从的原则。礼主要在于表达情感，情感既然会随时代而变化，那么心中如果没有真情实意，便无须抱守着礼文仪式，在不适当的季节，举行相关的礼仪。否则，礼文仪节便流于虚伪浮夸的外在形式，而没有真实的情感思想。不同时代礼文的因革损益，以随顺天时为依归。配合不同的时代与季节，礼文也必须随之或因袭或改革或减损或增益，不可全拘泥于古而不知变通。《礼记》记载的随顺天时、因革损益的原则，成了后代制礼者遵循的规律。圣人效法天地运行的时间与节令，配合人事变迁，加以增删益减，使礼文艺术成为既不泥古，又符合大自然规律，人人可以依循的行为准则。

【原典精选】

毋变天之道，毋绝地之理，毋乱人之纪。(《月令》)

【语译】

（这个月所举行的节令礼仪）不可以变更天体运行之道，不可以断绝土地生长之理，且不可以扰乱人伦关系之纪律。

【现代解读】

《月令》提到，十二个月必须举行相关的政令礼仪，其主旨完全依循天道运行的原则。一年十二个月，每个月应举行什么政令礼仪，皆有固定的原则。必得上察天时，下授民事，切不可悖逆天时，以人事来专擅。因此，礼文艺术的创制，必须合诸天地运行的规律以及人伦情理的纪律。

二、顺应人情

【原典精选】

何谓人情？喜怒哀惧爱恶欲，七者，弗学而能。(《礼运》)

故事大积焉而不苑^①，并行而不缪^②，细行而不失。深而通，茂而有间。连而不相及也，动而不相害也，此顺之至也。故明于顺，然后能守危也。(《礼运》)

【简注】

① 苑：郁滞。

② 缪：绞结、交错。

【语译】

什么叫作人情？所谓人情，指的是喜悦、愤怒、哀伤、恐惧、喜爱、厌恶、欲望这七种心理情绪，是不需要学习而天生就有的。

（能顺应人情之后）即使事情重大积叠也不相窒碍，并行而不交错，即使微末小事也不致有差失。尽管事理深奥也能通畅，尽管事务纷茂也可找出条理。虽然事情相连但不相接，两事同时启动但不相危害，这就是最极致的顺了。所以明了顺应人情，然后政治就能清明，守住高位不致危倾。

制礼的第二项原则为顺。顺者，伦也，指人道中的伦常关系。行礼离不开人事，所以圣人制礼，除了以随顺天时为首要原则之外，还以顺人伦、符应人情为第二项原则。

然则，何谓人情？即喜、怒、哀、惧、爱、恶、欲七种人类本能的心理情绪。自天子以下，如果人人各尽本分，顺于职守，人情和谐，人心安定，则群体生活将构成一个有伦常秩序之美的社会。达于天道之"顺"，实质内涵在于因应天时、地利、人情而创制礼文，则天、地、人情皆能感而应之，所创制的礼文亦得以实践，最后才能礼乐灿然明备，达致天道、人情和合的大顺境界。因此，圣人创制礼文仪式的第二个原则，必以顺应人情为考量。明了天道人情的真实状态，才能事事各得其条理，顺于伦常秩序。人人都顺于自己的职分，事事也都顺于伦序，人与事各得其分理，则人伦生活必然呈现出一个礼乐明备的秩序之美。

三、完备五体

【原典精选】

礼也者，犹体也。体不备，君子谓之不成人。（《礼器》）

【语译】

所谓的礼，就像人体一样。不具备四肢五体的人，君子名之为不成人形的人。

【现代解读】

制礼的第三项原则为体，指完备五体。《礼记》践礼的社会化身体，乃沿承着荀子礼义身体观一派而来。四十九篇文本中，论及践礼的社会化身体时，较常使用体来表示。最典型的代表，便是《礼器》一篇。《礼器》以体来解释礼，可见礼的内涵，应如人的身体一般。人的身体必须具备外在形躯的四肢五官，礼亦需具备各种人际交往的体类；如果没有各种体类，则不成其礼。因此，要探究《礼记》的身体美学，首先便会触及礼与社会化的体之间的关系。

所谓体，指礼文的表现形式。礼文形式的创造，由随顺天时、顺应人情的原则，再加推衍，要求各种礼体的完备。祭神从祭天而来，祭社稷山川从祭地而来，祭鬼神即祭祀宗庙祖先。凡礼的各种仪式，无不以完备为先决条件。人的外在形式，有眼、耳、鼻、舌、四肢之体，搭配匀称而妥当；礼的外在形式，则有吉礼、凶礼、军礼、宾礼、嘉礼等五种礼文仪节，《礼记》谓此为礼之大体。

四、权变得宜

【原典精选】

子路曰："吾闻诸夫子：丧礼，与其哀不足而礼有余也，不若礼不足而哀有余也。祭礼，与其敬不足而礼有余也，不若礼不足而敬有余也。"（《檀弓上》）

【语译】

子路说："我曾听闻孔夫子说过："在举行丧礼时，与其内心哀戚之情不够，而礼文仪式烦琐，不如礼文仪式简单，而内心哀戚之情丰富。举行祭礼也是一样，与其内心诚敬之意不够，而礼文仪式烦琐，不如内心诚敬之意丰富，而礼文仪式简单。"

【现代解读】

制礼的第四项原则为宜，指礼文仪式所需的器用财费必须权衡行礼时的情况，因时制宜、因地制宜。礼文仪式的创造原则，乃以权变得宜为规范。这一规范，实为中国艺术创造理论中超越规范之规范。超越的艺术创造原则，具体落实在群体社会生活之中，则礼仪的制定不可强人所难，所谓"贫者不以货财为礼，老者不以筋力为礼"。礼文艺术的创造，既必须详备各种仪式的大、小、显、微，有其常理，行礼者也有贵、贱、贫、富的社会等差，礼的实践必须衡量仪式的原则与行礼者的现实情况，做折中权衡。因此，礼文仪式并非一成不变、永世不易的定理，而是因时制宜、因地制宜，具有灵活性的行为准则。

五、合乎身份

【原典精选】

贫者不以货财为礼，老者不以筋力为礼。（《曲礼上》）

【语译】

贫穷的人，无须以奉献货物和钱财来表示有礼；年老的人，无须以奉献筋骨体力来表示有礼。

【现代解读】

制礼的第五项原则为称，指行礼者的社会阶层或身份、身心状态与所行的礼文仪式，两者之间必须遵循合宜的原则。在从宜的基础上，使礼文形式与情感内容互相一致。礼文艺术在从宜的原则上，视各时代、各地区的习俗，以及各类行礼对象的身份阶层，做一番权衡折中的调整。而在权衡轻重缓急之后，制定的礼文仪式必须符合仪式的意义与行礼者的社会等级，切不可跨越个人社会阶层，也不可徒有形式，而忽略礼文艺术的真正精神。举凡礼文仪式、祭礼用器的规模，必须相称于行礼者的身份等级。自天子、诸侯、卿、大夫、士等各社会阶层，皆有与之相对应的礼文，或大或小，或多或少，或质或文，以此显示各社会阶层的尊卑等差，这是周代礼文艺术的精神所在。

凡表现于外的仪式节文，必以求符合内在德性，而内在情感，必谨慎于幽独，着重行礼时的至诚之心，而不是专事于外在仪式的烦琐详备，一切礼文但求符合德性的精微深妙。如此，礼文艺术的创造原则，由内心表现于外在，以求符合礼义的文饰；由外在仪式收摄内心，自礼义文饰而归于忠信、仁爱之根本。

礼的分类

【原典精选】

凡治人之道，莫急于礼；礼有五经，莫重于祭。(《祭统》)

【语译】

举凡管理众人之事的原则，没有比礼更急切重要的了。礼有五大恒常不变的仪式，没有比祭祀之礼更加隆重的了。

【现代解读】

礼为管理众人之事的安定力量，先秦制定了吉、凶、军、宾、嘉五大体类的礼仪，作为人类社会中恒常不变的人际往来准则。而五大体类中，又以吉礼（祭祀之礼）最为重要，所谓"国之大事，在祀与戎"是也。

礼有五大恒常不变的体类，称为"礼有五经"。如人有四肢、五体等器官，礼也具备吉礼、凶礼、军礼、宾礼、嘉礼五大体类。每一体类又细分数类专礼，兹分别简列如下。

一、吉礼❶

1.祭天神包括：郊祭、祈谷祭、大雩祭、祭寒暑、祭日月、祭

---

❶ 有关吉礼的各种祭祀内容，详参张鹤泉《周代祭祀研究》，台北：文津出版社，1993年。

星辰。

2.祭地祇包括：社祭、祭山川、祭五祀、蜡祭。

3.祭人鬼包括：宗庙之祭、祭厉鬼。

二、凶礼❶

1.荒礼：人畜受害，贬损振救之礼。

2.札礼：预防疾疫、死亡之礼。

3.灾礼：地震、水、旱等除灾之礼。

4.禬礼：除灾之祭，诸侯有灾，天子或同盟国合会财物以助之。

5.恤礼：盟国合会财货以补偿战败国损失之礼。

6.唁礼：慰问死者家属之礼。

7.问疾礼：探问疾病之礼。

8.丧礼：死亡下葬之礼。

9.虞礼：朝葬，日中所行之祭。

三、军礼

1.军制：军队编制之礼。

2.出师：出兵打仗前所行之礼。

3.校阅：军队列阵接受检阅之礼。

4.车战：陆路战争的行政管理。

5.舟师：水路战争的行政管理。

---

❶ 有关凶礼、军礼、宾礼、嘉礼之分类方式，详参周何《礼学概论》，台北，三民书局，1998年，14—17页。

6. 田猎：具有军事意义的狩猎活动。

7. 马政：负责马匹饲养、照顾的行政事务。

四、宾礼

1. 天子受诸侯朝觐：天子受各方诸侯朝觐之礼。

2. 天子受诸侯藩国朝觐：天子受各方诸侯的藩属国朝觐之礼。

3. 会同：诸侯以事来朝见天子称会，众诸侯朝见天子称同。

4. 诸侯聘于天子：各国诸侯受聘于天子之礼。

5. 诸侯相朝：各诸侯之间相互朝觐之礼。

6. 诸侯会盟：各诸侯之间会面结盟之礼。

7. 诸侯遣使交聘：各诸侯国之间派遣使节相互聘问之礼。

8. 士相见礼：士阶层相互见面交接之礼。

五、嘉礼

1. 即位改元：新皇帝登基，改变年号之礼。

2. 上尊号：百官为尊崇帝后或其先皇及宗庙等所呈上敬称之礼。

3. 朝礼：臣属跪拜帝王之礼。

4. 尊亲礼：人子侍奉父母亲之礼。

5. 饮食礼：筵席时为表示敬意而隆重举行之礼。

6. 冠礼：为二十岁男子举行的成年礼。

7. 婚礼：为成年男女双方举行的结婚大礼。

8. 燕礼：君臣宾主间宴饮之礼。

9. 射礼：宾主拜揖时举行的射箭之礼。

10. 乡饮酒礼：乡州邻里间敬老宴饮之礼。

11.学礼：入学与开学之礼。

12.巡狩：天子巡行诸国，考察政事之礼。

13.观象授时：观测天象，颁授春分、秋分、夏至、冬至等重要节气之礼。

14.体国经野：治国理政、体恤乡野百姓之礼。

15.设官分职：设立官爵、分派职权之礼。

礼的功能

一、人际互动之准则

【原典精选】

夫礼者，所以定亲疏，决嫌疑，别同异，明是非也。(《曲礼上》)

大上贵德，其次务施报。礼尚往来。往而不来，非礼也；来而不往，亦非礼也。人有礼则安，无礼则危。故曰：礼者不可不学也。(《曲礼上》)

【语译】

所谓礼，是用来确认人与人之间关系的亲近疏远，判断容易混淆和相似的事物，分别事类的相同或相异，以及明辨是非对错的。

上古时期崇尚内心德性与外表行为的一致，没有一定的准则。到了人文化成阶段，凡是受人恩惠，务必要施以回报，开始崇尚礼有来有往的精神。施惠于人而别人不来报答的，不合于礼；别人施恩惠而不去报答的，也不合于礼。人际关系中有了礼作行为准则，人心便能安定而和谐。如果没有礼，人际关系则会因误解而产生危机。所以说礼是不可不学的。

远古时代，人心较为纯朴，内心所思所感，与外在表现一致，故不需强调礼的制度。到了东周末年春秋战国时期，礼崩乐坏，子弑其父者有之，臣弑其君者有之，人际的互动多以利为考量，因此孔子提倡仁，孟子认为人性本善，将仁扩充为仁义礼智四端，荀子认为人性有动物的本能欲望之恶，必须以礼加以节制。由于孔、孟、荀的提倡，礼遂成为维系中华民族人伦关系的精神力量，不学礼，人民将手足无措；有了礼，人际互动才有依循的准则。

二、人心欲望之调节

【原典精选】

何谓人情？喜、怒、哀、惧、爱、恶、欲，七者弗学而能。何谓人义？父慈、子孝、兄良、弟弟、夫义、妇听、长惠、幼顺、君仁、臣忠，十者谓之人义。讲信修睦，谓之人利；争夺相杀，谓之人患。故圣人之所以治人七情，修十义，讲信修睦，尚辞让，去争夺，舍礼何以治之？

饮食男女，人之大欲存焉；死亡贫苦，人之大恶存焉。故欲恶者，心之大端也。人藏其心，不可测度也，美恶皆在其心，不见其色也，欲一以穷之，舍礼何以哉？（《礼运》）

【语译】

什么叫人情？即喜、怒、哀、惧、爱、恶、欲这七种情绪，这是不需要学习便自然知晓的。什么叫人义？即为父须慈、为子须孝、为兄须良、为弟须悌、为夫须有义、为妇须服从、为长须体恤下情、为幼须顺从教诲、为君须仁、为臣须忠，这十项称为人的道义。讲究信用，修持和睦，有利于人类；彼此争夺，相互残杀，则是人类的祸患。圣人要管理人的七种情绪，修持十种道义，讲究信用，修持和睦，崇尚辞让的风气，去除争夺的行为，要达到这些目的，除了礼，还有什么更好的方法呢？

饮食与男女之事，是人类最基本的欲望；死亡和贫苦，是人类最恐惧嫌恶的事。所以欲好和嫌恶，可说是人类的两种主要心理状态。人们因为各种原因，将心里的好恶隐藏起来，使他人无从揣度。爱好与嫌恶都深藏在心里而不表现于形貌脸色上，希望以一种方式来完全表达内心感受，除了礼之外，没有更好的方式了。

【现代解读】

一个人的内在情感，必须通过外在形式，适度地传达给对方，才能让对方感受到情意。因此，仪式便显得非常重要。人性中有七情六欲，如果没有适当的规范调节，便容易因欲望过度膨胀，而导致争夺乱象。因此，各个民族为了防止社会资源分配不均，都制定了各种礼仪来调节人心的喜、怒、哀、惧、爱、恶、欲等情感，让社会的各种角色分别实现父慈、子孝、兄友、弟恭、夫义、妇顺。有这一无形的调节力量，社会人心才能凝聚，才不至于因资源分配不均，而产生纠纷。

三、养生送死事鬼神

【原典精选】

故礼义也者，人之大端也，所以讲信修睦，而固人肌肤之会、筋骸之束也。所以养生送死事鬼神之大端也。所以达天道、顺人情之大窦也。故唯圣人为知礼之不可以已也。故坏国、丧家、亡人，必先去

其礼。(《礼运》)

【语译】

符合礼义的行为，是人之所以为人的最基本的特征，是用来讲究信用，修持和睦的，使人际关系能像人体的肌肤、筋骸一样，团结聚合在一起。礼义也是用来维持人类生存、处理死亡事务，以及侍奉鬼神宗教等最重要的行为，是用来通达天道、顺应人情最重要的渠道。所以，只有有德的圣人，才知道礼是不可以废止的。因此，如果要破坏国家、使家族毁灭、让人身败名裂的话，必定是先去除、毁坏他们的礼乐典章制度。

【现代解读】

礼很重要的一个功能，就是养生、送死、事鬼神，由此各民族制定了出生礼、冠礼、婚礼、丧礼、祭礼等仪式，让每个人从出生到死亡，能安然平顺地走完一生。儒家认为，每个来到世界上的人，并非孤独的个体，而是家族群体中的一员。因此，通过各种生命过渡仪式，让个体生命融入群体文化中，让人从出生到死亡，经历一次次灵性生命的再生与复活。

四、社会政治之管理

【原典精选】

道德仁义，非礼不成；教训正俗，非礼不备；分争辨讼，非礼不决；君臣上下，父子兄弟，非礼不定；宦学事师，非礼不亲；班朝治军，莅官行法，非礼威严不行；祷祠祭祀，供给鬼神，非礼不诚不庄。是以君子恭敬、撙节、退让以明礼。(《曲礼上》)

是故礼者，君之大柄也。所以别嫌明微，傧^①鬼神，考制度，别仁义，所以治政安君也。故政不正则君位危，君位危则大臣倍，小臣窃^②。刑肃而俗敝，则法无常，法无常而礼无列^③，礼无列则士不事也。刑肃而俗敝，则民弗归也。是谓疵国^④。（《礼运》）

民之所由生，礼为大。非礼无以节事天地之神也，非礼无以辨君臣、上下、长幼之位也，非礼无以别男女、父子、兄弟之亲，昏姻、疏数之交也。君子以此之为尊敬然。（《哀公问》）

【简注】

① 傧：音 bīn，导引、接待宾客的人。

② 大臣倍，小臣窃：大臣会悖逆，小臣会盗窃。倍：悖逆。窃：盗窃。

③ 法无常而礼无列：法令没有常规，礼仪没有伦次。

④ 疵国：政教不善，有弊病之国。疵：音 cī，弊病。

【语译】

道德仁义，如果没有礼就无法看出成效；教学训导和端正习俗，如果没有礼就无法完备周到；区别纷争和辨析诉讼，如果没有礼就无法公正地裁决；君臣、上下、父子、兄弟的关系，如果没有礼就无法贞定名位；仕宦官职、学校教育和侍奉师长，如果没有礼就无法让人亲近；朝廷职位、军队管理，如果没有礼就会失去威严，无法依法执行；祝祷祭祀、供奉鬼神祖先，如果没有礼就无法展现诚敬庄严的氛围。因此，有德有位的君子，必以恭敬、谦卑、退让的态度，来彰显各种礼的精神。

所谓礼，是国君治理国家最重要的工具，用它来判别是非嫌疑、洞察幽微、接引鬼神、侍奉祖先，划分等级、考察制度，辨别尊卑亲疏、建立伦常秩序。因此，礼是用来管理社会政事、安定君权的重要制度。所以政事无法行于正道，则国君的地位便有危机；国君的地位有了危机，则大臣将会悖逆，小臣将会盗窃。虽有刑罚来整肃，但风俗已经败坏，导致法令无常；法令无常，礼仪便没有伦次；礼仪没有伦次，则知识分子将无法做事。虽以严刑峻法来整肃，但风俗更加败坏，人民无所归向，出现这种现象的国家，称为政教不善、有弊病的国家。

凡有生民以来，礼是最重要的。没有礼，无法有节序地侍奉天地间各种神祇；没有礼，无法明确辨认君臣、上下、长幼的位份；没有礼，无法区别男女、父子、兄弟的亲情，以及由婚姻而产生的血缘亲疏关系。因此，有德有位的君子把礼看得十分重要，非常尊敬礼的制度。

【现代解读】

所谓"道德仁义"，指礼乐艺术对人心人情向善的行为影响；"教训正俗"，指对社会风俗的教化移易；"分争辨讼"，指对社会秩序的和谐；"君臣上下，父子兄弟"，指社会结构的等级区分；"宦学事师""班朝治军""莅官行法"，则分别指生活中各种场合的礼仪教养。至于"祷祠祭祀，供给鬼神"，则指丧祭礼仪的宗教功能。

举凡人类社会面临的各种生活情境与人际交往，在先秦便已完善地制定了各项礼仪，如：吉礼、凶礼、军礼、宾礼、嘉礼五大体类。

广义的礼，实包含着乐。每一种礼的进行，均有相应的乐来配合仪式。周代的礼乐典章制度，灿然明备，士大夫以上的贵族，在各种生活情境场合中，一举手一投足，皆依循着适当的礼仪节文，加以实践，使个人的身体展现美感的艺术行为，以及淳善的德性修养。

在人际互动、人心调节、养生送死、社会政治等各层面，礼乐实为最佳的教育媒介。有了礼乐的教育加以潜移默化，便可达致移风易俗，天下皆宁的祥和社会与团结国家。

贰

生活游艺的威仪化身体

所谓威仪，方英敏曾指出，个体在貌象声色、言谈举止处所体现出的文雅与威严合度的身体气象，它是先秦君子们所追求的由内而外焕发出的理想的美学形象。❶《礼记》对于身体美学的思考，除了在践行出生礼、冠礼、婚礼、丧礼、祭礼等重大礼仪的社会化身体方面，必须具备容貌体态的相称、合度之美外，先秦贵族另一种日常生活细小仪节教养的身体，即所谓日常生活的威仪化身体，更受到礼学家的重视。故而汉代戴圣在编纂《小戴礼记》时，将《曲礼上》《曲礼下》编在第一、二篇，其他食、衣、住、行等生活威仪的身体美，也编入《内则》《少仪》等篇章，从中可看出先秦贵族的生活美学与身体美学。

先秦诸子百家中，对生活美学体会最深者，莫过于儒家和道家。儒家从日常的礼乐实践着手，视、听、言、动皆须合于礼的规范，从中体悟生活的中庸平和之圆融美。道家则从反面入手，主张屏弃人为的礼乐规范，使人心无所待而自然无为，从心灵的解放中，直透生命最原始素朴的自然之美。由于两大思想对生命及生活的态度异轨殊途，因而发展出两套截然不同的生活美学。《礼记》则为儒家生活美学最典型的代表。

儒家对于生活美感的养成，实以礼乐美典为主要教育核心，由日常礼乐文化的实践，培养士君子舒缓雍容的气度，以及宁静平和的心灵。儒家经典中，保存礼乐美典最重要的文献以"三礼"为主。《周礼》

---

❶ 参见方英敏《"习"与身体美的养成——在先秦美学视野下》，《当代文坛》，2011年第1期，22页。

《仪礼》《礼记》三部经典，保存了大量关于饮食起居的生活美感的教育资料。

《礼记》一书对于社会各阶层日常居家生活之饮食起居，以《曲礼》《内则》《玉藻》《少仪》《儒行》诸篇，记载较为详细，最能体现儒家在礼乐美典的美感教育下，自天子以迄士阶层，在生活美感方面的追求。

美身：见美尽饰

一、威仪之美

【原典精选】

天子穆穆①，诸侯皇皇②，大夫济济③，士跄跄④，庶人僬僬⑤。（《曲礼下》）

【简注】

① 穆穆：深远的仪态。

② 皇皇：盛大的仪态。

③ 济济：整齐的仪态。济：音 qí。

④ 跄跄：舒扬的仪态。跄：音 qiāng。

⑤ 僬僬：行走很急促的样子。僬：音 jiào。

【语译】

作为天子，要显出深远的仪态；作为诸侯，要模样大气，显出煊赫的仪态；作为大夫，举止动作要显出整齐严肃的仪态；作为士人，要显出舒扬的仪态；至于庶人，举止动作则流露出急促而匆遽。

【现代解读】

《礼记》四十九篇文本中，与《曲礼》记载相类似者，有《内则》《少仪》等篇，均为记载先秦贵族家庭教育及生活常规极为重要的篇章。曲者，小也。《曲礼》，讲家族中细小的礼节仪文，相当于幼仪。《内则》提及童蒙教育时，谓"十年……朝夕学幼仪"，指先秦士阶层以上的子弟，十岁就必须学习家族各种细小礼仪。本篇因卷帙浩繁，自郑玄注便已分为《曲礼上》《曲礼下》两篇，并编入《礼记》第一、二篇，显示了先秦礼学家对家庭教育的重视。

《礼记》文本中出现"美"字之处不少，归纳而言，《礼记》的"美"有三种不同层次的内涵：一指世俗的"物用之美"，二指个体生命的"德行之美"，三指群体社会的"礼乐之美"。以上三种层次内涵的美，无非用来"美其身"，使身体更加美善，但前提是不能陷溺于"物用之美"，而必须加以超越。如果世俗之间基本的"物用之美"，与礼相抵触时，则以保全礼的秩序之美为主。

《曲礼下》提到，各种社会阶层与场合应有相称的仪容与美感，身为天子，必须展现深远之仪态；身为诸侯、大夫、士、庶人，则分别展现煊赫、严整、舒扬、匆促等各种仪态举止，以符合其身体威仪的表征。

【原典精选】

言语之美，穆穆皇皇。朝廷之美，济济翔翔[1]。祭祀之美，齐齐皇皇[2]。车马之美，匪匪翼翼[3]。鸾和之美，肃肃雍雍[4]。（《少仪》）

【简注】

[1] 济济翔翔：威仪厚重，举止合宜。

[2] 齐齐皇皇：谨慎诚敬的样子。皇皇：即惶惶，惶恐的样子。

[3] 匪匪翼翼：形容车马行走时阵容整齐、威武之貌。匪匪：马行走不停的样子。翼翼：有次序的样子。

[4] 肃肃雍雍：庄重和谐。

【语译】

言语辞令的美，要旨意深远，辞气盛大；在朝廷行为的美，要威仪厚重，举止合宜；祭祀礼仪的美，要谨慎诚敬；乘车驾马的美，要行动轻便整齐而威武；马车行进时鸾铃和声的美，要庄重而和谐。

【现代解读】

少者，小也。《少仪》，唐代孔颖达疏认为系"杂明细小威仪"；朱熹认为，"此篇言少者事长之节，注疏以为细小威仪，非也"。清代孙希旦《礼记集解》指出，"此篇固多为少者事长之事，而亦有不专为少时者，但其礼皆于少时学之，所谓'见小节，践小义'也"。本篇内容涵盖甚广，包括相见礼、适丧、宾主交接、洒扫、问卜、侍尊长、事君、御车、馈赠、侍食、饮酒、膳馐，乃至国家礼仪等。王梦鸥认为，本篇"于少者侍长之节之外，尚有贱者事贵的礼法"。❶

《少仪》指出，各种阶层的人，在朝廷公开场合、参加祭祀典礼、乘驾马车时，以及在言语行为方面，都需要表现合宜的言谈举止之身体美感。由《曲礼下》与《少仪》两篇文本可见，《礼记》在生活化的身体美的展现上，均以合于身份、场合、矩度之美为最高原则。

【原典精选】

凡行，容惕惕①，庙中齐齐，朝廷济济翔翔。君子之容舒迟，见所尊者齐遫②。足容重，手容恭，目容端，口容止，声容静，头容直，气容肃，立容德，色容庄，坐如尸③。燕居告温温④。

凡祭，容貌颜色如见所祭者。丧容累累⑤，色容颠颠⑥，视容瞿瞿梅梅⑦，言容茧茧⑧。

戎容暨暨⑨，言容詻詻⑩，色容厉肃，视容清明。立容辨，卑毋讇⑪，

❶ 参见王梦鸥《礼记今注今译》，台北，台湾商务印书馆，1969年，457页。

头颈必中。山立，时行，盛气颠实扬休⑫，玉色。(《玉藻》)

【简注】

①伥伥：音 shāng，走路身直而步快，从容自得的样子。

②齐遬：谦卑恭敬的样子。遬：恭敬之意。

③尸：天子或国君举行祭祖之礼时，从群臣中择一优者，扮成酷似祖先之"尸"，受天子或国君之祭祀。初期从真人扮为"尸"，逐渐演变为使用祖先牌位以替代之。

④燕居告温温：唐代孔颖达云："燕居色尚和善，教人使人之时，唯须温温，不欲严慄。"指平素生活起居，有事派遣使者时，态度必须温和，让人不感到严肃战栗。

⑤丧容累累：守丧时的容貌表情，显得羸弱疲惫的样子。

⑥色容颠颠：脸色表情忧思的样子。

⑦瞿瞿梅梅：惊遽微昧的样子。

⑧茧茧：如同"绵绵"，声音微细，有气无力的样子。

⑨暨暨：果敢刚毅的样子。

⑩言容诺诺：发号施令时，谨慎决断的样子。诺：音 è，恭谨严肃。

⑪卑毋谄：谦卑有礼而不谄媚。毋：同"无"。

⑫盛气颠实扬休：浩然盛气充塞于内，发扬休美于外。颠：同"阗"，音 tián，充塞。

【语译】

平时行走在路上，身直步快，态度要从容自得；在宗庙中，容貌仪态要整肃；在朝廷之上，要有举止大方的威仪。一个有德有位的君子，举止要娴雅从容，遇见尊长时，应该态度谦卑恭敬。举足稳重而不轻浮，手的动作要恭敬，眼神要端正不斜视，说话要适可而止，不可多言，声音语调要沉静温和，头颈要端直而不左顾右盼，气度要庄重整肃，站立时要中正有德，脸色要庄重恭敬，坐姿要像尸一样敬慎正直，平常燕居使唤人时，态度要和善温暖，让人不会感到严肃战栗。

凡是在祭祀的时候，表现出来的容貌表情，要如同看见了所祭祀的对象一样；守丧时的容貌表情，要显得羸弱疲惫，脸色忧思，看东西惊遽晦暗而不清楚，说话的声音微细，要像有气无力一样。

打仗的时候，态度要果敢刚毅，发号施令时，要谨慎决断，脸色要严厉肃穆，视察事物要十分清楚明白。站立的位置，要明辨尊卑上下，谦卑有礼而不谄媚，头颈必须保持中正而不倾侧，平时要像山一样坚立不移，视时机而行动，一股浩然盛气，自然充塞于内，发扬休美于外，有如玉一般温润的神色。

【现代解读】

《玉藻》首记天子、诸侯衣饰、饮食、居处之法，中间专记服饰之制：冠、衣服、笏、韠、带，次及后、夫人、命妇之服，其前后又杂记礼节、容貌、称谓之法。《礼记》中可以考见古人的名物制度者，以此篇最为详尽。

《玉藻》对德位相称的君子的言行威仪，有极为细致的描写。《玉藻》记载先秦贵族阶层身体各部位的修养，从足、手、目、口、声、头各部位的表现，乃至气势、立姿、表情、坐姿、燕居、守丧、祭祀、打仗等身体各部位的威仪，均有明确的规定，让君子借由外在肢体容貌符合礼的规矩法度，进而收摄内在心性，展现雍容的气质，如玉一般温润和美的气度，以此作为百姓学习的典范。

所谓"君子之容"，是指在平素养成的容貌舒迟娴雅、举足欲迟、举手高正、目不睇视、口不妄言、声不哕咳、头不倾顾、气息绵长、立如山立、色不惰慢、坐不箕踞、燕居色尚和善的样子。身体各部位的容色如此，才是合于礼的君子。由容色行止所展现的君子之容，其外显为审美的对象，具有足以让人欣赏、学习的美感气质。

二、建筑之美

【原典精选】

晋献文子^①成室，晋大夫发焉。张老^②曰："美哉轮焉！美哉奂焉^③！歌于斯，哭于斯，聚国族于斯^④。"文子曰："武也得歌于斯，哭于斯，聚国族于斯，是全要领^⑤以从先大夫于九京^⑥也。"北面再拜稽首。君子谓之善颂、善祷^⑦。（《檀弓下》）

【简注】

① 晋献文子：即赵武（前589—前541），谥号"文"，后人尊称为"赵孟"，史书称他为"赵文子"。"献"，东汉郑玄认为是"贺"，南宋陈澔认为"献"与"文"都是赵武的谥号，清代王夫之则认为"献"是衍字。

② 张老：晋国的大夫，姓张名老。

③ 美哉轮焉！美哉奂焉：形容建筑物美丽高大又灿烂众多。郑玄注："轮，轮囷，言高大。奂，言众多。心讥其奢也。祭祀、死丧、燕会于此足矣。"孔颖达疏："轮，谓轮囷高大。奂，谓其室奂烂众多。既高又多文饰，故重美之。"轮：高大。奂：焕明灿烂又众多。

④ 歌于斯，哭于斯，聚国族于斯：举行祭礼、丧礼及宗族聚会，都在此新落成的家室。歌：祭祀奏乐。哭：居丧哀泣。聚国族：诸侯中宗族僚友聚会饮食。

⑤ 全要领：未受刑戮而善终。要：同"腰"。领：头也。

⑥ 九京：即九原，晋国卿大夫的墓地都在九原。

⑦善颂、善祷：擅长赞美与祈福。颂：赞美。祷：祈福。

【语译】

晋国文子赵武的家室落成，晋国大夫都前往参加，发礼祝贺。张老致辞时说："多么美丽高大的建筑啊！多么焕烂众多的建筑群啊！今后，主人将要在这里举行祭礼，奏乐歌舞，在这里举行丧礼，守丧哀泣，在这里举行乡饮酒礼，和宗族僚友聚会饮食了。"文子回礼时说："我能够在这里祭祀奏乐，在这里居丧哀泣，在这里和宗族僚友聚会饮食，这就表示我将来能得到善终，跟先人大夫合葬在九原。"然后他面向北方再拜叩首，表示感谢之意。有德的君子都说张老善于赞美，善于祈福。

【现代解读】

檀弓为孔子同时代人，因其善于礼，故记录其姓名以彰显其品格。《檀弓》一文因卷帙浩繁，自郑玄注以来，便分为上、下两篇，篇中讨论丧礼之处居多。本篇作者不一，王梦鸥认为，盖为战国时代学者，捃拾诸说礼者之不同意见，荟萃成篇。因篇首有檀弓姓名，乃注为篇名。❶

春秋战国时代，由于礼崩乐坏，社会价值观变得多元混乱，理性的道德价值被感性的审美需求取代。当人们的情感无法用理性调节限制时，感性的情感为了满足欲望需求，将颠覆既有的道德价值规范。以礼乐美典为原则的生活方式一旦瓦解，价值观便趋向多元，对美的要求也转而丰富活跃，许多僭越礼制的现象逐渐显露，反映在建筑空间上，便形成一股美轮美奂的建筑风格。这种美轮美奂的建筑风格，是以平面双数开间展开的线性艺术，在审美的心理层面上，已然将空

---

❶ 参见王梦鸥《礼记今注今译》，台北，台湾商务印书馆，1969年，61页。

间意识转化为时间进程的节奏美。

晋献文子家室落成，诸大夫皆发礼祝贺，见到建筑群高大宏伟，文饰华美，不论祭祀作乐、居丧哭泣，还是与僚友及宗族聚会饮食，如此的建筑均令人称羡。然而此建筑群又过于奢华，有僭越礼制的疑虑，所以大夫们纷纷规劝。其中晋国大夫张老，擅于用赞美及祈福的词语，规劝于无形，令晋献文子接受，诸大夫赞叹！正向的语言艺术，具有强大的能量，为当时纵横家所重视。

【原典精选】

昔者周公朝诸侯于明堂①之位：天子负斧依②，南乡③而立。三公，中阶之前，北面东上④。诸侯之位，阼阶之东，西面北上。诸伯之国，西阶之西，东面北上。诸子之国，门东，北面东上。诸男之国，门西，北面东上。九夷之国，东门之外，西面北上。八蛮之国，南门之外，北面东上。六戎之国，西门之外，东面南上。五狄之国，北门之外，南面东上。九采之国⑤，应门之外，北面东上。四塞，世告至⑥。此周公明堂之位也。明堂也者，明诸侯之尊卑也。（《明堂位》）

大庙，天子明堂。库门，天子皋门。雉门，天子应门⑦。振木铎⑧于朝，天子之政也。山节藻棁⑨，复庙重檐⑩，刮楹达乡⑪，反坫出尊⑫，崇坫康圭⑬，疏屏⑭，天子之庙饰也。（《明堂位》）

凡四代之服、器、官，鲁兼用之。是故鲁，王礼也，天下传之久矣，君臣未尝相弑也，礼乐、刑法、政俗未尝相变也，天下以为有道之国。是故天下资礼乐焉。（《明堂位》）

【简注】

①明堂：周代天子按尊卑等级，接受诸侯朝觐的场所，也是周人

追享祭祀周文王的宗庙。

②天子负斧依：周成王背后有斧形图案的屏风。依：屏风。

③南乡：天子坐北朝南为正位。乡：同"向"。

④东上：以天子的位置为参照点，左边为东，是上位。

⑤九采之国：九千里之外的各国来宾。采：千里之外。

⑥世告至：一世代只来朝拜天子一次。

⑦天子应门：天子所居宫城有五门，自内而外分别为路门、应门、雉门、库门、皋门。鲁国的雉门，如同周天子应门的建筑规格，可见鲁国僭礼。

⑧木铎：金口木舌的铜铃，古代公布政教法令时，巡行振鸣，以招众人注意。

⑨山节藻棁：山形的斗拱和装饰华丽图案的梁柱。棁：音zhuō，梁上的短柱。

⑩复庙重檐：宗庙双层的建筑及复叠的屋檐。

⑪刮楹达乡：磨刮光滑并加上油漆的楹柱和通达敞亮的大窗。乡：夹户的窗。

⑫反坫出尊：古代国君与贵宾宴饮，酒樽在两个楹柱之间，土坫高台在酒樽之南，献酬皆从酒樽南方的土坫出入。坫：音diàn，两个楹柱之间筑土的高台，上可放饮食用具。尊：一种青铜酒器。

⑬崇坫康圭：高起的土坫，用以安放玉圭。

⑭疏屏：镂刻通花的屏风。

【语译】

从前周公在明堂接受诸侯朝拜时，规定了明堂之礼的位置：天子背对着斧形屏风，面向南方站立。三公的位置在中阶之前，面北而立，以东边为上位。各侯爵的位置在阼阶的东边，面西而立，以北边为上位。各伯爵的位置，在西阶的西边，面东而立，以北边为上位。各子爵国的贵宾，在庙门东边，面北而立，以东边为上位。各男爵国的贵宾，在庙门西边，面北而立，以东边为上位。九夷各国的来宾，在东门外，面西而立，以北边为上位。八方蛮夷之国的来宾，在南门外，面北而立，以东边为上位。六戎之国的来宾，在西门外，面东而立，以南边为上位。五狄之国的来宾，在北门外，面南而立，以东边为上位。九千里之外的各国来宾，在大庙的应门之外，面北而立，以东边为上位。四方边塞各藩属国，其国君一辈子只能来朝拜一次。这是周公规定的明堂位之礼。所谓明堂，是以位置表明诸侯尊卑的神圣场域。

鲁国的太庙，有如天子的明堂。有库门，如同天子的皋门。有雉门，如同天子的应门。在朝见过程中，振摇木铎以发号施令，有如天子布达政令。鲁国太庙的装饰，还有山形的斗拱，以及装饰着华美图案的短柱；双层的太庙，复叠的屋檐；还有刮光上漆的楹柱和通达敞亮的大窗。献酬完毕，还酒爵于土坫高台上，置于酒樽之南。又有高起的土坫，用以安放玉圭，还有镂刻通花的屏风。这些都是天子太庙内的装饰。

举凡虞、夏、商、周四个朝代所用的礼服、礼器，以及辅佐礼仪的职官，鲁国都兼而用之。所以，鲁国的礼乐典章制度，是行周天子的礼制，这是天下流传久远、早已知晓的事。鲁国的君臣，并没有发生互相残杀的现象，礼乐、刑法、政俗也都承袭周代制度，没有改变周天子的规定，天下人都认为鲁国是有道的诸侯国。所以，天下各诸侯国都采用鲁国的礼乐典章制度。

【现代解读】

明堂是周天子受诸侯朝觐，以及祭祀周文王的神圣空间。本篇分三个部分。首段据《逸周书·明堂解》原文而成。第二段记周公辅佐周成王朝见诸侯于明堂，成王赐鲁以天子之礼乐。孔子曾感叹鲁之郊祭、禘祭，乃周室东迁以后之僭礼，本篇作者不知其为非礼，反而盛夸之以为美，实则铺张失实。唯第三段杂记鲁国禘祭所使用的礼乐器物，虞、夏、商、周四代的典章制度，略有见于此，可作为考证先秦礼乐的参照。

中国以宗庙为主的建筑，具有护佑子孙的功能，同时也具备生活化、实用性的亲切感，各种生命过渡仪式或生活交往仪式均在宗庙中举行。当举行出生礼、冠礼、婚礼、丧礼、祭礼时，宗庙与行礼者的关系特别密切。行礼如仪的贵族们，在宗庙中，容易与祖先神灵产生血缘的一体感，进而使家族的温暖得以转化为抚慰人心的力量，使参与仪式的人们，在圣俗一体的神圣空间中，洗涤凡俗性的身体，净化为与祖先一体的神圣化身体。为了营造艺术性的疗愈空间，宗庙建筑中经常会彩绘许多装饰图纹。❶

宗庙建筑具有神圣、凡俗的艺术治疗功能，除此之外，门亦具有象征性的治疗意义。如《明堂位》所说，天子所居宫城有五门，自内而外为路门、应门、雉门、库门、皋门。诸侯仅三门，为路门、应门、皋门。位居天子、诸侯、大夫三阶层者，每年均须循四季节气的更迭变化，依次祭祀户、灶、中霤、门、行五种建筑物。此五种建筑物均有其守护神灵，为人们抵挡罪恶、不洁力量的入侵之作用。其中，秋天所祭的门，联结着门槛，为中国建筑中极为重要的神圣通道。

研究中国建筑美学者，认为中国人的空间观是以身体为中心，向

❶ 有关《礼记》的"明堂""宗庙"及"五祀"等空间与行礼者审美心理之关系，可详参林素玟《〈礼记〉神圣空间的审美治疗》，《华梵人文学报》第10期，2008年7月，1—35页。

前、后、左、右四方延伸，形成以中轴线为中心，向两边对称的双数开间的空间审美意识。汉宝德曾指出，中国人的空间观是从人体开始的，中国人把一只手看成空间的基本架构。此人化的空间观，正决定了建筑上最早的结构系统——梁柱。而且由梁柱的形象转换，自然出现主轴观，定一条主轴线，各种空间依附在这一条主线上，且有一个中心建筑。❶

由人化、身体化所创构的建筑美学，便易形成梁柱结构。有梁柱作为自身形象的影射，便陆续出现了台基和屋顶，分别象征天与地。于是，天、地、人三才的建筑结构遂逐渐成形。

由天、地、人三才观念所创造的三段式建筑空间结构，再向前、后、左、右四方延伸，便有了四方尊卑的方位概念。汉宝德又指出，"自周代起，中国人遂建立了一种背北向南的宇宙观。中国人在从事空间的想象时，这种方向感不期然地就出现了。一座中国的住宅，实际就是主人宇宙观的实现，就是主人身体的架构的影射"。❷所谓主人，在周代分封制度下，是以天子位阶为主要坐标。天子之尊位为南面而坐，即以坐北朝南为上位。以天子尊位为参照点，左边为东为上，西边为下；北边为上，南边为下。

就建筑艺术的创构而言，李泽厚也指出，中国的建筑结构，由于以身体为中心而形成中轴线的对称之美，这种平面铺开的有机群体，实际上已把空间意识转化为时间进程。这样的平面纵深的空间，可以将瞬间直观把握的巨大空间感受，变成长久漫游的时间历程。于是，一种实用的、入世的、理智的、历史的因素在这里占据明显的优势，

❶ 参见汉宝德《中国的建筑与文化》，台北：联经出版事业股份有限公司，2004年，63、65页。

❷ 同上，180页。

从而排斥了反理性的迷狂意识。正是这种意识构成许多宗教建筑的审美基本特征。这种时间化了的空间感，造成一种流动之美，在造型上便呈现了线的艺术特征。由屋顶形状及其装饰，配上宽厚的正身和阔大的台基，使建筑安定踏实，体现出一种情理协调、舒适实用、有鲜明节奏感的效果。❶

周代在礼乐美典思想主导下的建筑艺术，均呈现方形或长方形的均衡、对称之美，经过时间进程的线性转化之后，显露出一种流动的节奏之美。一如周代人的情感表达，在礼乐的调节下，流露出适度的理性和谐，在礼乐文化的艺术生活中，通过礼乐仪式及时空场域，让感性的情绪有合理的宣泄通道。而在春秋战国以后，礼崩乐坏，僭礼风气日盛之下，建筑结构也趋向追求高大、壮阔与美轮美奂。鲁国的礼乐典章制度，完全比照周天子的规格，是僭礼的代表，在《明堂位》中，有极为详细的记载。然而，礼失而求诸野，幸有《明堂位》对鲁国礼乐的记载，保存了许多周代以前的古礼，可以据以考证虞、夏、商、周四代礼乐典章制度的样貌。

三、物用之美

【原典精选】

犬羊之裘①不裼②。不文饰也不裼。裘之裼也，见美也。吊则袭③，不尽饰也。君在则裼，尽饰也。服之袭也，充④美也。是故尸袭，执玉龟⑤袭。无事则裼，弗敢充也。（《玉藻》）

古之君子必佩玉，右徵、角，左宫、羽，趋以《采齐》⑥，行以《肆

---

❶ 参见李泽厚《美的历程》，台北：三民书局，2000年，71—72页。

夏》⑦，周还中规，折还中矩。进则揖之，退则扬之，然后玉锵鸣也。故君子在车则闻鸾、和之声，行则鸣佩玉，是以非辟之心无自入也。

君在不佩玉，左结佩⑧，右设佩。居则设佩，朝则结佩。齐则绁结佩而爵韠⑨。

凡带必有佩玉，唯丧否⑩。佩玉有冲牙⑪，君子无故玉不去身，君子于玉比德焉。

天子佩白玉而玄组绶⑫，公侯佩山玄玉而朱组绶，大夫佩水苍玉而纯⑬组绶，世子佩瑜玉而綦组绶⑭，士佩瓀玟而缊组绶⑮。孔子佩象环⑯五寸而綦组绶。（《玉藻》）

【简注】

① 犬羊之裘：指庶人穿的皮衣。

② 裼：音 xī，即袒露之意，指脱去上衣，露出身体或文饰。

③ 袭：皮裘之外，加穿一件素衣，掩盖住里面的文饰。

④ 充：掩藏。

⑤ 玉龟：指玉圭与龟甲。谓执玉圭受命，执龟甲占卜，均至敬无文饰，故袭衣。

⑥ 《采齐》：门外之乐。古乐章名。

⑦ 《肆夏》：登堂之乐。古乐章名。

⑧ 结佩：将玉串打结，不使两串玉因互相撞击而发出声响。

⑨ 齐则绁结佩而爵韠：斋戒时，将佩玉用红丝绳收结起来，用赤黑色大巾蔽护膝盖。齐：同"斋"。绁：音 zhēng，红色丝绳。爵，同"雀"。韠：音 bì，围于衣服前面的赤黑色大巾，用以蔽护膝盖。

⑩ 唯丧否：只有丧事不须佩玉。因为丧事主哀，必须去除文饰。

⑪ 冲牙：成组佩玉中的一件玉饰，造型可能源自兽牙。原始社会有佩戴兽牙的习俗，古人以冲牙作为解系绳结的工具。行走时，冲牙

与两侧的玉璜相撞击，发出悦耳的声音，起到调节行止步伐的作用。

⑫组绶：用来将玉系成串的丝绳。

⑬纯：同"缁"，黑色。

⑭佩瑜玉而綦组绶：佩戴有光泽的美玉而用青黑色丝绳。瑜玉：有光泽的美玉。綦：音 qí，青黑色。

⑮士佩瓀玟而缊组绶：士子佩戴次于玉的美石而用赤黄色丝绳。瓀玟：音 ruǎn mín，像玉的美石。缊：赤黄色。

⑯象环：象牙制成的环形佩饰。

【语译】

犬羊皮裘是庶人穿的皮衣，不需要脱去上衣，袒露出身体或文饰。因为不是面对国君或行重大祭典需要文饰的时候，就不需要脱衣。袒露裘衣，为的是表现美丽的文饰，也就是尊君的意思。但遇到吊祭场合时，则必须要哀戚，所以必须加穿一件单衣，不能露出文饰；可是在国君面前，就要袒露身体，显露文饰，以表示敬意。服装要外加一件素衣，为的是掩藏美，在神圣庄严的场合，反而要去掉文饰，才能表示敬意。所以尸象征鬼神的尊严，一定要外加素衣。执玉圭受命，执龟甲占卜，都是很神圣庄严的事，也要外加素衣表示尊敬。等到事情完成以后，就要袒露上衣，不掩藏美饰，才合乎礼节。

古代有德的君子，身上一定要佩玉，右边佩的玉发出徵、角的音声，左边佩的玉发出宫、羽的音声。快走的节奏与《采齐》的门外之乐相符，慢走的节奏与《肆夏》的登堂之乐相符。周旋回身时走的路线要符合圆形，转弯旁行时走的路线要符合方形。前进时身体前倾，后退时身体后仰，如此，佩玉便发出锵锵叮当的声音。君子在乘车时能听到鸾铃和谐的声音，行走时又能听到锵锵有致的声音，君子的行为举止便都符合礼节，乐音能导人平和，所以一切邪僻的念头，就无法进入君子的心中了。

在国君面前不佩玉，将左边的玉佩打结，不使两串玉互相撞击发出声响，右边的玉佩可以佩戴。平常燕居时，可以让左右两边的玉串都垂下来，上朝面见国君时则将左边的玉串打结，斋戒时须清静，所以将佩玉用红丝绳收结起来，不使玉佩发出声响，且要用赤黑色大巾蔽膝。

上自天子下至士人，凡衣带上必须佩戴玉饰，只有守丧时不佩玉。一长串的佩玉上有叫冲牙的玉，有德的君子除了遭逢丧事与灾病外，平常没有原因，玉饰是不会离身的。因为君子认为玉可以象征德行。

天子佩的玉饰是白玉，用的是深黑色丝绳，公侯佩的是山玄玉，用的是红色丝绳，大夫佩的是水苍玉，用的是黑色丝绳，世子佩戴有光泽的美玉，用的是青黑色丝绳，士子佩戴次于玉的美石，用的是赤黄色丝绳。孔子佩戴的是象牙制成的环形佩饰，用的是青黑色丝绳。

【现代解读】

《玉藻》中关于衣饰的审美标准，有许多规定，大致以见美尽饰为原则。东汉郑玄注云："君子于事，以见美为敬。"郑玄认为，士君子行事，当以展现外在美感，作为内心虔敬的表征。日常生活的服饰，以展现美感来表达内心的爱敬之情。外表衣着必须尽力显露文饰，方能衬托出内心诚挚的敬意及情感，所谓礼以饰情。

然而丧事主哀，若遇到吊唁时，则必须外加一件素衣，将原有文采美饰的服装掩蔽，以表达哀悼之意。衣着的规定，不论文饰或质素，都须视行礼者与受礼者的人伦关系而定，一切礼制的安排，皆以表达内心的爱敬之情或哀戚之思为首要考量。到父母所在的处所，衣着以质素为美、为敬；如果是到有国君的场合，衣着则改以文饰为美、为敬。

综观《礼记》所载，先秦贵族生活美感的教养，展现于饮食、衣饰及日常言行举措、仪态容止各方面，大体而言，要皆以外显美感、尽显文饰为审美原则，这也是身体美学的重要礼仪。

在个体生命与群体人际交往的言行举止、容态仪表方面，《礼记》做了一番明确的规范，以期由日常生活的教育，培养雍容宽和的气度，使社会阶层中每一个个体，皆成为具有文化美感、可资欣赏的审美对象。君子在行进步趋之际，必定佩玉而行，借佩玉所发出的锵鸣之声，调节君子行止的快慢迟速，务求周折回旋之际，动静举措皆能中规中矩，符合乐音的节奏。行止一旦合于平正的节奏，邪僻的念头便不会侵入身体，自然表现出舒缓豁达的气度。

《礼记》中常以玉来表征君子之德，亦以佩玉的形制、色泽来界定贵贱等差的身份，以彰显礼乐灿然明备、人文化成的和谐秩序。玉与君子之德、礼乐之美有密切的关联性，因此，《玉藻》对政治上各阶层所佩的玉之形制及色泽，均有明文规定。

孔颖达疏云："尊者玉色纯，公侯以下，玉色渐杂，而世子及士唯论玉质，不明玉色，则色不定也。"社会阶层越尊贵，所佩之玉的色泽便越单纯，如天子之佩白玉；社会阶层递降，佩玉便呈现多元色彩，如公侯伯等佩有山水纹理的各色玉；其次则以玉质来表示世子和士人的生命美质，而不以色泽来区别。周与沉曾指出："外在形貌的美饰，是要标志合礼的身份，美饰本身亦须配以饰者内在的德与学，才堪称得体、合宜、如理。听玉声以调节行为，闻玉气以净化身心，佩玉饰以美化身体，思玉义以修养德行。"❶先秦儒家强调君子的品德

---

❶ 参见周与沉《身体：思想与修行——以中国经典为中心的跨文化观照》，北京：中国社会科学出版社，136页。

要如玉之美质一般，若无父母之丧等重大变故，君子始终佩玉，以玉美其身、美其体。

【原典精选】

子贡问于孔子曰："敢问君子贵玉而贱碈^①者何也？为玉之寡而碈之多与？"

孔子曰："非为碈之多故贱之也，玉之寡故贵之也。夫昔者君子比德于玉焉：温润而泽，仁也；缜密以栗^②，知也；廉而不刿^③，义也；垂之如队^④，礼也；叩之，其声清越以长，其终诎然^⑤，乐也；瑕^⑥不掩瑜，瑜不掩瑕，忠也；孚尹旁达^⑦，信也；气如白虹，天也；精神见于山川，地也。圭、璋特达^⑧，德也；天下莫不贵者，道也。《诗》云：'言念君子，温其如玉^⑨。'故君子贵之也。"（《聘义》）

【简注】

①贵玉而贱碈：重视美玉而轻贱似玉的美石。碈：音 mín，同"珉"，似玉的美石。

②缜密以栗：细致精密而坚固，引申为谨慎细心。栗：音 lì，坚固。

③廉而不刿：玉有棱边但不至于割伤人。廉：棱边。刿：音 guì，割伤。

④垂之如队：玉珮成串垂挂而下坠。队：同"坠"，音 zhuì。

⑤诎：同"屈"，音 qū，声音戛然而止。

⑥瑕：音 xiá，玉的斑点。

⑦孚尹旁达：玉的光彩如竹子的青皮，发散在外表，通达四方，表里如一。孚：同"浮"，泛光。尹：同"筠"，音 yún，竹子外层的青皮。

⑧圭、璋特达：行聘礼时，唯执圭璋玉器，特得通达，不加用其他币帛。圭：祭祀东方的玉器，形状为上尖下方之长方形；璋：祭祀南方的玉器，形状如半个圭。

⑨言念君子，温其如玉：出自《诗经·国风·秦风·小戎》，指思念君子的性情，温顺纯粹、宽缓柔和，如同美玉一般温润而有光泽。

【语译】

子贡问孔子说："请问老师，有德的君子重视美玉而不重视似玉的美石，这是为什么呢？是因为美玉产量较少，而美石较多的缘故吗？"

孔子说："不是因为美石较多而轻贱它，美玉较少而被珍视，而是因为古代德位相称的君子将美德与美玉相比喻。美玉的质地温润且有光泽，这就是仁德。美玉的质地细致精密而坚固，这就是智慧。玉虽有棱边但不会割伤人，这就是仁义。美玉成串垂挂而下坠，这就是礼节。美玉敲击一下，声音清脆悠长，快终了时戛然而止，这就是声乐。美玉虽有斑点，但无损于整体的光泽；美玉虽整体有光泽，但也不隐藏斑点，这就是忠诚。美玉的光彩由内发散在外，通达四方，这就是诚信。美玉所在之处，有光气如白虹，上与天互通气息。美玉的精神含藏于山川之中，地气含藏于内，彻见于外。行聘礼时，唯执圭璋玉器，特显通达，不加用其他币帛，就像有才德的人不用别人推荐便有极高成就。天下人莫不以美玉为珍贵，就像天下人以真理为尊贵一样。《诗经》说：'思念君子的性情，温顺纯粹、宽缓柔和，如同美玉一般温润而有光泽。'因为美玉有这么多美好的特质，所以有德的君子都珍爱它。"

【现代解读】

《礼记》强调"君子比德于玉"，将个体德行之美蕴含在群体礼乐之美中。孔子将玉的色泽、质地、纹理、声响、意义，与君子的仁、智、义、礼等德行相比，强化"君子比德于玉"的内在关联。《聘义》中记载的孔子对玉的看法，影响了东汉文字学家许慎。许慎在《说文解字》中说："玉，石之美，有五德：润泽以温，仁之方也；鳃理自外，可以知中，义之方也；其声舒扬，专以远闻，智之方也；不挠而折，勇之方也；锐廉而不忮，絜之方也。"

林素娟对《聘义》也做了阐释，她指出，通过玉的色泽、质地、垂坠的形式、音声，而隐喻君子的仁、智、义、礼、忠、信、道、德等种种品性，并以此体会礼、乐之精神。此即通过身体的视、听、嗅、味、触诸觉以及诸知觉统合而形成共通感觉。❶换言之，先秦贵族，上自天子，下至士人，特别重视玉的美质，以眼、耳、鼻、舌、身、意六种身体感官的知觉，感受美玉的视、听、嗅、味、触、知等质地，以与德行的仁、智、义、礼、忠、信、道、德等相配，玉遂成为先秦身体美学的重要装饰用器，于是，《玉藻》强调，君子没有重大的父母丧事时，随时将玉佩戴在身上，以时时刻刻提醒自己修德以美其身的重要性。

【原典精选】

古者深衣①盖有制度，以应规、矩、绳、权、衡。

短毋见肤，长毋被土②。续衽钩边③，要缝半下④。袼之高下，可以运肘⑤；袂之长短，反诎之及肘⑥。带，下毋厌髀，上毋厌胁，当无骨者⑦。

制：十有二幅，以应十有二月，袂圜以应规⑧，曲袷如矩以应方⑨，负绳及踝以应直⑩，下齐⑪如权、衡以应平。故规者，行举手以为容；负绳、抱方者，以直其政，方其义⑫也。故《易》曰：《坤》，"六二之动，直以方⑬"也。下齐如权、衡者，以安志而平心也。五法已施，故圣人服之。

故规、矩取其无私，绳取其直，权、衡取其平，故先王贵之。故

---

❶ 参见林素娟《气味、气氛、气之通感——先秦祭礼仪式中"气"的神圣体验、身体感知与教化意涵》，《清华学报》新第43卷第3期，2013年9月，414页。

可以为文，可以为武，可以摈相^⑭，可以治军旅。完且弗费，善衣^⑮之次也。

具父母^⑯、大父母，衣纯以缋^⑰。具父母，衣纯以青。如孤子，衣纯以素。纯袂、缘、纯边^⑱，广各寸半。(《深衣》)

【简注】

①深衣：诸侯、大夫、士在傍晚以后所穿之服饰，平民百姓在祭祀时也当吉服穿着。其上衣和下裳相连，皆穿在最外层。

②短毋见肤，长毋被土：深衣的尺寸，短的不要露出脚背，以遮蔽身体；长的不要拖到地面，以免污损。肤：同"跗"，脚背。被：同"披"，拖曳。

③续衽钩边：深衣后片衣襟加长，为续衽，经过背后绕至前襟，前后两衽相交叠，为钩边，然后在腰部以宽带子缚住。

④要缝半下：腰部上衣和下裳缝合的地方，其宽度等于下摆的一半。要：同"腰"。

⑤袼之高下，可以运肘：衣袖靠近腋下接缝处的高低，应以手肘可以自由运转为原则。袼：音luò，衣袖靠近腋下的部分。

⑥反诎之及肘：袖子的长度，除手的长度之外，多余的部分弯曲反折过来，以到手肘为原则。诎：音qū，同"屈"，弯曲。

⑦带，下毋厌髀，上毋厌胁，当无骨者：腰间大带，下沿不要盖到大腿，上沿不要盖到肋骨，应当在下腹没有骨头的地方。髀：音bì，膝部以上的大腿骨。胁：胸部两侧，由腋下到肋骨尽头的部位。

⑧袂圜以应规：衣袖环绕成圆形，以符应圆规。袂，音mèi，衣袖。圜：音huán，环绕。

⑨曲裌如矩以应方：脖子的衣领如画方形的曲尺，以符合方正。曲裌：方形的衣领。裌：音jié，交叠于胸前的衣领。

⑩负绳及踝以应直：上衣下裳的背缝长达脚后跟，以符合直线。负绳：衣与裳的背后缝线，上下相当，如绳之直正。踝：音 huái，小腿和脚底之间的关节。

⑪下齐：裳的下摆。齐：音 zī，下摆。

⑫以直其政，方其义：以作为深衣剪裁直的原则和方的道理。

⑬六二之动，直以方：《易经·坤卦·六二爻》："直方大，不习，无不利。"六二爻的运行，得大地自然之性，广生万物，正直而遍及四方，不用修习，无不有利。

⑭摈相：音 bìn xiàng，摈，在外接待宾客。相，在内辅佐行礼。

⑮善衣：朝祭时穿的礼服。

⑯具父母：指父母都健在。具：都、全部。

⑰衣纯以缋：衣服的边缘用有花纹的布料。纯：同"准"，音 zhǔn，衣服的边缘。缋：同"绘"，音 huì，有图案或花纹的布料。

⑱纯袂、缘、纯边：袖口边缘、裳的下摆、裳的边缘。

【语译】

古代的深衣，有一定的制作样式和尺度，以符合规、矩、绳、权、衡五法。

深衣有一定的尺寸，短的不要露出脚背，长的不要拖到地面。后片衣襟加长，经过背后绕至前襟，前后两衽相交叠，然后在腰部以宽带子缚住。腰部上衣和下裳缝合的地方，宽度等于下摆的一半。衣袖靠近腋下接缝处的高低，应以手肘可以自由运转为原则；袖子的长短，除手的长度之外，多余的部分反折过来，以到手肘为原则。腰间大带，下沿不要盖到大腿，上沿不要盖到肋骨，应当在下腹没有骨头的地方。

深衣裁制的规定：共使用布料十二幅，以符合一年有十二个月；

袖子用圆形以对应圆规；脖子的衣领如画方形的曲尺以符合方正；上衣下裳的背缝长达脚后跟，以符合直线；裳的下摆像秤锤和秤杆，以对应水平。袖子要对应圆规，因为行为都是以举手来表示礼容，衣与裳的背后缝线，以及脖子的衣领，如绳之直，如曲尺之方，以作为深衣剪裁直的原则和方的道理。所以《易经》说，坤卦，"六二爻的运行，得大地自然之性，广生万物，正直而遍及四方"。裳的下摆如秤锤和秤杆一样水平，是为了稳定穿着者的意念和平静心情。因为规、矩、绳、权、衡五法的原则已经施用在深衣的裁制上，所以圣人穿着符合五法的深衣。

因此，深衣采用圆规和方矩的制作原则，取其大公无私的意思；采用墨绳的原则，取其正直的意思；采用权衡的原则，取其平稳的意思，所以先王很重视深衣的象征意义。所以深衣可以在进行文治时穿着，也可以在进行武事时穿着，可以在外接待宾客、在内辅佐行礼时穿着，可以在治理军队时穿着。深衣周身密致完整，面料质地简素，不费力，是除朝服和祭服之外最好的衣服。

父母及祖父母同时健在的人，所穿的深衣用花纹来绲边。只有父母健在的人，所穿的深衣用青色绲边。如果未满三十岁而父亲已去世的人，所穿的深衣则用白色绲边。深衣的袖口边缘、裳的下摆、裳的边缘，宽度都是一寸半。

【现代解读】

所谓《深衣》，依孔颖达言："诸侯、大夫、士，夕时之服也。故《玉藻》曰：'朝玄端，夕深衣。'庶人吉服亦深衣，皆著之在表也。余服上衣、下裳不相连，深衣衣、裳相连，被体深邃，故谓之深衣。"本篇旨在说明深衣制度的意义，以及裁制的五种原则，现存部分先秦深衣制度之遗则，为先秦服饰美学极为重要的文献。

孙希旦《礼记集解》指出,"礼衣"为上衣、下裳分开;"深衣"则衣、裳连接。因其用于私人宴飨,故裁制方式崇尚简便。除深衣之外,与深衣制度相同而用途不同者,还有中衣与长衣。

中衣即穿于礼服之内者。中衣之所用,与礼服同。长衣即丧服之中衣,守丧中因有事而必须暂时脱去斩衰、齐衰,则不再加穿其他服装,以中衣为上服,故丧服之中衣不称为中衣,而称为长衣,以其衣袂长而名其衣也。

守丧二十五个月完毕,举行大祥之祭所穿的衣叫麻衣。麻衣即深衣。大祥之祭后,既除衰服,故服麻衣以居。

本篇专讲深衣制度的意义。由深衣制度以推测,则中衣、长衣、麻衣的制度,亦约略可见。

《深衣》开宗明义指出,圣人创制礼文,必有法度。规、矩、绳、权、衡五法,为深衣样式和尺度的制作原则。王梦鸥认为:"所谓'五法'之言,实受阴阳五行思想之支配,由此推测,此讲义之文,当不早于魏相时代。"❶按西汉前之"魏相"有二说,一为春秋时期晋国大夫吕相,又名魏相;二为西汉初年政治家魏相。王梦鸥认为,本篇之作受阴阳五行思想影响,盖汉初尤盛行黄老之术及阴阳五行学说,以此推断,《深衣》之作,当不晚于西汉初年。

所谓深衣制度的五法,"规"指画圆的圆规,"矩"为画方形或直角的曲尺,"绳"为工匠用以取直的墨线,"权"为秤锤,"衡"为秤杆。早在先秦以迄西汉初年,深衣的样式即具备完善的制度,各部位的剪裁和尺寸,必须符合圆、方、直、齐、平五项原则。

由于深衣的裁制遵循五项原则,符应天圆、地方、水平、直正,故适合于各种场合,举凡文治、武事、行礼、治军,均可穿着深衣,

❶ 参见王梦鸥《礼记今注今译》,台北:台湾商务印书馆,1969年,763页。

深衣遂成为先秦士阶层以上的贵族日常生活不可或缺的服饰。由深衣绲边的颜色及文饰，传达穿着者目前直系血亲的健在状况。其尺寸也以遮饰身体肌肤为原则，如袖子长度要能遮蔽手肘、下摆长度要能遮蔽脚踝。因其地位、用途仅次于朝服及祭服，先秦圣人、天子均常穿着深衣。据此，深衣实可谓先秦贵族服饰的代表，能充分展现身体美学中的衣着之美，恒受历代圣王所重视，故而被编入《礼记》一书。

养身：饮食必时

一、配合时序

【原典精选】

夫礼之初，始诸饮食，其燔黍捭豚①，污尊而抔饮②，蒉桴而土鼓③，犹若可以致其敬于鬼神。及其死也，升屋而号，告曰："皋某复④。"然后饭腥而苴孰⑤，故天望而地藏也。体魄则降，知气在上，故死者北首，生者南乡，皆从其初。(《礼运》)

故人者，其天地之德，阴阳之交，鬼神之会，五行之秀气也。故天秉阳，垂日星；地秉阴，窍于山川。播五行于四时，和而后月生⑥也。是以三五而盈，三五而阙。五行之动，迭相竭也⑦。五行、四时、十二月，还相为本也。五声⑧、六律⑨、十二管⑩，还相为宫也。五味⑪、六和⑫、十二食⑬，还相为质也。五色⑭、六章⑮、十二衣⑯，还相为质也。故人者，天地之心也，五行之端也，食味、别声、被色而生者也。

故圣人作则，必以天地为本，以阴阳为端，以四时为柄，以日星为纪，月以为量，鬼神以为徒，五行以为质，礼义以为器，人情以为田，四灵以为畜。以天地为本，故物可举也；以阴阳为端，故情可睹也；以四时为柄，故事可劝也；以日星为纪，故事可列也。月以为量，故功有艺也；鬼神以为徒，故事有守也；五行以为质，故事可复也；

礼义以为器，故事行有考也；人情以为田，故人以为奥也；四灵以为畜，故饮食有由也。(《礼运》)

故圣王所以顺，山者不使居川，不使诸者居中原，而弗敝也。用水、火、金、木、饮食必时^⑰，合男女、颁爵位必当年、德，用民必顺。故无水旱昆虫之灾，民无凶饥妖孽之疾。故天不爱其道，地不爱其宝，人不爱其情。故天降膏露，地出醴泉，山出器、车，河出马图，凤凰、麒麟皆在郊椒^⑱，龟、龙在宫沼，其余鸟兽之卵胎，皆可俯而窥也。则是无故，先王能修礼以达义，体信以达顺故。此顺之实也。(《礼运》)

【简注】

① 燔黍捭豚：炙烤黍类及撕烤猪肉。意指远古时期对食物做简单的加工。燔：音 fán，炙烤。捭：撕裂。

② 污尊而抔饮：掘地为坑当酒樽，以手捧酒而饮。污：挖地。抔，音 póu，用手捧水。

③ 蒉桴而土鼓：远古时期，先民以蒉草抟土块做成鼓槌，并筑土为鼓。蒉：音 kuài，植物名。桴：音 fú，击鼓的棒槌。

④ 皋某复：哭号叫某人的魂灵再生回家，皋，音 háo，引声号叫。复：招魂复魄。

⑤ 饭腥而苴孰：以生腥的食物塞在死者口中，用草叶包着熟食。饭：饭哈之礼，通常用生的稻米。苴：音 jū，可结子的麻草。孰：同"熟"。

⑥ 和而后月生：按郑玄注："和"字上面脱漏了"气"字。节气和见初月，中气和见满月。气：指节气、中气。五日为一"候"，三候为一"气"，即十五天。

⑦五行之动，迭相竭也：五行的运作，是相互负载，相生相克。竭：音jié，揭也，负载。

⑧五声：指宫、商、角、徵、羽五音。

⑨六律：指黄钟、太簇、姑洗、蕤宾、夷则、无射六个宫调。

⑩十二管：用十二个不同长度的竹管，吹出十二个不同的标准音高以定音。

⑪五味：指酸、苦、甘、辛、咸五味。

⑫六和：郑玄注："和之者，春多酸，夏多苦，秋多辛，冬多咸，皆有滑甘，是谓'六和'。"

⑬十二食：指一年十二个月符合节气所吃的不同食物。

⑭五色：指青、黄、赤、白、黑五大正色。

⑮六章：指日、月、星辰、山、龙、花虫六种明显的花纹。

⑯十二衣：指一年十二个月因配合礼制所穿的不同服饰。

⑰饮食必时：指饮食要配合季节时气，以调养身体。

⑱郊椒：郊野湖泽。椒：音zōu，木薪。借作"薮"，音sǒu，密生杂草的湖泽。

【语译】

礼最原始的起源，是开始于饮食行为，当时只有对食物做简单的炙烤加工，以蕢草抟土块做成鼓槌，并筑土为鼓以演奏，好像借此可以表达对鬼神的敬爱之心。到了人要死亡的时候，活着的人就登上屋顶向天空号哭，祷告说："某某人啊！快回来啊！"然后用生腥的稻米塞在死者口中，下葬时用草叶包着熟食给死者送葬，让死者不挨饿。望天而招魂，向地而埋葬，肉体降入地里，神智灵气向上而升，死者的头向着北方，生者则朝南居住，这些都是依循着原始时期传下来的礼仪。

所谓人，是天地生生之德的创造，阴阳两性的交合，祖先神灵的会聚而生，是金木水火土五行元素的杰出组合。所以天秉阳气，昭垂日月星辰；地秉阴气，示现山川洞窍。又将五行分配在四季，四季调和然后有十二个月的产生。所以每月有十五天，月亮由缺变圆，另十五天由圆变缺。五行的运转，是相互负载、相生相克的。五行、四季、十二个月，相互交替为本，周转不息。五声、六律、十二管，相互为宫调。五味、六和、十二食，相互调制而食用。五色、六章、十二衣，相互搭配而穿着。所以，人是顺应天命下贯的自然本性，由五行组合而创生饮食会讲求口味、会辨别音声，并穿着各色服饰的生命体。

所以圣人创制礼法准则，必以天地为根本，以阴阳为端绪，以四季为纲领，以太阳和星辰的运行为规律，以月亮圆缺为考量，以祖先鬼神为陪从，以五行为性质，以礼义为形下器物，以人情为对象，以四灵为畜养。以天地为根本，所以万物可以包举；以阴阳为端绪，所以互补的情况可以明见；以四季为纲领，所以农事可以劝勉；以太阳和星辰的运行为规律，所以做事便于排序；以月亮圆缺为考量，所以事情就有了准则；以祖先鬼神为陪从，所以人人皆有职守；以五行为性质，所以万事有周而复始；以礼义为操作器物，所以礼仪行为有考量标准；以人情为对象，所以深奥的人事会谨慎处理；以四灵为畜养，所以饮食的食材有来源。

古代圣明的君王顺应人情而制定礼仪，不使居住在山里的人们过河川地带的生活，不使居住在水边的人们过中原农耕的生活。唯其如此，才不至于使人民生活困难。搭配水、火、金、木的运转和饮食，也必须配合天时节气来调理。男女阴阳和合，以及颁布爵位，必须以年龄和德行为依据。用人也必须顺应民心，所以不会发生水灾、旱灾和昆虫之灾，人民也不会有凶年饥馑和怪疾。因此，上天不会吝惜其原理，土地不会吝惜其宝矿，人民不会吝惜其感情。于是，天降甘露，地出醴泉，山里出现宝器和车乘，河川出现龙马驮来河图洛书，凤凰来仪，麒麟也在郊野，龟龙等祥瑞神兽出现在宫中池沼，其余鸟兽的卵和胎，都可以让人俯瞰。如此太平盛世不是没有原因，是因为先世圣王能修礼以符合天地变化的原理，体践诚信以和顺人民需求的缘故，这正是天下大顺的结果罢了。

【现代解读】

礼运者，言礼之运行。自礼本于天地而言，四时五行，灿然明备，礼制已自然运行于天地之间。然而，必须出现有德之天子，效法天道，以治人情，礼制才能达于天下，因此，礼又必待圣人而后运行。《礼运》篇言周室衰微，礼崩乐坏，孔子有感而叹，因子游之问，而阐述礼之运行，圣人以礼治天下国家。其中所言大同之世、小康之治，被视为儒家的政治理想。

本部分反映了先秦思想家对人的看法。人的基本需求，包括形上的心灵追求，以及形下的物质满足。人禀赋着天地自然之性灵而生，由金、木、水、火、土五行构成身体，由此五行再配合四季、十二月、五味、五声、五色等，创造出天地万物的秩序。《礼运》所言，与《月令》的设计密切相关。主张人是由天地赋予自然本性，加上阴阳两性和合而创生，是讲究口味、会辨别音声、懂得穿着服色的生物。人虽有现实面的动物性肉体，也有其超越面的形上性心灵，两者同时具备，才是完整的人之实质。因此，从现实面的动物性肉体而言，《礼记》对现实中面对终将死亡这一事实的形躯身体，便相当重视，并以较多篇幅说明如何让此形躯身体生活得更美好、保养得更健全。

《礼记》对养身的饮食制度与意义，也颇多论述。《礼运》对于饮食在人的基本生活中的必要性与重要性做了明确的界定：人作为在现实面、生物性存在的身体而言，饮食饱腹和男女性爱，是生存最基本的欲求。在远古时期，礼的最初起源与创制，便与饮食行为有极为密切的关联。

有关饮食礼仪的精神意义，统摄在《礼运》的一句话中："饮食必时。"饮食要配合季节时令，以调养身体。郑玄《礼记注》云："饭宜温，羹宜热，酱宜凉，饮宜寒。"又云："多其时味以养气也。"体气壮盛的，要减少摄取当季时味以杀盛气；体气虚羸的，则要多进当季时味以养虚气。春、夏、秋、冬四季的变化不同，饮食也必须顺时而变，配合季节的暖、冷、温、寒，提供阴、阳、凉、燥的饮食，以保养有限的形躯肉体。

礼文艺术的起源，是由生理需求所致，故而"礼之初，始诸饮食"。礼最初的起源，乃源于养生的需求。养生有许多方面，而以饮食为最重要。所谓民以食为天，活着的人要饮食，推而至丧礼，也用食物置于死者口中，令死者在另一个世界不致挨饿；祭礼亦以简单的食物加工处理，来表达对鬼神的崇敬。因此，《礼记》中涉及"饮食必时"的文献较为丰富，尤以《内则》一篇最多，其次为《郊特牲》。

【原典精选】

缟、禘有乐[①]，而食、尝无乐[②]，阴阳之义也。凡饮，养阳气也；凡食，养阴气也。故春禘而秋尝[③]，春缟孤子，秋食耆老，其义一也，而食、尝无乐。饮，养阳气也，故有乐；食，养阴气也，故无声。凡声，阳也。(《郊特牲》)

凡食齐[④]视春时，羹齐视夏时，酱齐视秋时，饮齐视冬时。凡和，春多酸，夏多苦，秋多辛，冬多咸，调以滑甘。(《内则》)

牛夜鸣则庮⑤，羊泠毛而毳⑥，膻；狗赤股而躁，臊；鸟麃⑦色而沙鸣，郁；豕望视而交睫，腥；马黑脊而般臂，漏。雏尾不盈握，弗食；舒雁翠⑧，鹄、鸮胖⑨，舒凫翠⑩，鸡肝、雁肾、鸨奥⑪、鹿胃。（《内则》）

【简注】

①飨、禘有乐：春天举行飨礼和禘祭，以酒食招待孤子和祭宗庙，以音乐伴奏。飨：音 xiǎng，以酒食招待。禘：音 dì，春祭之名。

②食、尝无乐：秋天举行食礼和尝祭，不用音乐伴奏。尝：秋祭之名。

③春禘秋尝：四季举行的宗庙祖先祭祀。《尔雅·释天》记载为"春祠、夏礿、秋尝、冬烝"，此说时间较早。在《礼记·祭统》则记载为"春礿、夏禘、秋尝、冬烝"，此为春秋以后的名称，较为晚出。

④齐：调和。郑玄注云："饭宜温，羹宜热，酱宜凉，饮宜寒也。""多其时味以养气也。"此处以春、夏、秋、冬，代表温、热、凉、寒。

⑤庮：音 yǒu，朽木的臭味。

⑥泠毛而毳：毛长纠结而脆弱。泠：音 líng，毛长纠结。毳：音 cuì，脆弱，不坚韧。

⑦麃：音 piǎo，色泽不美。

⑧舒雁翠：鹅尾的肉。舒：行步舒迟。雁：音 yàn，鹅。翠：尾肉。

⑨鹄、鸮胖：鹄、鸮等鸟类胁侧的薄肉。鹄：音 hú，今谓之天鹅。鸮：音 xiāo，今指猫头鹰。胖：胁侧薄肉。

⑩舒凫翠：鸭尾的肉。凫：音 fú，鸭。

⑪鸨奥：水鸟的脾胃。鸨：音 bǎo，比雁略大的水鸟。奥：脾胃

脏腑的深奥处。

【语译】

　　春天举行飨礼和禘祭，以音乐伴奏，而秋天举行食礼和尝祭，则不用音乐伴奏，这是配合阴阳节气的原理。凡是饮酒礼，意在保养阳气；凡是食礼，则在保养阴气。所以春天举行禘祭，秋天举行尝祭；春天飨礼以酒食招待孤子，秋天食礼以食物进奉耆老，道理是一样的。食礼和尝祭不用音乐伴奏。饮酒是用来保养阳气的，所以伴奏以声乐；进食是用来保养阴气的，所以食礼没有声乐伴奏。凡是声乐都属于阳气。

　　凡是调和食物的冷热温凉，固体的饭食宜像春天般温和，羹汤类食物宜像夏天般火热，酱类宜像秋天般凉爽，饮料类则宜像冬天般冰寒。食物的调味，春季多用酸味，夏季多用苦味，秋季多用辛辣，冬季多用咸味。每一种食物都要调配滑润甘美的口味，以保养体气。

　　夜间哞哞叫的牛，它的肉有恶臭味；毛长纠结而脆弱的羊，肉会有腥膻味；大腿内侧无毛且举动急躁的狗，肉一定有臊恶味；家禽或野鸟，如果毛色不美，鸣叫声沙哑，它的肉有腐臭味；目光不明亮，睫毛长且相交的猪，肉质有腥味；黑背脊而前腿有杂毛的马，肉质通常是臭的。雏鸡尾羽毛长不到一个手掌大，不吃；其他还有鹅尾肉、天鹅和猫头鹰胁下的薄肉、鸭尾肉、鸡肝、鹅肾、水鸟的脾胃、鹿胃等，吃肉的时候都要去掉这些部位。

【现代解读】

　　东汉郑玄认为，《内则》乃记家族内男女居室、事父母舅姑的各种小礼节，闺门之内，仪轨可则，所以名为《内则》。本篇为学校教民之书，尤为童蒙教育的重要典籍，文理密察，法度精详。全篇可分四部分，足以见古代先王所以厚人伦、美教化的精神。

一内则：又分四种。一为子妇侍奉舅姑之礼，二为舅姑对待子妇之礼，三为家族日常之礼，四为夫妇之礼。

二饮食：与《仪礼·公食大夫礼》及《周礼·天官》文句多相雷同。

三养老：与《王制》多有重复。

四育幼：童蒙教育之法。

《礼运》指出"饮食必时"的原则，《郊特牲》进一步指出"饮食必时"的原因：声乐属阳，饮酒保养身体的阳气，故举行春禘之祭饮酒时，以声乐伴奏；而无酒之食，则保养身体的阴气，故举行秋祭食尝之礼时，不以声乐伴奏。《郊特牲》说明了饮与食对践行礼仪者身体阴阳二气的影响，且二者也运用在举行祖先四时之祭的礼仪上。

《内则》将先秦有关饮食的礼仪与制度，记载得非常详尽。《内则》文本中，自"饭：黍、稷、稻、粱"以下，记载饮食制度。"饭"适合温食，"羹"适合热食，"酱"适合凉食，"饮"适合寒食。调味料亦须配合四季时令节气，春用酸，夏用苦，秋用辛，冬用咸，每种食物都加上滑润甘美的调味料，以保养体气。饮食之所以要配合时令节气，林素娟曾指出，一则依循阴阳调和、五行生克的原理，调和过盛的，弥补不足的；二则用以区隔出神圣食物的神圣性质，以转化食用者的身心，祓除身心内外的不洁。饮食不仅必须配合时令节气加以调配，食物的处理、配菜，亦与季节、五行、阴阳生克等密切相关。❶

饮食除了必须配合时令节气，以净化、调和食用者的身心之外，

---

❶ 参见林素娟《饮食礼仪的身心过渡意涵及文化象征意义——以三〈礼〉斋戒、祭祖为核心进行探讨》，《中国文哲研究集刊》第32期，2008年3月，185—186页。

《内则》更指出食用各种肉类之前必须细加选择，列出许多"弗食"的部位与状况，并举出各种烹煮食物的技巧与方法。如淳熬、炮、捣珍、渍、为熬、糁、肝膋等，反映了先秦士阶层以上的贵族认为适当和美味的饮食，才是保养、珍护身体的基础。

饮食不仅可长养健康、美态的身体，而且能转化心理意识，在行礼的神圣时间及践履的神圣空间中，食用神圣食物，使行礼者身心净化，意识状态沉浸在神圣的仪式中，因而能生发出诚、敬、仁、孝等心志情意，进一步具有修身养性的功效。

《礼记》对养身、护身的重视，反映了先秦儒家思想对现实面的生物性身体的肯定与正视，主张通过日常生活饮食制度的建立与实践养护身体，之后再一步步提升其层次与境界，以修炼身心，达到圆满美善的身体及生命状态。

二、配合身份

【原典精选】

大夫燕食，有脍无脯①，有脯无脍；士不贰羹、胾②；庶人耆老不徒食。(《内则》)

羹食，自诸侯以下至于庶人，无等。大夫无秩膳③。

大夫七十而有阁④。天子之阁，左达⑤五，右达五。公、侯、伯于房中五，大夫于阁三，士于坫⑥一。(《内则》)

【简注】

①有脍无脯：配菜中若有肉丝，就无肉干。脍：切细的肉丝。脯：肉干。

②胾：音 zì，切成大块的肉。

③秩膳：常置美食于左右，以备大夫阶层饮食之需。

④阁：存放食物之处，以木板为材料。

⑤达：夹室。

⑥坫：音 diàn，屋内贮藏食物及用具的土台子。

【语译】

大夫的早晚饭食，如果有肉丝则无肉干，如果有肉干则无肉丝；士人早晚饭食有羹汤和大块的肉，但又不能有双份；六十岁以上的庶民老人吃饭得有大块的肉。

羹食，是日常的主食，上自诸侯，下至平民百姓，不论地位贵贱，都是有的。大夫阶层平日并没有随时预备的美食。

七十岁以后的大夫阶层有专门存放食物的食阁。天子的食阁，设在正室外的左右夹室内，左夹室有五个食阁，右夹室有五个食阁。公、侯、伯的食阁设在正室两旁的房中，共有五个；大夫的食阁有三个；士人只有一个存放食物的土台子。

【现代解读】

饮食必须配合四季寒温之时味，以调节人的体质，即便是日常饮食，各阶层也有不同的规定。

大夫阶层早晚的日常食物，不必样样完备，有肉丝则食，如果偶尔无肉丝，则以肉干代替。士阶层的日常饮馔有羹汤、大肉块，但不得重设。庶人六十岁以上者，非肉不饱，食得有肉。

羹食为日常主食，无论诸侯还是庶人，上下皆有羹食，不分等级。但羹食所用之物与多少的差别，则诸侯以下递有降减，未尝没有等级区分。

天子至大夫各阶层备食的地方与数量，也逐渐降减，以显示身份阶层的等级区别。士则以土坫放置食物，大夫必须七十岁以上，才能常置美食于左右，以备不时之需。

《内则》这三段分别说明先秦饮食制度非常完善，既考量社会阶层身份的不同而有等级区别，又顾及年长者的身体状况，提供适当数量的饮食。这些制度的制定，是想通过最佳的照护，调养各阶层的身体，达到美善健康的状态，以便贡献心力，承担起治理政事的重大责任。

三、配合礼仪

【原典精选】

子言之："君子之道，辟则坊与[①]？坊民之所不足者[②]也。"大为之坊，民犹逾之。故君子礼以坊德，刑以坊淫，命以坊欲[③]。（《坊记》）

子云："敬则用祭器[④]，故君子不以菲废礼，不以美没礼。故食礼，主人亲馈，则客祭；主人不亲馈，则客不祭。故君子苟无礼，虽美不食焉。《易》曰：'东邻杀牛，不如西邻之禴祭，实受其福[⑤]。'《诗》云：'既醉以酒，既饱以德[⑥]。'以此示民，民犹争利而忘义。"（《坊记》）

【简注】

①辟则坊与：不就是譬如防止水泛滥的堤防吗？辟：同"譬"。坊：防止水泛滥的堤防，引申为提防。

②民之所不足者：指人民所不足的仁、义、礼、智等德性行为。

③命以坊欲：制定政令以防止人欲横流。命：政令。

④祭器：祭祀时盛食物的礼器，如簠、簋、笾、豆之类。

⑤东邻杀牛，不如西邻之禴祭，实受其福：为《易经·既济》九五之爻辞。东邻：指殷商纣王之国。西邻：指周文王之国。殷纣王杀尊贵的牛犊祭祀，但骄慢而致祸亡国，不如周文王以虔敬之心，虽杀次级的猪牲祭祀，却受到上天福佑。意指祭礼若奢侈而骄慢致祸，不如俭朴而恭敬受福。

⑥既醉以酒，既饱以德：为《诗经·大雅·既醉》诗句，言周王祭祀祖先，祝官代表神主对主祭者周王的祝辞。神主已享受了酒食祭品，感受到主祭者周王的一片诚心。引申为客人于宴后向主人道谢的话，言宾客既喝足了酒，又饱受主人的恩德。

【语译】

孔子说："有德行君子的治人之道，不就是譬如防止水泛滥的堤防吗？它是用来防范、弥补人民所不足的德性行为。"然而防范做得很严密，人民还会逾越而做出邪僻之事，所以有德的君子制定礼义来教化人民，以防止人民做出悖逆于道德之事；制定刑罚以治理犯罪行为，防止人民做出邪淫之事；制定政令以禁止欲望横流，防止人民做出追逐欲望之事。

孔子说："对宾客尊敬，才使用祭祀的器皿来款待对方。所以君子不因待客的物品单薄或不及于礼，而废除礼、不行礼，也不因食物过于美味，追逐口感，掩盖了礼的仪式，而不行礼。所以食礼规定，主人亲自馈飨宾客食物，宾客才祭拜；主人没有亲自馈飨宾客，宾客便不祭拜。君子如果受到礼数不庄重的接待，即使食物非常美味，君子也不会食用。《易经》说：'殷纣王杀牛祭祀而致祸，还不如周文王杀豕而受福。'《诗经》也说：'宾客既喝足了酒，又饱受主人的恩德。'这样教导人民，人民仍然有争夺利益而忘了道义的情形。"

【现代解读】

坊者，提防也，本篇言如何以礼、让、孝、敬，来防止人性的过失。东汉郑玄谓："名'坊记'者，以其记'六艺'之义，所以坊人之失者也。"清代孙希旦谓："此篇言先王以制度坊民之事。"《坊记》言治人的道理，《表记》言修己的方法，两篇实相为表里。

《坊记》在每段文末，多有"以此坊民，民犹……"的感慨，这是希望以此提高礼义的价值，以收震慑、反省的效果。清代孙希旦《礼记集解》说得十分清楚："民不足于德，则入于邪辟，故先王设为制度以坊之。大为之坊，民犹踰之，所以深明坊之不可废也。礼以教之于未然，故曰'坊德'，坊其悖于德也。刑以治之于已犯，故曰'坊淫'，坊其入于淫也。命，谓政令。命以禁之于将发，故曰'坊欲'，坊其动于欲也。君子之坊民，以礼为本，而刑与政辅之。篇中所言，皆以礼坊民之事也。"所以礼、乐、刑、政，其教育目的与本质实为一体，均为使人民的外在身体与内在心里都有依循的审美准则，以使身、心、灵臻于美善的境界。

《礼记》所谓的美，包括两个层次的内涵。第一层次的美，指生理感官的满足，即一般所谓快感。如《坊记》所言"不以美没礼""君子苟无礼，虽美不食焉"。《礼记》对满足此感官的美，采取否定的态度，认为食物虽然美味，但仪式的恭敬本质才是更高层次的价值。第二层次的美，则超越了感官的欲望，进入纯粹本质的审美观照，即所谓美感。如"酒醴之美，玄酒、明水之尚，贵五味之本也""醯醢之美，而煎盐之尚，贵天产也"（《郊特牲》）。《礼记》所主张的美，是以本质之美、自然之美为审美追求的目标。

《坊记》所否定的美，是对满足第一层次感官的食物美味而言。不论社会各阶层如何规定饮食之法，其普遍原则仍以礼为唯一遵循的标准。一切饮食行为，必须超越快感的欲望追求，以本质自然为审美薪向，并合于礼制，以显出和谐、有秩序的美感。因此，君子重视的是内在行礼者的虔敬心理，而不是外在的仪式或祭品的丰盛与美味，一切以礼义的精神为判断准则。

【原典精选】

天子玉藻①，十有二旒，前后邃延②，龙卷③以祭。玄端而朝日于东门之外④，听朔于南门之外⑤，闰月则阖门左扉⑥，立于其中。皮弁⑦以日视朝，遂以食；日中而馂⑧，奏而食。日少牢，朔月大牢⑨。五饮：上水、浆、酒、醴、酏⑩。卒食，玄端而居。动则左史书之，言则右史书之，御瞽几声之上下⑪。年不顺成，则天子素服，乘素车，食无乐。

诸侯玄端以祭，裨冕⑫以朝。皮弁以听朔于大庙，朝服以日视朝于内朝⑬。朝，辨色始入。君日出而视之，退适路寝⑭听政，使人视大夫，大夫退，然后适小寝⑮，释服。又朝服以食。特牲，三俎，祭肺⑯，夕深衣，祭牢肉，朔月少牢，五俎四簋⑰。子、卯稷食菜羹⑱，夫人与君同庖。

君无故⑲不杀牛，大夫无故不杀羊，士无故不杀犬豕。君子远庖厨，凡有血气之类，弗身践也。(《玉藻》)

【简注】

①玉藻：玉佩上用彩色的丝绳贯穿，以起装饰作用。

②十有二旒，前后邃延：天子的冕冠，前后各悬垂有十二条彩带。每条彩带有十二个玉饰。旒长二尺，下垂而齐肩。旒：音 liú，五色玉串彩带。邃延：下垂延覆。

③龙卷：古代帝王朝服，上绣龙纹。卷：假借为"衮"。

④玄端而朝日于东门之外：举行朝日之礼时，天子要穿着黑色祭服，在东门外迎日祭日。玄端：古代自天子以下至士阶层皆可穿着的黑色祭服，因端直方正而得名。

⑤听朔于南门之外：古代天子、诸侯每月初一在南门外，以特牲告于太庙，举行听朝告朔之礼，颁布一月之政令。听朔：天子、诸侯于每月初一听朝治事前所行之礼。

⑥阖门左扉：关闭左边的门，开右边的门，以顺于阴气。

⑦皮弁：白鹿皮制的冠帽，泛指朝服。最早为天子所穿戴，其后行大礼之执事者也服之，以示隆重。弁：音 biàn，冠帽。

⑧日中而馂：中午吃早餐剩下的食物。馂：音 jùn，食朝食之余。

⑨日少牢，朔月大牢：平日吃羊、猪二牲，每月初一则食用牛、羊、猪三牲。少牢：羊、猪二牲。大牢：即太牢，指牛、羊、猪三牲。牢：在祭祀之前将牲畜圈养起来，有牢困之意。

⑩五饮：上水、浆、酒、醴、酏：以清水为上，其次为浆、酒、甜酒、薄粥。酏：音 yǐ，薄粥。

⑪御瞽几声之上下：天子的乐师细微观察天子言语时的声音高低，准备随时进谏，以防人君的过失。瞽：古代乐官。

⑫裨冕：音 bì miǎn，古代诸侯、卿大夫朝觐或祭祀时所穿冕服的通称。

⑬朝服以日视朝于内朝：穿着玄衣素裳，于平日视朝，在路寝门外。朝服：玄衣素裳。内朝：周代天子、诸侯朝见臣子，区分内、外朝。内朝有二：一在路寝之庭；一在路寝门外。此指路寝门外。

⑭路寝：天子、诸侯所居宫殿的正殿。

⑮小寝：天子、诸侯的燕寝，国君和夫人的寝宫。

⑯特牲，三俎，祭肺：特牲指单一头小牛犊。三俎指猪、鱼、腊三种肉品。祭肺是用牲口的肺以祭祀。

⑰五俎四簋：五俎是猪、鱼、腊肉，再加羊及其肠胃为五样祭品。四簋指盛黍、稷、稻、粱四种谷类的器皿。簋：音 guǐ。

⑱子、卯稷食菜羹：商纣王在甲子死，夏桀在乙卯亡，后世王者

以子卯为忌日，不杀牲，只用饭食和菜羹，意取警惕戒惧。

⑲无故：没有重大的事故，指祭祀。

【语译】

天子举行祭祀时，头上戴着十二条玉串彩带，前后下垂齐肩，身上穿着绣有龙纹的朝服，才能祭祀天、地及祖先宗庙。举行朝日之礼时，天子要穿着玄冠玄端的黑色祭服，在春分那天，于东门外迎日祭日。举行听朔之礼时，天子要在每月的初一，以特牲告于太庙，在南门外颁布本月的政令。遇有闰月时，则关闭左边的门，开右门，立于其中行听朔之礼。天子平日视朝，仅戴着白鹿皮冠，视朝后接着进朝食；中午则吃朝食剩下的食物，每餐都在奏乐后进食。平日吃羊、猪二牲，每月初一则食用牛、羊、猪三牲。五种饮料：最尊贵的为清水，其次是浆、酒、甜酒、薄粥。进食结束，更换衣服，穿着玄冠玄端，入内寝休息。天子的行为举动由左史官记载，言说语句由右史官记载，天子的乐官细微观察天子言语时的声音高低，准备随时进谏，以防止人君的过失。年岁收成不顺，遇到水灾旱灾饥荒之时，天子要穿着素服，乘着素车，进食也不奏乐，以此自责修德。

诸侯祭祀先君时，要穿着玄冠玄端，朝见天子时则穿着裨衣冕冠，在太庙举行听朔之礼时则穿着白鹿皮的朝服，平日在宫殿正殿门外视朝时，则穿着玄衣素裳。臣子朝见国君，在天色微亮时就开始入朝。国君在日出之后以礼召见群臣，然后退到宫殿正殿来听政，大夫有政事要上奏，就派人叫入内召见，大夫事毕退出，国君便退居到平日的内寝，脱去朝服，换上玄端。又朝食时必须换上朝服，用一头小牛犊，和猪、鱼、腊三种肉品，以及牲口的肺来祭祀。夕食时换上深衣，用牛、羊、猪三牲的肉来祭祀，每月初一用羊、猪二牲，加上猪、鱼、腊、羊和羊的肠胃五种牲品以及黍、稷、稻、粱四簋谷米，子卯日为忌日，不杀牲，只食用稷食和菜羹。按照诸侯的食礼，夫人和国君同食牲牢，不另备牲品。

国君没有特别的祭祀，则不杀牛；大夫没有特别的祭祀，则不杀羊；士子没有特别的祭祀，则不杀犬、猪。君子会远离杀牲烹庖的地方，因为凡是有血气的动物，不忍亲自去宰杀。

【现代解读】

《玉藻》详细地记载了天子及诸侯的食礼。天子平日视朝，戴着白鹿皮冠，视朝后接着进食早餐，中午则吃早餐剩下的食物，每餐都在音乐演奏后进食。诸侯进食早餐时，也同样必须换上朝服。对此，郑玄作注："食必复朝服者，所以敬养身也。"郑玄认为，天子与诸侯在进行饮食之礼时，一定要穿上朝服，以表示对身体的尊敬与养护。孔颖达也疏解："皮弁视朝，遂以皮弁朝食，所以敬养身体。"孔颖达也同时指出，天子与诸侯戴皮弁视朝之后，便进食早餐，此是对身体的恭敬与养护。两位大儒同时提及"敬养身"，一则穿着皮弁服进食，表示对身体的尊重；二则在视早朝之后进早餐，此时身心处于放松闲适的状态，所进之食物较能消化吸收，反映了对身体的照养摄护。

至于天子每餐都在奏乐之后进食，宋代方悫指出："王食必以乐侑……而助气体之养也。"天子国君饮食之礼要有音乐伴奏，主要原因在于音乐的旋律深入人心，影响身体的情绪与消化系统的运行，演奏音乐后再进食，此时心情处于平和状态，身体的呼吸、脉搏跳动、器官的运作、能量的运行等，均处在极为舒缓安宁的气场中，对于身体的养护，可达到极佳的效果。

由此可见，先秦礼制极为重视养身，每一项礼仪的制定，其出发点都是为了身体的照护与调养。如此，在配合每项仪式时，天子及诸侯的身心才能随时保持中正平和的状态，天子的身体感官清明，气血顺畅，内分泌与激素皆处在和谐平静的状态，"耳目聪明，血气和平"，才能有良好的身体来治理国家，才能够以一己的影响力，"移风易俗，天下皆宁"（《礼记·乐记》）。

【原典精选】

君之丧，子、大夫、公子、众士皆三日不食。子、大夫、公子众士食粥①，纳财，朝一溢米，莫一溢米②，食之无算。士疏食水饮，食之无算。夫人、世妇、诸妻皆疏食水饮，食之无算。

大夫之丧，主人、室老、子姓③皆食粥，众士疏食水饮，妻妾疏食水饮。士亦如之。

既葬，主人疏食水饮，不食菜果，妇人亦如之。君、大夫、士一也。练而食菜果，祥而食肉④。食粥于盛，不盥，食于篹⑤者盥。食菜以醯、酱。始食肉者先食干肉，始饮酒者先饮醴酒。

期之丧⑥，三不食，食：疏食，水饮，不食菜果。三月既葬，食肉饮酒。期，终丧不食肉，不饮酒。父在，为母为妻。九月之丧⑦，食饮犹期之丧也，食肉饮酒，不与人乐之。

五月、三月之丧⑧，壹不食，再不食可也。比葬，食肉饮酒，不与人乐之。叔母、世母、故主、宗子，食肉饮酒。不能食粥，羹之以菜可也。有疾，食肉饮酒可也。五十不成丧，七十唯衰麻在身。

既葬，若君食之则食之，大夫、父之友食之则食之矣，不辟粱肉，若有酒醴则辞。（《丧大记》）

【简注】

①众士食粥：王梦鸥谓，阮元《校勘记》引钱大昕说，众士不在食粥之列，订为衍字。❶以此校证，原文当无"众士"二字。

---

❶ 参见王梦鸥《礼记校证》，台北：艺文印书馆，1976年，322页。

②莫一溢米：晚上煮二十两米。莫：同"暮"。溢：同"镒"，二十两为一镒。

③主人、室老、子姓：守丧的丧主、家臣和众子。

④练而食菜果，祥而食肉：举行小祥之祭后，才可以吃蔬菜和水果；举行大祥之祭后，才可以吃肉类。练：守丧满一年后的第十三个月，举行小祥之祭，换穿较细麻的丧服，称练服。祥：守丧两年后，满第二十五个月，举行大祥之祭，除去丧服，三年之丧的丧期便告结束。

⑤笾：音suǎn，盛装食物的竹器。

⑥期之丧：父在为母服齐衰的一年之丧。期：音jī，满一周年。

⑦九月之丧：服"大功"九个月之丧。

⑧五月、三月之丧：一说七月及三月之丧，指服"小功"七个月或五个月之丧，以及服"缌麻"三个月之丧。

【语译】

守国君之丧，嫡子、大夫、庶子、众士都必须三日不进食。三日之后，嫡子、大夫、庶子可以喝粥，接受所分配的食物，早上煮二十两米，晚上也煮二十两米，随饿随吃，无须计算餐数。众士是吃粗饭加喝水，也无须计算餐数。国君的夫人、大夫的世妇、众士的妻妾也吃粗饭加喝水，无须计算餐数。

守大夫之丧，丧主、家臣、众子都只能喝粥，众士吃粗饭加喝水，众士的妻妾也都吃粗饭加喝水。守士之丧也如此。

下葬完毕，丧主就可以吃粗饭喝水，但还不能吃蔬菜和水果，妇人们也都如此。这项规定对于国君、大夫和士都适用。小祥之祭后，才可以吃蔬菜和水果，大祥之祭后，才可以吃肉类。用碗盛粥喝，不须洗手；若用竹器盛食物，以手抓饭吃，就必须洗手。吃蔬菜时用醋酱腌渍。刚开始可以吃肉时，要先吃干肉，刚开始可以喝酒时，要先喝甜酒。

服一年之丧者，必须禁食三顿饭，之后可以吃粗饭喝水，但不可以吃蔬菜水果。三个月死者下葬后，便可以吃肉喝酒。服一年之丧，在满一年除服之前，都不能吃肉，也不能饮酒，限于父亲健在而为母亲服丧，丈夫为妻子服丧。守九个月的大功之丧，吃饭和喝酒的规定等同一年之丧，在三个月下葬后，便可以吃肉饮酒，但不可以和别人饮酒作乐。

服五个月的小功或三个月的缌麻之丧，禁食一餐饭，第二餐不吃也可以。等到死者下葬以后，可以吃肉喝酒，但不可以和别人同乐。服叔母、伯母、旧君、同宗之丧，都可以吃肉饮酒。在服丧规定喝粥期间，如果不能喝粥，用蔬菜做成羹汤吃也可以。如果生病了，允许吃肉喝酒来滋补身体。五十岁以上守丧，不必事事都照规定办理，七十岁以上守丧，只要身上披麻戴孝即可。

亲人在下葬之后，国君给予的食物可以吃，大夫或父亲的朋友给的食物，也可以吃，无须避免吃米饭和肉类，但如果给的是烧酒和甜酒，就一定要辞谢，不能食用。

【现代解读】

东汉郑玄谓："名曰'丧大记'者，以其记人君以下始死、小敛、大敛、殡、葬之事。"清代孙希旦谓："《士丧礼》有记，专记《士丧礼》之所未备者也。此所记兼有君、大夫、士之礼，所记广大，故曰'丧大记'。"本篇一则记国君以下各阶层之丧礼仪节，二则记守丧者因遭丧而改变的生活模式，包括衣服、饮食及相配的守丧仪节等。

《丧大记》对于守丧者饮食的规定，有许多是需要严格遵守的，但也有许多情形，可以视身体健康状况加以权变。不论严格还是权变，均是从身体美学的角度制定礼仪。

需要严格遵守的礼制，是为了表达守丧者的哀戚之情。守丧者与死者血缘关系越深或死者的社会阶层越高，守丧者便要以更为隆重的仪式来表达哀戚之情，饮食也要更少，甚至不食。因为哀戚之情深切，身体内会累积许多负面能量，从进食方面加以调节。一则哀戚过甚，初期没有心情及胃口进食，继而仅喝粥或粗食及水，勉强维持身体的基本运作；二则饮食种类逐渐递增，营养成分慢慢升高，表示哀戚之情必须逐渐平复，让身体回复到原来的健康状态，不因哀而伤身。

【原典精选】

斩衰①三日不食，齐衰二日不食，大功三不食，小功、缌麻再不食，士与敛焉则壹不食。故父母之丧既殡②食粥，朝一溢米，莫一溢米；齐衰之丧疏食水饮，不食菜果；大功之丧不食醢、酱；小功、缌麻不饮醴酒。此哀之发于饮食者也。

父母之丧既虞、卒哭③，疏食水饮，不食菜果；期而小祥，食菜果；又期而大祥，有醢、酱；中月而禫④，禫而饮醴酒。始饮酒者先饮醴酒，始食肉者先食干肉。(《间传》)

【简注】

①斩衰：孝子为父亲之丧所穿的丧服，用颜色较深的粗麻制成，而且不缝边，以象征父亲死亡时，孝子哀痛的心如被斩了似的，没有心情做外在的修饰。衰，音cuī。

②殡：音bìn，遗体已殓而停放未葬的灵柩。

③既虞、卒哭：举行虞祭和卒哭祭结束之后。虞：在父母葬后，将其魂魄安于殡宫的仪式。卒哭：自死者死日起，守丧者昼夜哭泣无时，行卒哭之祭后，则改为朝夕哭。

④中月而禫：间隔一个月举行禫祭。禫：音dàn，父母之丧服满，脱除孝服的祭礼。

【语译】

服斩衰之丧的人要禁食三天，服齐衰之丧的人要禁食两天，服大功之丧的人要禁食三顿，服小功、缌麻之丧的人要禁食两顿，士子如果去襄助小殓，则要禁食一顿。因此，遭逢父母之丧，在遗体殡殓后，可以喝粥，早上煮二十两米，晚上也煮二十两米；服齐衰之丧，遗体殡殓以后，可以吃粗饭喝水，不能吃蔬菜水果；服大功之丧，遗体殡殓以后，可以吃蔬菜水果，但不能吃醋酱一类的腌制品；服小功、缌麻之丧，遗体殡殓以后，只禁止喝甜酒而已。这是守丧者以饮食表达哀戚之情的方式。

守父母之丧，在下葬后举行过虞祭和卒哭祭之后，可以吃粗饭喝水，但不能吃蔬菜水果；满一周年小祥之祭后，可以吃蔬菜水果；再过一周年大祥之祭后，可以食用醋酱之类的腌制品；大祥之祭后，再间隔一个月举行禫祭，禫祭后可以喝甜酒。可以喝酒时，要先喝甜酒。可以吃肉时，要先吃干肉。

【现代解读】

《间传》一篇总论丧礼哀情的表现，并非解释《仪礼》正文，乃夹杂于丧服正传之记文，列述居丧的情貌，以明亲疏之别。叙述顺序为：哀之发于容体、声音、言语、饮食、居处、衣服。王梦鸥指出："其中除衣服和居处稍颠倒外，其余和《荀子·礼论》的次序全同。"❶其中饮食、衣服、居处之文字，略同于《丧大记》，唯文体略异，似不出于一人之手。

《间传》对于可以权变的礼仪而言，当身有疾病又必须守丧时，为了身体的健康，不能因守丧而加重病情，于是可以因时制宜，进食

---

❶ 参见王梦鸥《礼记今注今译》，台北：台湾商务印书馆，1969年，749页。

有营养的酒肉。对于五十岁以上及七十岁以上的守丧者，礼仪规定也有极大的弹性空间。《丧大记》此处正呼应《丧服四制》所言"老病不止酒肉"及"以权制者也"。权变与得宜，是制礼原则中极符合人性、人情的考量，也充分显示了先秦的制礼者，是带着对人的身体的尊重与关怀，来制定各种调养身、心、灵不同状态的礼仪。

敬身：言行孝亲

【原典精选】

孔子侍坐于哀公。哀公曰："敢问人道谁为大？"孔子愀然作色①而对曰："君之及此言也，百姓之德也。固臣敢无辞而对？人道政为大。"

公曰："敢问何谓为政？"孔子对曰："政者，正也。君为正，则百姓从政矣。君之所为，百姓之所从也。君所不为，百姓何从？"

公曰："敢问为政如之何？"孔子对曰："夫妇别，父子亲，君臣严②，三者正，则庶物从之矣。"

公曰："寡人虽无似③也，愿闻所以行三言之道，可得闻乎？"孔子对曰："古之为政，爱人为大。所以治爱人，礼为大。所以治礼，敬为大。敬之至矣，大昏为大，大昏至矣。大昏既至，冕而亲迎，亲之也。亲之也者，亲之也。是故君子兴敬为亲，舍敬，是遗亲也。弗爱不亲，弗敬不正。爱与敬，其政之本与？"（《哀公问》）

孔子遂言曰："昔三代明王之政，必敬其妻子也，有道。妻也者，亲之主也，敢不敬与？子也者，亲之后也，敢不敬与？君子无不敬也，敬身为大。身也者，亲之枝也，敢不敬与？不能敬其身，是伤其亲；伤其亲，是伤其本；伤其本，枝从而亡。三者，百姓之象也。身以及身，子以及子，妃以及妃④，君行此三者，则忾⑤乎天下矣，大王之道⑥也。如此，国家顺矣。"

公曰:"敢问何谓敬身?"孔子对曰:"君子过言则民作辞,过动则民作则。君子言不过辞,动不过则,百姓不命而敬恭,如是,则能敬其身,能敬其身,则能成其亲⑦矣。"(《哀公问》)

【简注】

①愀然作色:脸色凝重、肃然起敬的样子。愀:音 qiǎo,容色骤变。

②严:相互尊重。

③无似:不肖、无能。

④妃以及妃:由自己的配偶推想至百姓的配偶。妃,音 pèi,同"配"。

⑤忾:音 xì,充满。

⑥大王之道:大王即太王,指周的祖先古公亶父。太王爱妻子姜女,使国内无鳏民,是爱己之身及己之妻子,推而爱民之身及民之妻子。

⑦成其亲:成就亲族、宗族的名声。

【语译】

孔子随侍坐在鲁哀公身边,哀公说:"请问什么是最重要的做人的道理?"孔子脸色凝重、肃然起敬地回答说:"国君会提出这个问题,真是百姓的福气了!臣子能不好好地回答吗?所谓做人的道理,当然以管理政务最为重要。"

哀公又说:"请问什么叫作为政?"孔子回答说:"所谓政,就是正的意思。国君行为正,百姓的行为就跟着正了。国君的行为,就是百姓跟从的榜样。如果国君不做,那么百姓如何效法呢?"

哀公又说:"请问为政应该如何做呢?"孔子回答说:"夫妇之间男女有别,父子之间父慈子孝,君臣之间相互敬重。这三种人际关系做得正了，则其他的事物就跟着做好了！"

哀公说："寡人虽然是个无能的人，但是很愿意听您说说实行那三句话的方法，我有幸可以听您说一说吗？"孔子回答说："上古时的从事政务者，以爱人为最重要。要做到爱人，最重要的是礼。要实践礼，最重要的是内心的敬意。内心最极致的敬意，最重要的是表现在婚姻大事上。婚姻大事，是敬意中最极致的表现啊！因为结婚时要穿戴礼服礼冠，亲自到女方家迎娶，这表示对新娘的亲爱之情。所谓亲爱新娘，就是想与她亲密接触。所以，君子提倡用内心的敬意来表达亲爱，如果舍弃了内心的敬意，那就是抛开了亲爱的诚心了。没有爱慕之心便不能亲密接触，没有内心的敬意而亲密接触，那就不是正当的婚姻关系了。亲爱自己的妻子并敬重妻子，这是爱人的起点，也是治理政事的根本啊！"

孔子于是说："从前夏、商、周三代的贤明君王，执政时必定敬重自己的妻与子，这是有道理的。因为所谓妻，是侍奉父母亲的主体，能不敬重吗？而所谓子，是父母亲的后代，能不敬重吗？所以君子没有不敬重的人，尤其以敬重自己的身体最为重要。因为自己的身体，是父母亲遗留下来的血统枝属，能不敬重吗？不敬重自己的身体，是伤害父母的血统；伤害父母亲的血统，就是伤害宗族的根本；伤害宗族的根本，那么枝属也会随之灭亡。妻、子、身这三项，是百姓的象征。国君由爱自己的身体推及爱百姓的身体，由爱自己的子女推及爱百姓的子女，由爱自己的配偶推及爱百姓的配偶。国君做到这三点，则天下人也会对自己的妻、子、身充满敬重之意，这是周代先祖太王所行的仁道，由爱己之身及己之妻子，推而爱民之身及民之妻子。如果能够这样，则整个国家的政治就能和谐顺畅了。

哀公说："请问什么叫敬身？"孔子回答说："君子如果言辞有过

错，人民也会跟着说错言辞；君子如果行动有过错，人民也会以此作为行为准则。所以君子的言辞不能有过错，行事不能有过错，如果能够做到这样，则不需要发号命令，百姓自然就会恭敬。能做到这样，就是能敬重自身，能敬重自身，就能成就亲族、宗族的名声了。"

【现代解读】

《大戴礼记》有《哀公问于孔子》一篇，以哀公问礼、问政、问敬身、问成亲、问天道等五项的意义。唐代孔颖达疏云："篇中但有问礼、问政二事，则似犹不及前者之详审。"清代孙希旦《礼记集解》谓："哀公所问有二：前问礼，后问政。二者非一时之言，记者合而记之。"本篇以哀公问孔子有关礼与政的意义，从问政而起，欲从政治国，必先齐家；欲齐家，必先修身。本篇孔子对敬身多有阐发，实为先秦身体美学的重要文献。

"敬身"一词在《哀公问》一篇中，共出现了五次。在孔子回答鲁哀公的提问中，敬身用于孝子对待父母之身所延续下来的己身时应持守的恭敬、谨慎的修养态度。

《礼记》论及生活化的身体美学，除了饮食以养身、佩玉以美身之外，在日常的言行威仪中，更要合于礼仪限度，以彰显对自己身体的敬重。然则，何以要强调敬重自己的身体？《哀公问》一文中，通过鲁哀公与孔子的问答，说明敬身的重要性。孔子认为，自己的身体是父母双亲所给予的，为了孝顺父母亲，显扬亲族、宗族的美名，就必须敬重自己的身体。若无法敬重自己的身体，则是伤害了亲族之身、宗族之身。

鲁哀公进一步追问："何谓敬身？"孔子更具体地回答，君子的言行举止必须相当谨慎恭敬，不能超过限度地过言过动，否则百姓学习效法君子的言行，将导致错误的结果。因此，古代相当重视德位的相称，身为德位相称的君子，必须时时审视自己的言行举止是否合于礼仪，一方面敬重自己的身体，另一方面以成就亲族、宗族的声誉。而要培养敬身的君子，必须从家庭生活的童蒙教育着手。

一、童蒙教育

【原典精选】

异为孺子室于宫中，择于诸母与可者，必求其宽裕、慈惠、温良、恭敬、慎而寡言者，使为子师[1]。其次为慈母，其次为保母，皆居子室。他人无事不往。(《内则》)

子能食食，教以右手；能言，男"唯"女"俞"。男鞶革，女鞶丝。六年，教之数与方名。七年，男女不同席，不共食。八年，出入门户及即席饮食，必后长者，始教之让。九年，教之数日。十年，出就外傅，居宿于外，学书计[2]。衣不帛襦袴[3]。礼帅初，朝夕学幼仪，请肄简谅。十有三年，学乐、诵诗、舞《勺》。成童，舞《象》，学射、御[4]。

二十而冠，始学礼，可以衣裘帛。舞《大夏》，惇行孝弟，博学不教，内而不出。三十而有室，始理男事，博学无方，孙友视志。四十始仕，方物出谋发虑。道合则服从，不可则去。五十命为大夫，服官政。七十致事。凡男拜，尚左手。(《内则》)

【简注】

①使为子师：指为世子挑选担任教养的老师，必须具备仁与礼的素质修养。郑玄注："子师，教示以善道者。慈母，知其嗜欲者。保母，安其居处者。"孙希旦《礼记集解》谓："宽裕、慈惠、温良则近于仁，

恭敬、寡言则近于礼，故可以为子师。"

②学书计：十岁开始学习六书及九数。书：指象形、指事、会意、形声、转注、假借六种造字原则。计：春秋战国时期数学的九种计算方式，即方田、粟米、差分、少广、商功、均输、方程、嬴不足、旁要。后代根据九数，乃有《九章算术》此一数学专书。

③衣不帛襦袴：上衣下裤都不用丝织品制成。帛：丝织品。襦袴：音 rú kù，短衣与裤，泛指衣服。

④十有三年，学乐、诵诗、舞《勺》。成童，舞《象》，学射、御：指先秦男子童蒙教育的重点，在于"六艺"（礼、乐、射、御、书、数）的学习与训练。十三岁学诗、乐及文舞，十五岁学射、御及武舞。孙希旦《礼记集解》谓："学乐，学琴瑟之乐也。诗，乐章也。学乐、诵诗，弦诵相成也……南籥，文王之文舞；象箾，文王之武舞，皆小舞也。射御，五射、五御之法也。盖至此而六艺之事略备矣。以孝弟忠信为之本，而余力学文，盖虽未及乎大学，而所以培养其德性，成就其才具者，固已深矣。"成童：指介于成人与儿童之间的十五岁少年。

【语译】

国君养育世子之礼：在宫中另辟一室给世子居住，在可以担任世子保姆的人选中，选择性情合适的，如宽厚、慈惠、温和、善良、恭敬、谨慎又话少的女性，担任世子的老师。其次挑选了解世子嗜好的慈母，以及照顾世子起居的保姆，她们都住在世子的内室中照料生活。其他人没有事情都不能随意进出，以免惊扰世子。

等到世子能自己进食时，老师要教他用右手吃饭。世子开始学说话时，老师教他们答话，男孩答"唯"，女孩答"俞"。男孩佩囊的材质是皮革，女孩佩囊的材质则是丝。世子到了六岁，要教他认识数目和方位名称。七岁开始，男女不同席，也不共食。八岁，出入家门和参与宴席饮食，必须在长者之后，这时开始教导世子学习礼让。九岁，教导天干、地支与朔望。十岁，开始男女分别教育。男孩到了十岁，出外求学于外地的老师，并住在外地，学习六书、九数，上衣下裤都不用丝织品制作，仍然穿着最初幼童的服装，以免养成奢侈的习气。早晚学习洒扫进退的小礼仪，不断请教，勤学书策，以及诚信无欺的品格。十三岁开始学音乐，诵诗、学习叫《勺》的文舞，十五岁则学习叫《象》的武舞，以及射箭和驾马车。

二十岁行冠礼之后，开始学习各种成人之间的礼仪，可以穿着皮衣和丝织衣物，学习叫《大夏》的舞。笃行孝悌，广博地学习，暂时不教导他人，只虚心接纳吸收，而不急着倾出所学，以免误导他人。三十岁行婚礼而成立家室，开始管理男子之事，广博地学习而不分专业，谦逊地向朋友学习，以便思考未来志向。四十岁开始从事官政，衡量事物轻重缓急以谋划思虑。志同道合的便任职，不合的就辞去。五十岁受命为大夫，参与国家重大政策。七十岁告老还乡，从官场中退休。凡是男子相互拜揖，以左手放在右手上。

【现代解读】

《内则》篇详列男子与女子家庭教育之不同进程。先秦童蒙教育的教学内容，相当于现代的幼儿园至小学阶段的生活常规，诸如写字、术数、应对进退的礼节。十岁以前，男、女的童蒙教育大致相同。六岁以前，男子及女子均教以应答及服装礼仪。六岁以后，便开始学习术数及认识方位名称，此为"六艺"中之"数"的教育。七岁开始，男女分席而食，八岁则教导生活礼让之节。

先秦对童蒙的教育，首先重视礼让，在行走、坐位与饮食方面，都必须教导儿童要礼让长辈，一方面压抑儿童的骄慢之气，另一方面培养儿童谦和的品德。诚如孙希旦《礼记集解》引高愈曰："凡人质性之偏，莫不喜凌傲其上，故古人首以让教之。出入后长者，行之让；即席后长者，坐之让；饮食后长者，食之让。所以抑其骄慢之气，而养其德性之和者至矣。"

九岁以后，开始教导天干、地支的计算方式。十岁以后，男童与女童便须分别教育，各有不同的教育重点，此乃封建制度父系社会的教育实况。孙希旦《礼记集解》谓："书计，即六艺中六书、九数之学也……礼帅初者，谓初所教长幼之礼，帅而行之，而不敢忘也。幼仪，幼少所行之仪法，其事甚多，不第出入饮食必后长者而已，朝夕学之，而益求其详也……九年以前，男女之教同；十年以后，男女之教异。"

男子十岁以后的童蒙教育内容，以六艺为教学重点，其学习进程，有一套制度化的设计：十岁学六书九数，即文字构造的原则，以及九种数学计算方式；十三岁学习诗、歌、舞合一的乐；介于童子与成人之间的十五岁成童，开始学习射箭与驾御马车；至二十岁行冠礼之后，则开始学习朝廷各种重大的礼，诸如射礼、燕礼、聘礼、乡饮酒礼等。至二十岁，在家庭中圆满完成六艺的教育。二十岁行冠礼之后，已为成人，进入社会，群体便以各种礼来检验其家庭教育之成果。

【原典精选】

女子十年不出，姆教婉、娩、听从；执麻枲①，治丝茧，织纴、组、纠，学女事，以共衣服；观于祭祀，纳酒浆、笾豆、菹醢②，礼相助奠。

十有五年而笄③；二十而嫁；有故④，二十三年而嫁。聘则为妻，

奔则为妾。凡女拜，尚右手。(《内则》)

【简注】

①枲：音xǐ，不结籽实的麻，茎皮纤维可织成夏布。

②菹醢：腌菜和肉酱，菹，音jū。

③笄：音jī，古代妇女盘发髻时，用来固定头发的簪子，代指女子十五岁举行的成年礼。

④有故：遇有重大的变故，指父母之丧，必须守丧三年。

【语译】

女孩长到十岁以后，不能随便外出。老师教她们言语要柔婉，容貌要贞静，要听从父母、长辈的教诲，要处理麻、枲、丝、茧，学习织布、结丝辫等女红事务，以供给男子各种典礼仪式所需的衣裳服饰。观察祭祀中所需的礼器及食品，准备献酒浆、笾豆、腌菜和肉酱等，以备将来以礼协助祭奠。

十五岁时举行笄礼，将头发上盘，成为正式的成年妇女。到了二十岁就可以婚嫁。如果遇到重大的变故，如父母之丧，就必须守丧三年，延期到二十三岁再出嫁。女子出嫁，经过六仪明媒待聘而嫁的，身份为正妻；女子心悦男子而主动奔赴男方家，没有经六仪待聘而嫁的，则身份低微，只能成为妾室。凡是女子相互拜揖，以右手放在左手上。

【现代解读】

先秦女子教育首重"三从四德"。"妇人有三从之义，无专用之道。故未嫁从父，既嫁从夫，夫死从子。""三从"原意是指女子的服丧标准。女子未嫁在家时，依从父亲与亡者的血缘关系而服丧服；出嫁后，依从夫婿与亡者的血缘关系而服丧服；夫婿死后，则依从子女与亡者的血缘关系而服丧服。"三从"演变至后来，经常被曲解成女性必须完全顺从、服从男性的旨意，实则将女性的自主意识泯灭与剥夺了。

至于"四德"，首见于《周礼·天官》："九嫔掌妇学之法，以教九御妇德、妇言、妇容、妇功。"针对《内则》女子教育的原文，唐代孔颖达《礼记疏》谓："妇德贞顺，妇言辞令，妇容婉娩，妇功丝枲。"清代孙希旦《礼记集解》谓："郑意（汉代郑玄之意）以此上下备四德：以婉为妇言，娩为妇容，听从为妇顺，执麻枲以下为妇功。"先秦女子的四德：德、容、言、功的教育内容，由此成立。先秦对于女子的童蒙教育，在十岁之后，专门以训练德、容、言、功四德兼备的贵族女性为目标。"三从四德"充分显示了周代封建制度父系社会下的男女关系。

先秦女子出嫁，必待父母之命、媒妁之言，经过婚礼的六项重要仪式：纳采、问名、纳吉、纳征、请期、亲迎之后，才算明媒正娶的妻，才可被男女双方宗族接受。先秦时期也明订在仲春二月，男女可自由相会，奔者不禁。女子十五岁行及笄礼后，二十岁便可许嫁。但如果在论及婚嫁期间，遭逢父母之丧，则必须守丧三年，等除去丧服，二十三岁之后，才可以出嫁，反映了孝顺父母乃为人之根本，恪守丧礼孝道，优先于任何嘉礼。

周代对女子的品德十分重视，故规定女子必须经过明媒正娶，才能为妻。若私自心悦男子，没有经过婚礼六仪而奔赴男方家，则身份低微，只能作为妾室，无法取得妻的名分。先秦如此严守礼制的女子教育，优点是彰显嫡庶有别的等级秩序，能培养出女子自尊自重的品格；但缺点是易造成婚姻不自由、有情人无法终成眷属的结局。

二、生活常规

【原典精选】

若夫^①坐如尸^②，立如齐^③。(《曲礼上》)

凡为人子之礼，冬温而夏凊^④，昏定而晨省，在丑、夷^⑤不争。(《曲礼上》)

夫为人子者，出必告，反必面；所游必有常，所习必有业。恒言不称老。年长以倍，则父事之；十年以长，则兄事之；五年以长，则肩随之。群居五人，则长者必异席^⑥。(《曲礼上》)

幼子常视毋诳^⑦。童子不衣裘、裳。立必正方，不倾听。长者与之提携，则两手奉长者之手。负、剑，辟咡诏之^⑧，则掩口而对。(《曲礼上》)

将即席，容毋怍^⑨。两手抠衣，去齐尺^⑩。衣毋拨，足毋蹶。先生书策琴瑟在前，坐而迁之，戒勿越。
虚坐尽后，食坐尽前。坐必安，执尔颜。长者不及，毋儳^⑪言。正尔容，听必恭，毋剿说，毋雷同。必则古昔，称先王。(《曲礼上》)

毋侧听，毋噭应，毋淫视，毋怠荒。游毋倨，立毋跛，坐毋箕，寝毋伏。敛发毋髢^⑫，冠毋免^⑬，劳毋袒，暑毋褰裳。(《曲礼上》)

男女不杂坐，不同椸、枷，不同巾、栉，不亲授。嫂叔不通问。诸母不漱裳。外言不入于梱，内言不出于梱^⑭。(《曲礼上》)

男女非有行媒，不相知名；非受币，不交不亲。故日月以告君，齐戒以告鬼神，为酒食以召乡党僚友，以厚其别也。(《曲礼上》)

故君子戒慎，不失色于人。(《曲礼上》)

【简注】

① 夫：丈夫，指成年人。

② 尸：古代祭祀时扮演受祭之人，他在祭礼仪式过程中，要一直端坐。

③ 齐：音 zhāi，斋戒。

④ 冬温而夏凊：在寒冬里为父母暖被褥，在盛夏中为父母扇凉床席。凊：音 qìng，使物凉冷。

⑤ 丑、夷：年辈相同、学行相类的人。丑：同"俦"，音 chǒu。夷：侪辈。

⑥ 长者必异席：古代一席容纳四人，若有五人，则让年长者独坐另一席。

⑦ 幼子常视毋诳：经常教示儿童，不可说谎欺骗。视：同"示"。诳：音 kuáng，说谎欺骗。

⑧ 负、剑，辟咡诏之：长辈对晚辈好像在背负着或挟在胁下，侧着脸交谈，以表示礼貌。负：背负。剑：挟于胁下如带剑。辟：侧着脸。咡：音 èr，嘴边。诏：告诉。

⑨ 容毋怍：表情不要变。怍：音 zuò。

⑩ 去齐尺：下裳的裙摆离地一尺左右，这样齐膝跪下时就不会绊住下裳。去：距离。齐：衣裳下摆。

⑪ 傪：音 chàn，说话轻浮不庄重。

⑫ 髢：音 tì，头发垂盖在额头上。

⑬ 免：音 wèn。指丧礼时所戴的白色丧帽。

⑭ 外言不入于梱，内言不出于梱：男子的官政之事，不让妇人干预；女子的织纴之事，男子也不得干预。外言：男职之事。内言：女职之事。梱：音 kǔn，门槛。

【语译】

凡是成年人，在家庭的日常生活中，坐着时要像祭祀所扮演的尸一样端庄，站着时就要像斋戒时的人那样恭敬。

为人子女的礼节，冬天要为父母暖被褥，夏天要为父母扇凉床席；晚上为父母铺床安枕，清晨向父母请安问好；在平辈相处当中，不发生争执。

为人子女的礼仪，出门时要禀告父母，回家时也要当面向父母报平安，出外游历必须有一定的去处，所学习的功课必须有专业。平时讲话不称自己年纪大。遇到年龄大一倍的长者，要像父辈一样侍奉他；大十岁左右的长者，要像兄辈一样对待他；大五岁的人，虽为平辈，但仍屈居下位跟随他。若有五个人群聚在一起，则应该礼让长者另坐一席。

平日要经常教示儿童，不可说谎欺骗。儿童不穿皮毛材质的衣裳。站立必须方正，不侧着头听人说话。如果长辈要牵着手走路，晚辈就要用双手捧接长辈的手。长辈如果背着晚辈或者将晚辈挟在胁下侧着脸在嘴边耳语，晚辈便要用手遮着口回答。

客人将要入席的时候，表情不要变。双手提起衣裳，让裙摆距离地面一尺左右。上衣不要掀动，脚也不要跳腾。如果有老师的书册、琴瑟放在前面，晚辈就跪坐着移开它，切不可用脚跨过去。

如果不是饮食时间，要尽量往后靠着坐；如果是在饮食时，就要尽量往前坐，坐姿要稳，保持自然的神态。长辈没有提及的话题，不要轻浮不庄重地乱说。注意端正容貌，听讲的时候，态度必须恭敬，不随便插嘴，不随声附和。说话的内容要有过去的事实做根据，或是引用古圣先王的格言。

不要侧耳探听别人说话，不要大声叫唤和应答，不要左右瞟眼斜视，不要无精打采。行走时不要倨傲，站立时不要歪斜着肩头像跛足的样子，坐着时不要把两腿张得像簸箕，睡觉时不要趴伏在床上。要随时把头发整理好，不要披散盖住额头，帽子不要无故摘下，劳作时不要袒衣露体，即使在大热天，也不要掀起下裳。

男女不要混杂着就座，衣服不要挂在同一个衣架上，不共用盥洗的毛巾和梳子，传递物品时，也不亲手交递给对方。大嫂和小叔子之间不要互相往来问候，也不要由保姆洗涤下裳及私密衣物。男子在外的职事，不要带回家门之内，家门之内的家务事也不要宣扬于外。

青年男女如果没有往来行婚礼的媒妁之言，双方不会相互知道对方的姓名。如果女方家还没有接受聘礼，双方不会有交往及亲密行为。所以，举行婚礼必须把占卜后的日期呈告给国君，斋戒沐浴以呈告宗庙祖先，并且备办喜宴以邀请乡里同事参加。之所以要有这么多仪式，目的在于强调男女有别。

所以，君子在行为举止上，必须时时警戒谨慎，不在人前有失态非礼的表现。

【现代解读】

德位相称的君子，行为要时时戒慎，不能有一丝一毫的失礼。如何才能戒慎其身？具体的身体实践，便是从日常生活中的威仪容貌开始学习。举凡行、住、坐、卧四威仪，以及视、听、言、动，在《曲礼上》《曲礼下》都有明确的记载，而且置于《礼记》的第一、二篇，可见先秦贵族对生活常规的重视，也充分呈现了先秦的人文素养与身体美学从敬身开始，即由食、衣、住、行等各方面加以收摄身体的威仪。

塑造敬身的威仪化身体美的形象，基本途径是从学习入手。在《礼记》四十九篇文本中，对幼年开始的日常生活威仪的规定，以《曲礼上》《曲礼下》《内则》《玉藻》《少仪》的记载最为丰富。

另外，孔子极为重视志于道、据于德、依于仁、游于艺，所以先秦对士阶层以上的贵族子弟的威仪化身体，亦有极多的教育文献。在《礼记》文本中，以《投壶》《射义》两篇，对游艺与修德之关系记载得最为详尽。

三、育乐游艺

【原典精选】

投壶之礼①：主人奉矢，司射奉中②，使人执壶。

主人请曰："某有枉矢、哨壶③，请以乐宾。"

宾曰："子有旨酒、嘉肴，某既赐矣，又重以乐，敢辞。"

主人曰："枉矢、哨壶不足辞也，敢固以请。"

宾曰："某既赐矣，又重以乐，敢固辞。"

主人曰："枉矢、哨壶，不足辞也，敢固以请。"

宾曰："某固辞不得命，敢不敬从。"

宾再拜受，主人般还④，曰："辟⑤。"

主人阼阶上拜送，宾般还，曰："辟。"

已拜，受矢，进即两楹间，退反位，揖宾就筵。

司射进度壶⑥，间以二矢半⑦，反位，设中，东面，执八算⑧，兴。请宾曰："顺投为入，比投不释⑨。胜饮不胜者，正爵⑩既行，请为胜者立马，一马从二马。三马既立，请庆多马⑪。"请主人亦如之。命弦者曰："请奏《狸首》⑫，间若一。"大师曰："诺。"

左右告矢具，请拾投。有入者，则司射坐而释一算焉。宾党于右，主党于左。卒投，司射执算曰："左右卒投，请数。"二算为纯，一纯以取，一算为奇。遂以奇算告，曰："某贤于某若干纯。"奇则曰奇，钧则曰左右钧。

命酌，曰："请行觞。"酌者曰："诺。"当饮者皆跪，奉觞曰："赐灌。"胜者跪曰："敬养。"

正爵既行，请立马。马各直其算⑬。一马从二马，以庆。庆礼曰："三马既备，请庆多马。"宾、主皆曰："诺。"正爵既行，请彻马。（《投壶》）

【简注】

①投壶之礼：主人与宾客宴饮时，将箭矢投入壶中的余兴游戏，属讲论才艺之礼。

②司射奉中：主持射礼的人捧着计数器。奉：捧。中：比赛时计算分数的计数器。

③枉矢、哨壶：不直的箭矢和窭口的壶。枉矢：不直的箭矢。哨壶：指壶口很小，无法容纳箭矢。

④般还：盘旋，移足转身，侧身背对着拜揖者。

⑤辟：避，谦虚地回避拜揖者之拜，不敢受礼。

⑥度壶：测量揣度放置壶的位置。

⑦间以二矢半：王梦鸥《礼记校证》引王念孙之言认为，"间"由上文衍来，"以二矢半"则由下文衍来，原本此处当无"间以二矢半"五字。

⑧算：古代竹制的计分筹码。

⑨比投不释：一方连续投，投中也不放算得分。比，音bì，连续。释：舍放。

⑩正爵：正式礼仪的酒杯。指胜者斟给不胜者饮的罚酒。

⑪请庆多马：庆贺胜者投中很多，获得筹码。马：筹码。

⑫《狸首》：古代亡佚的诗篇名。上古行射礼时，诸侯唱《狸首》，作为射箭的节奏。依《射礼》原典之文义，《狸首》的内容，当为歌颂诸侯能适时朝会天子。

⑬马各直其算：筹码放在胜方的计数器前。宾党胜则立马右算，主党胜则立马左算。直：安放。

【语译】

先秦投壶礼规定：主人捧着投壶用的箭矢，主持射礼的人捧着计分的计数器，再派一个人拿着壶。

主人邀请宾客，说："我有一些不直的箭矢和窄口的壶，希望让您娱乐一下。"

宾客回答说："阁下用美酒佳肴招待，我受到赏赐，已经很满足了，又加上娱乐节目，真不敢当。"

主人又说："不直的箭矢和窄口的壶，实在不值得客气，请您务必参加。"

宾客又回说："我已经接受了您美酒佳肴的招待了，现在又加上娱乐节目，我还是辞谢吧。"

主人又说:"不直的箭矢和窄口的壶,实在不值得您推辞,还是邀请您务必赏光。"

宾客说:"既然我坚持不得,就不敢不恭敬地服从命令了。"

宾客于是在西边的客阶再拜,接受主人的邀请,主人侧身背对着拜揖的宾客,说:"不敢当。"

接着主人从东边的阼阶拜揖,并送上箭矢,宾客也侧身背对着拜揖的主人,说:"不敢当。"

宾主再拜结束,彼此接受了箭矢,进入两个楹柱之间,再退回到原位,然后主人揖让邀请宾客进入筵席座位。

司射到堂上测量放置壶的位置,放好之后,退回原位,把计数器竖起来,面向东方,在计数器上插入八支计分筹码,站立在原地,告诉宾客投壶的规则:"箭矢的镞头先投入壶中,才算投中。主宾轮流投壶,如果一方连续投壶,即使投进亦不算得分。胜的一方斟罚酒给输的一方喝,饮过罚酒后,输者为胜者安置一个筹码,一码接着二码,如果有一方已得了三个筹码,输者就斟一杯庆贺的酒给投中很多筹码的胜者。"司射也告诉主人同样的规则。司射再吩咐乐师说:"请演奏《狸首》,在乐曲音节之间,节奏快慢要一致。"太师说:"好的。"

司射分别向左右的参赛者报告箭矢已经准备完毕,请双方轮流投壶。有投入壶的,司射就坐下来加一筹码在计分器上。宾客们在右边,主人及子弟在左边。双方都投完壶之后,司射就拿着剩下的筹码说:"左右两方都投过了,现在开始计算投中的数量。"两个筹码称为一纯,将计数器上的筹码一纯一纯地取下来,摆在地上,单独一个筹码叫作奇。计算完毕,司射便根据胜方的筹码数报告说:"某方胜过某方多少纯。"如果胜过的是一个筹码的奇,就说某方胜过某方多少奇;如果同分,就说左右成绩均等。

司射对胜方说:"请胜方的子弟为负方斟酒。"胜方的子弟说:"好的。"应当受罚饮酒的负方跪下来捧着酒杯，说："承蒙赐饮。"胜方的人也跪下来说："敬请享用吧！"

罚酒饮过之后，司射吩咐立起筹码。筹码安放在胜方的计数器前。以立三码为限，如果一方得一码，一方得二码，则以二码为胜，将负方的一码并入胜方的二码，加以庆祝。司射要说庆礼的祝词："胜方三码都已齐备，请斟酒为获得多码的胜方祝贺。"宾主双方都说："好。"行过庆祝的胜酒，司射就吩咐将已立的筹码撤下。

【现代解读】

东汉郑玄谓："名曰'投壶'者，以其记主人与客燕饮、讲论才艺之礼。"古代大夫、士阶层与宾客燕饮，以投壶之礼娱乐宾客。与射礼相似，于吉、凶、军、宾、嘉五礼中，投壶礼也属于嘉礼。本篇论投壶前主宾揖让之礼，以及投壶后胜负双方的应对进退之礼。

本篇论投壶之礼的意义，犹如射礼。投壶之前，主人要再三邀请宾客，宾客则要再三谦让，最后才恭敬不如从命。投壶结束之后，胜负双方也要依礼行事，胜方为负方斟酒，负方答谢胜方赐饮。在揖让及应对进退之间，胜不骄、败不馁，双方均充分展现君子的品格与风度。

吕大临谓："投壶，射之细也。燕饮有射以乐宾，以习容而讲艺也。或庭之修广不足以张侯置鹄，宾客之众不足以备官比耦，则用是礼也。虽弧矢之事不能行，而比礼比乐，志正体直，所以观德者犹在，此先王所以不废也。"如果大夫、士子的庭园不太宽阔，宴请的宾客不太多，无法举行射礼时，便以投壶之礼来娱乐嘉宾，借此学习应对进退的礼容，并讲论技艺。投壶时也必须如射礼一般，心正体直，才能投中者多。所以，由投壶之礼的生活游艺，也可以深刻地观察践礼者的内在品德修养与外在身体威仪。

古者诸侯之射也，必先行燕礼^①；卿、大夫、士之射也，必先行乡饮酒之礼^②。故燕礼者，所以明君臣之义也；乡饮酒之礼者，所以明长幼之序也。

故射者，进退周还必中礼。内志正，外体直，然后持弓矢审固^③，持弓矢审固，然后可以言中。此可以观德行矣。

其节：天子以《驺虞》^④为节，诸侯以《狸首》为节，卿大夫以《采蘋》^⑤为节，士以《采蘩》^⑥为节。《驺虞》者，乐官备也；《狸首》者，乐会时也；《采蘋》者，乐循法也；《采蘩》者，乐不失职也。是故天子以备官为节，诸侯以时会天子为节，卿大夫以循法为节，士以不失职为节。故明乎其节之志，以不失其事，则功成而德行立。德行立则无暴乱之祸矣，功成则国安。故曰："射者，所以观盛德也。"

是故古者天子以射选诸侯、卿、大夫、士。射者，男子之事也，因而饰之以礼乐也。故事之尽礼乐，而可数为以立德行者，莫若射，故圣王务焉。

是故古者天子之制：诸侯岁献贡士^⑦于天子，天子试之于射宫。其容体比于礼，其节比于乐，而中多者，得与于祭；其容体不比于礼，其节不比于乐，而中少者，不得与于祭。数与于祭而君有庆^⑧，数不与于祭而君有让^⑨；数有庆而益地，数有让而削地。故曰："射者，射为诸侯也。"是以诸侯君臣尽志于射，以习礼乐。夫君臣习礼乐而以流亡者，未之有也。（《射义》）

【简注】

①燕礼：国君犒赏臣子的宴飨之礼，以明君臣之义。

②乡饮酒之礼：卿大夫举行的敬老之礼，六十岁者坐，五十岁者立，以明年少者侍奉长辈的伦序。

③审固：审视瞄准箭靶，弓箭握得稳固。

④《驺虞》：掌管鸟兽的官职，此处指《诗经·召南》的诗篇，内容为天子守卫园林的百官职事齐备。驺：音zōu。

⑤《采蘋》：《诗经·召南》的诗篇名，内容为大夫之妻能遵循法度。

⑥《采蘩》：《诗经·召南》的诗篇名，内容为贵族夫人自咏之辞，言尽职之事。

⑦岁献贡士：每年献上进贡物品以供天子祭祀之事。士：同"事"字。

⑧数与于祭而君有庆：能屡次参与祭祀，天子便奖赏。数：音shuò，屡次。庆：奖赏。

⑨数不与于祭而君有让：屡次都不能参与祭祀，天子便责罚。让：责备。

【语译】

古代诸侯举行大射之礼前，必须先举行宴飨之礼；卿、大夫及士人举行乡射之礼前，必须先举行乡饮酒礼。因此，宴飨之礼用于彰明君臣忠爱的道义关系。乡饮酒礼用于彰明人伦秩序之美的长幼关系。

所以射箭，不论前进、后退，还是左右回旋，必须符合礼仪。内在要心志端正，外在要体态挺直，然后拿稳弓和箭，握紧并审视瞄准；能拿稳弓和箭，然后才能称得上可以射中标的。因此，由射礼过程的这些身体姿势和心理状态，可以观察一个人的道德品行。

举行射礼时，配合动作的节奏：天子以《驺虞》为节奏，诸侯以《狸首》为节奏，卿大夫以《采蘋》为节奏，士子以《采蘩》为节奏。《驺虞》这首诗，是歌颂天子百官齐备，《狸首》这首诗，是歌颂适时朝会、勤修职贡，《采蘋》这首诗，是歌颂遵循法度，《采蘩》这首诗，是歌颂尽忠职守。所以天子以百官齐备为礼节，诸侯以适时朝会天子为礼节，卿大夫以遵循法度为礼节，士子以不失职责为礼节。所以各阶层的贵族明了音乐节奏之主旨，便不会玩忽职守，则功业成就而树立道德行为，道德行为树立了，便没有暴动扰乱的祸害。功业成就了，国家便长治久安。所以说："射礼，用于观察当事者是否具有崇高盛大的品德。"

所以在古代，天子以射礼来考核选拔诸侯、卿、大夫、士子。射箭是男子应该擅长的本事，举行射礼时，要用礼乐加以修饰。一件能含括礼乐、值得经常去做、以建立道德品行的事务，没有比射礼更适合的了，所以古来圣明的君王都会尽力去举办。

古代天子射礼的制度：诸侯每年献上进贡物品以供天子祭祀之事，天子先在射宫考核他们的箭术。如果他们射箭时的容貌体态合于礼仪要求，行动合于乐舞节奏，且射中的多，便可以参与祭祀之礼；如果容貌体态不合于礼仪要求，行动不合于乐舞节奏，且射中的少，则无法参与祭祀之礼。士能屡次参与祭祀，天子便加以奖赏；屡次都不能参与祭祀，天子便加以责罚。能屡次得到奖励者，增赏封地；屡次受责罚者，削减封地。所以说："射礼的目的，是通过射箭学习成为诸侯。"因此诸侯君臣尽心尽力，立志在射箭，以射礼来学习礼仪容止和音乐节奏。君臣之间因学习礼仪容止和音乐节奏，导致国家破灭而被流放的情况，从未发生过。

【现代解读】

《仪礼》今有《乡射》《大射》两篇，《礼记·射义》为阐释《仪礼·大射》之义。清代孙希旦《礼记集解》指出，先秦射礼有四种，分别为：

一曰大射：君臣相与习射而射。自天子以下至于士人，皆有之。

二曰宾射：天子诸侯宴飨来朝觐之宾，因与之射，亦称飨射。

三曰燕射：天子诸侯宴飨其臣子或四方之宾，而与之射；大夫及士宴飨宾客，亦得行之。

四曰乡射：州长与其众庶习射于州序，或乡大夫以五物征询众庶，亦用此礼。

王梦鸥《礼记今注今译》增加第五种，为泽宫之射，即天子举行重大祭祀前，拣择辅佐祭祀之臣子所举行的射礼。❶

《礼记》自《冠义》至《聘义》六篇，皆为阐释《仪礼》之作。但《冠义》《昏义》《乡饮酒义》《燕义》《聘义》五篇，均引《仪礼》本经以作阐释，唯独《射义》一篇不引，盖泛论习射之意义，与其他五篇不同。

先秦的贵族阶层在践行射礼仪式时，身体能充分展现美的体态与节奏者，被天子视为可参与祭祀的最佳人选。相反，身体无法充分展现美的体态与节奏者，便没有机会参与祭祀。由此可知，外在合于礼乐节奏的容貌体态之美，可彰显内在道德品行的高下优劣。因此，《射义》总结说："射者，所以观盛德也。"

先秦儒家的美学思想，经常将贵族的言行举止，视为反映内在德性修养的外显形式，由射箭过程的应对进退，以及射中与否，可以观察一个人是否思想端正，是否经常以礼乐修养心性。因此，射礼便成为先秦时期天子与诸侯选拔辅佐祭祀的人才的重要方式，射箭，也成为仕宦生涯中不可不加以学习的技艺才能。于是，先秦士阶层以上的贵族，自十五岁起，便必须开始学习六艺中的射，以为未来为国家贡献长才、实现经世济民理想做准备。

【原典精选】

射之为言者绎①也，或曰舍也。绎者，各绎己之志也。故心平体

---

❶　参见王梦鸥《礼记今注今译》，台北：台湾商务印书馆，1969年，807页。

正，持弓矢审固，持弓矢审固则射中矣。故曰："为人父者以为父鹄②，为人子者以为子鹄，为人君者以为君鹄，为人臣者以为臣鹄。"故射者各射己之鹄。故天子之大射谓之射侯，射侯者，射为诸侯也。射中则得为诸侯，射不中则不得为诸侯。

天子将祭，必先习射于泽③。泽者，所以择士也。已射于泽，而后射于射宫。射中者得与于祭，不中者不得与于祭。不得与于祭者有让，削以地；得与于祭者有庆，益以地。进爵、绌④地是也。(《射义》)

射者，仁之道也。射求正诸己，己正而后发，发而不中则不怨胜己者，反求诸己而已矣。孔子曰："君子无所争，必也射乎！揖让而升，下而饮，其争也君子。"

孔子曰："射者何以射？何以听？循声而发，发而不失正鹄者，其唯贤者乎！若夫不肖之人⑤，则彼将安能以中？"

《诗》云："发彼有的，以祈尔爵⑥。"祈，求也，求中以辞爵也。酒者，所以养老也，所以养病也，求中以辞爵者，辞养也。(《射义》)

【简注】

① 绎：同"释"，释放之意。

② 鹄：音 gǔ，箭靶的中心点。

③ 泽：泽宫，建在环绕辟雍的水池之旁，为古代习射选士之所。

④ 绌：音 chù，削减之意。

⑤ 不肖之人：指不像贤德者的人，亦即不贤之人。肖：像。

⑥ 发彼有的，以祈尔爵：为《诗经·小雅·宾之初筵》的诗句，意指对准靶心标的而射，以祈求免受罚酒。发：射。的：靶心标的。

【语译】

射的意思就是释放，或者舍下。所谓释放，就是各自释放出自己的心志。因此，当内心平静、身体端正时，就能够稳固地把持弓箭、审视并瞄准靶心标的；当能够稳固地把持弓箭、审视并瞄准靶心标的时，就能够射中红心了。所以说：作为父亲，应该以能否射中靶心，作为考核自己是否具有为父资格的标准；作为儿子，应该以能否射中靶心，作为考核自己是否具有为子资格的标准；作为国君，应该以能否射中靶心，作为考核自己是否具有为君资格的标准；作为臣子，应该以能否射中靶心，作为考核自己是否具有为臣资格的标准。所以说，射箭是射中自己的目标。因此，天子的大射之礼称为射侯，所谓射侯，就是以射礼选拔诸侯的意思。射中标的者，就有资格被天子选为诸侯；射不中标的者，就没有资格被天子选为诸侯。

天子即将举行祭祀之礼时，一定先请士子在泽宫练习射箭。泽宫之射，是天子用来挑选辅佐祭祀的士子的方式。已经在泽宫射箭获得初选的士子，之后便有资格进入射宫再参加射箭复选。射中靶心的士子，可以辅佐天子举行祭礼；没有射中靶心的士子，则无法辅佐天子举行祭礼。无法辅佐天子举行祭礼者，会受到责备申斥，被削减封地；可以辅佐天子举行祭礼的，则会受到奖励，并被嘉赏封地。所以射礼极为重要，关系着是升官晋爵，还是削减封地。

射礼，是实践仁的方法。射箭要先做到身姿体态端正，身体端正了，再将箭射出去。如果箭射出去却没有射中靶心，则不应该埋怨胜过自己的对手，而是反省责求自己各方面有什么疏失。孔子说："君子没有什么值得竞争的，如果有值得竞争的事，那就只有射箭罢了！君子一定会在互相拜揖谦让之后，才登上射台；射箭结束走下射台，败者罚酒一杯，这种竞争，才是真正的君子之争。"

孔子说："射箭的人如何发射箭矢？又根据什么来聆听乐曲节奏呢？依循着射礼中演奏的音乐旋律来发射，箭射出去且不会偏离正中目标的，只有贤德的人才能做到吧！如果是不贤德的人，他怎么能射中目标呢？"

《诗经》说："对准靶心标的而射，以祈求免受罚酒。"祈，就是求的意思，祈求射中靶心以免受罚酒。所谓酒，是用来奉养老人的，也是用来滋养病人的，祈求射中靶心以免受罚酒，就是推辞别人的奉养。

【现代解读】

《射义》一篇，提出先秦射礼的重要思想依据，即"各绎己之志"，"各射己之鹄"。射箭虽为人际交往的一种礼仪，但在仪式进行的过程中，却充分表露出行礼者内心的状态和境界。射箭者如何揖让上台，如何仔细稳固地持守弓和箭，如何正确地瞄准靶心，如何平稳迅速地发射箭矢，如何有效地射中靶心，如何结束退场，这一整套的仪式进程完全是行礼者一个人的身体展演，同时又与内在的心念和意志密切相关，可谓技进于道、由艺入道的身心训练。

首先，射箭是射者释放各自的心志。射箭时只有心意平静、毫无杂念、呼吸顺畅，才能拿稳弓箭，射中靶心。人是什么身份，展现出来的威仪就会有什么样的身体美感。人君有人君的威仪，人臣有人臣的威仪，人父有人父的威仪，人子有人子的威仪。所以射箭，其实是在表现自己威仪化的身体美感。

其次，射箭也是修养仁心的极佳方式。能否射中靶心，即表征射者的内心是否为正。若射不中，则不能怪罪他人，而是反求诸己，下台后继续好好修德。有朝一日，心正然后体正，体正便能射中标的。

最后，射箭也是无争的行为。虽然射礼是为了求得最后结果的胜利，但更重要的是仪式过程的礼义行为。从开始比赛的揖让登台，到比赛结束的胜负饮酒，都是一场有礼有义的君子之争，争的是日常家庭教育的成功与否。唯有成功的家庭教育，才能有不争的射箭气度，胜不骄，败不馁，完全享受当下的身心愉悦，结果如何，反而是作为自我检讨与修德的标准。射中则表示家庭品格教育的成功，射不中则要自我反省——哪些步骤需要再加强，身体的哪些部位要再加以调整。因此，整套射礼仪式，就是对自我身体与品德的重新认识。故而孔子赞叹："发而不失正鹄者，其唯贤者乎！"

叁

即身涵德的艺术化身体

修身：诚意正心

【原典精选】

大学之道①，在明明德②，在亲民③，在止于至善。知止而后有定，定而后能静，静而后能安，安而后能虑，虑而后能得。物有本末，事有终始，知所先后，则近道矣。

古之欲明明德于天下者，先治其国；欲治其国者，先齐其家；欲齐其家者，先修其身；欲修其身者，先正其心④；欲正其心者，先诚其意；欲诚其意者，先致其知，致知在格物。

物格而后知至，知至而后意诚，意诚而后心正，心正而后身修，身修而后家齐，家齐而后国治，国治而后天下平。自天子以至于庶人，壹是皆以修身为本。其本乱而末治者否矣。其所厚者薄，而其所薄者厚，未之有也！此谓知本，此谓知之至也。（《大学》）

【简注】

①大学之道：大学的教育理念。大学：一指大人之学，即成就理想人格的学问；二指古代教育机构，专门培养人才的最高学府，与"小学"所教导的六书、九数及生活常规，具有不同的教学目标。

②明明德：彰明本自具足的光明德性。第一个"明"字作动词，彰明、彰显。第二个"明"字作副词，修饰"德"字。明德：每个人本自具足的光明德性。

③亲民：即"新民"，教化人民的生命焕发新机，也彰显内在的明德善性。

④正其心：让心念时时刻刻专注在当下。正：当也，当下。

【语译】

大学的教育理念，在于彰显个人本自具足的明德善性；要推己及人，使人民的生命也焕发新机，能彰显明德的善性；在于个体与群体都彰显光明的德性，进而达到极致的美善境界。知晓如何止息妄念的方法，心就能专注安宁；心能专注安宁，便能平静思绪；思绪平静了，内心便能安详而不恐惧；内心安详之后，思虑便能周全；思虑周全了，便能获得真正的智慧。万物有本末次第，凡事有终始的历程，知晓本末终始的先后顺序，而渐次修养身心，便已接近大学教育的理念核心了。

古代想要使天下人都能彰显明德善性的天子，必须先治理好自己的国家；想要治理好自己的国家，必须先齐平自己的家庭；想要齐平自己的家庭，必须先修养自身的德行；想要修养自身的德行，必须先让心念时时刻刻专注在当下。想要让心念时时刻刻专注当下，必须先真诚地面对自己的意念；想要真诚面对自己的意念，必须先获致修心的智慧，获致修心智慧的方法在于探索事物的道理。

探索事物的道理才能获致修心的智慧，获致修心的智慧了，便能真诚面对自己的意念；真诚面对自己的意念了，心念便能时时刻刻专注在当下；心念能时时刻刻专注在当下了，身体便能慢慢修习调养。每个人的身心修习调养之后，便能使自己的家庭齐平和谐；每个家庭齐平和谐了，国家便能得到治理；国家治理得很好，然后天下就太平了。从天子到一般老百姓，唯一的方法就是每个人都以修养身心作为实践的根本。如果根本的修身都混乱了，而希望最后的结果是天下治理得很好，那是不可能的。应该重视的却被忽略，应该忽略的却被重视，这是从来没有的现象！能明了这个道理，就是知晓实践的根本重点了，也就是智慧已达到极致了。

【现代解读】

《大学》原为《小戴礼记》第四十二篇，一向为宋明理学家所尊崇。南宋大儒朱熹将《大学》与《中庸》两篇，从《小戴礼记》中独立出来，与《论语》《孟子》合称为"四书"，并作《四书章句集注》。

朱熹在《大学章句·序》谓："《大学》之书，古之大学所以教人之法也。盖自天降生民，则既莫不与之以仁义礼智之性矣。然其气质之禀或不能齐，是以不能皆有以知其性之所有而全之也。""若《曲礼》《少仪》《内则》《弟子职》诸篇，固小学之支流余裔；而此篇者，则因小学之成功，以着大学之明法，外有以极其规模之大，而内有以尽其节目之详者也。"本篇提出明明德、亲民、止于至善的"三纲领"，以及格物、致知、诚意、正心、修身、齐家、治国、平天下的"八条目"之说，成为古代天子以至士阶层从修身到治国的重要思想蓝图。

在《礼记》四十九篇中，描述身的语词，出现次数最多的是"修身"一词，而且大多出现在《大学》《中庸》两篇中，可见这两篇对生命德行的重视。无怪乎宋代朱熹将《大学》《中庸》两篇从《礼记》文本中独立出来，而与《论语》《孟子》合称为"四书"，并加以集注，使其成为儒家最重要的经典之一。

《大学》认为，不论贫富贵贱，不论阶级高下，从天子以至于一般的庶民百姓，都必须以修身作为达到身体美善的根本。龚建平曾指出，儒家心仪的人道之善的现实起点就是"本诸身"，即意义先须与身建立联系，身具有超出其生物性的意义。身的问题的突出，无疑与原始祖先崇拜及儒家强调的孝道有一定的关系。身不仅指现实的感性生命，而且是个我的理想与意义得以承当的现实载体。它是有待精心经营和认真解读的具有多种象征意义的符号。修身对儒家而言，就是成德与成人。❶

就《礼记》的身体美学而言，要成为德位相称的君子，最基本的方法，便是从自身的身体修养开始。何乏笔指出：修身是指身体化的修养。❷龚建平也认为，修身有其双重性。一方面，求之于社会化的礼仪；另一方面，又求之于心灵的自觉。❸先秦儒家认为，身体本身便具足明德的善性，所谓"即身涵德"，修身就是将明德的善性彰显出来，亦即大学教育的目标——明明德。因此，修身可谓《礼记》身体美学最重要的基础，也是先秦儒家心性论最重要的核心思想。

【原典精选】

所谓诚其意者，毋自欺也。如恶恶臭，如好好色，此之谓自谦①，故君子必慎其独也！小人闲居为不善，无所不至，见君子而后厌然②，揜其不善，而著其善。人之视己，如见其肺肝然，则何益矣！此谓诚于中，形于外，故君子必慎其独也。曾子曰："十目所视，十手所指，其严乎！"富润③屋，德润身，心广体胖，故君子必诚其意。（《大学》）

所谓修身在正其心者：身有所忿懥④，则不得其正；有所恐惧，则不得其正；有所好乐，则不得其正；有所忧患，则不得其正。心

---

❶　参见龚建平《意义的生成与实现——〈礼记〉哲学思想》，北京：商务印书馆，2005年，290页。

❷　参见何乏笔《修身·个人·身体——对杨儒宾〈儒家身体观〉之反省》，《中国文哲研究通讯》第10卷第3期，2000年，299页。

❸　参见龚建平《意义的生成与实现——〈礼记〉哲学思想》，北京：商务印书馆，2005年，294页。

不在焉，视而不见，听而不闻，食而不知其味。此谓修身在正其心。（《大学》）

【简注】

① 谦：同"慊"，音 qiè，满意。

② 厌然：受良心谴责而不好意思，躲躲藏藏的样子。

③ 润：增润、修饰。

④ 忿懥：怨恨发怒。懥：音 zhì，发怒。

【语译】

所谓真诚地面对自己的心念，意思是切勿自己欺骗自己。要像厌恶难闻的臭味一样，也要像喜好美丽的色相一样，这样才能对自己心满意足。所以，君子在独处时，一定要非常谨慎！品德低下的人闲居独处时便会做一些坏事，而且没有什么是做不出来的，但一看到君子，因受良心的谴责便会躲躲藏藏，企图掩饰所做的坏事，而努力彰显所做的好事。其实别人看小人做的坏事，就像看见他们的五脏六腑一样清楚，那么，掩盖坏事、显扬好事的做法，又有什么好处呢！这就是所谓如果内心真诚，一定会自然地流露于外表，所以君子在独处的时候必定很谨慎。曾子说："独处就像是随时有十双眼睛注视着，随时有十双手指责着，这是多么严肃的问题啊！"财富可以使屋室更华丽，道德可以使身心更高尚，心胸气度宽广的人，身体自然会丰腴，所以君子必定会时时刻刻真诚地面对自己的心意。

所谓修养身体在于心念要时时刻刻专注在当下，是因为身体如果有怨恨发怒的现象，心就无法专注在当下；身体如果有恐惧害怕的现象，心就无法专注在当下；身体如果有喜好快乐的现象，心就无法专注在当下；身体如果有忧虑、患得患失的现象，心就无法专注在当下。心不在当下，即使眼睛在看外物，也看不见事物的本质，即使耳朵在听声音，也听不见声音的内容，即使口中在吃食物，也没有感受到食物的真味。能明白这些现象的原因，就知道所谓修养身体，指的是心念要时时刻刻专注在当下。

【现代解读】

《大学》以"三纲领""八条目"作为修养身体的功夫顺次。所谓"三纲领"，指的是明明德、亲民、止于至善，"八条目"指的是格物、致知、诚意、正心、修身、齐家、治国、平天下。其中关键点是诚意，亦即真诚地面对自己的意念。

人最难面对的其实是自己。我们在面对别人时，总会把自己好的一面努力表现出来，而把不好的、丑陋的，甚至是邪恶的、阴暗的一面努力地掩饰起来。面对自己最深沉的阴暗面，人们总是采取不想、不看、不听、不谈的"四不政策"，这些阴暗面都是强大的能量，而且是负面能量。越是回避、压抑阴暗面，将它压抑至潜意识中，负面能量便越强大，会在某些特别时刻浮现出来干扰我们，导致身心极度的不安、恐惧、焦虑，甚至影响五脏六腑的平衡与健康，造成荷尔蒙分泌失调，引发强迫症、抑郁症、精神官能症等身心症状。《大学》提出要真诚地面对自己的意念，谨慎地在独处时观察自己的意念，因此，慎独成为修养身心极为关键的起点。面对自己的念头，不论好的或坏的，都要时刻觉察。一旦念头出现，首先要学习倾听，倾听身体的声音；进而理解，探索念头产生的根本原因；最后要完全接纳，接受自己的任何念头。意念一旦被理解和接纳，负面能量便消失于无形。

而修身的"身"，乃涵盖着"心"。因此，身体有忿懥、恐惧、好乐、忧患等情感，使心无法得其正，即不在当下。心不在当下，指灵明觉醒的心，不在每个视、听、言、动的当下。心不在当下，会导致虽目视却不见、虽耳听却不闻、虽口食却不知味。眼、耳、鼻、舌、身五种感官,虽然都接触到外在的色、声、香、味、触,但都无法感知外物的样态。《大学》认为,要让身体不受忿懥、恐惧、好乐、忧患等情绪的干扰,便要从训练意念时时刻刻正在当下的正心开始。"欲正其心者,先诚其意",指的是若要将心调理得时时安住在当下的身体中,便要在诚意的部分下功夫。而真诚地面对自我当下的意念,除了《大学》十分强调之外,《中庸》亦有十分详细的论述。

【原典精选】

子曰:"好学近乎知,力行近乎仁,知耻近乎勇。知斯三者,则知所以修身;知所以修身,则知所以治人;知所以治人,则知所以治天下国家矣。"(《中庸》)

诚身有道:不明乎善,不诚乎身矣。诚者,天之道也;诚之者,人之道也。诚者不勉而中①,不思而得,从容中道,圣人也。诚之者,择善而固执之者也。博学之,审问之,慎思之,明辨之,笃行之。(《中庸》)

自诚明,谓之性;自明诚,谓之教。诚则明矣,明则诚矣。
唯天下至诚,为能尽其性;能尽其性,则能尽人之性;能尽人之性,则能尽物之性;能尽物之性,则可以赞天地之化育;可以赞天地之化育,则可以与天地参②矣。
其次致曲③。曲能有诚,诚则形,形则著,著则明,明则动,动则变,变则化,唯天下至诚为能化。(《中庸》)

【简注】

①诚者不勉而中:天生真诚的人,不必勉强就能合于天道的真

诚。中：音zhòng，合于。

②可以与天地参：将天道真诚、自然地彰显出来的人，可以称为与天地并列为三才的圣人。参：即"三"，指天、地、人"三才"。

③其次致曲：次于圣人的贤者，致力于坚守某一方面之善。其次：次于圣人一等的人，指贤人。致：致力于。曲：偏曲，偏于某一方面，指择善而固执。

【语译】

孔子说："喜好学习的人，几近于智者；能将所学加以努力实行的人，几近于仁者；犯错而知耻并勇于改过的人，几近于勇者。知晓这智、仁、勇三者，就知道用此三者来修身；知道用智、仁、勇三者来修身，就知道用此三者来治理众人；知道用此三者来治理众人，就知道用此三者来治理天下和国家了。"

真诚地面对自身有其方法：不明了什么是至善，就不能真诚地面对自身。真诚，是天道自然的真理；效法天道自然而真诚待人，是人道的真理。真诚的人，不必勉强便能合于天道，无须思考便能得到天道，一举一动都从容地行于中道上，这是圣人的境界。真诚的人，便是选择至善而坚守不渝的人。人要广博地学习各种学问，不明白之处详细地提问，谨慎地思考对错，明白地辨别善恶，最后选择至善之道加以彻底地践行。

从天道至诚自然地彰显出来的，称为天性；从外在努力而彰显天道真诚的，称为教化。真诚无妄的人必然明了天道，明了天道的人必然会展现出真诚无妄的天性。

唯有天下至诚的人，才能充分发挥至诚的天性；能充分发挥至诚的天性，便能让众人充分发挥至诚的天性；能让众人充分发挥至诚的天性，就能让万物充分发挥本性；能让万物充分发挥本性，就可以帮助天地，来化育万物；能帮助天地来化育万物，就可以称为与天、地并列为"三才"的圣人了。

次于圣人的贤人，致力于择善而坚守。择善而坚守也能获得天道至诚的本性。发自内心的真诚，一定会形现于外，形现于外就自然会散发光辉，散发光辉就会有智慧，有了智慧就会感应于众人，感应于众人，社会就会产生神奇的改变，社会产生神奇的改变，就能参与协助天地的创生，化育万物。唯有天下至诚的圣人和贤人，才能参与协助天地的创生，化育万物。

【现代解读】

《中庸》原为《小戴礼记》第三十一篇，相传为孔子嫡孙子思所作。

朱熹在《中庸章句·序》谓："《中庸》何为而作也？子思子忧道学之失其传而作也。盖自上古圣神继天立极，而道统之传有自来矣。其见于经，则'允执厥中'者，尧之所以授舜也；'人心惟危，道心惟微，惟精惟一，允执厥中'者，舜之所以授禹也。尧之一言，至矣，尽矣！而舜复益之以三言者，则所以明夫尧之一言，必如是而后可庶几也。"

《中庸》旨在论诚之修养功夫。一言以蔽之，中庸意为以中为用，即无过与不及。"中"字展开，则为"中和"二字。"喜怒哀乐之未发，谓之中，发而皆中节，谓之和……致中和，天地位焉，万物育焉。""中和"二字，是儒家自修身至平天下的无上心法，为历代儒家学者所尊崇。

《大学》《中庸》极为重视修身，两者皆认为修身是获致身体美善的实践功夫。《中庸》指出具体的步骤：修身的重要前提为通过好学、力行、知耻三项具体的方法，获得智慧、仁爱、勇气三达德。此三者，均须用身体加以实践，通过效法天道至诚的本性，以好学、力行、知耻的实践功夫加以转化的身体，即涵具智、仁、勇三达德的身体，此"即身涵德"的身体，将内在具有人格美的光辉，彰显于外，呈现不同层次的身体美感。

《中庸》提出了重要的诚之功夫。天道运行乃冲穆无为、绝对至诚的法则，圣人效法天道冲穆无为的至诚本性，故不勉强而行，即能符合中道精神。能彰显天道至诚之精神者为圣人，能效法天道之至诚，择善而努力实践者为君子。然则，君子应抉择哪些善行加以执守，并以身体践行之？《中庸》又提出修身的五项具体功夫：博学、审问、慎思、明辨、笃行至善之道。

真诚面对自己的心意，并时时刻刻将心意专注于当下，谨慎地与自己独处，随时以诚修身，如此的道德实践，展现出身体的精神美，便有外显、光辉、智慧、灵动、神变等美感层次，最终能参赞天地、化育万物。至此，德行人格的光辉，显现于外，便能自然流露出艺术化的身体美感。

【原典精选】

子曰："礼者何也？即事之治①也。君子有其事必有其治。治国而无礼，譬犹瞽之无相与②，伥伥③乎其何之？譬如终夜有求于幽室之中，非烛何见？若无礼，则手足无所错④，耳目无所加，进退、揖让无所制。是故以之居处，长幼失其别，闺门、三族⑤失其和，朝廷、官爵失其序，田猎、戎事失其策，军旅、武功失其制，宫室失其度，量、鼎失其象，味失其时，乐失其节，车失其式，鬼神失其飨⑥，丧纪失其哀，辩说失其党，官失其体，政事失其施。加于身而错于前，凡众之动失其宜，如此，则无以祖洽⑦于众也。"（《仲尼燕居》）

子曰："礼也者，理也；乐也者，节也。君子无理不动，无节不作。不能《诗》，于礼缪⑧；不能乐，于礼素⑨。薄于德，于礼虚。"子曰："制度在礼，文为⑩在礼，行之，其在人乎！"（《仲尼燕居》）

【简注】

① 即事之治：就是做事的方法。治：治理的方法。

② 譬犹瞽之无相与：犹如盲者没有辅助的人了。瞽：音gǔ，盲人。相：辅助的人。与：同"欤"，音yú。语尾疑问助词，相当于"吗"。

③ 伥伥：音chāng，无所适从的样子。

④ 手足无所错：手脚不知道如何安放。错：同"措"，措放。

⑤ 闺门、三族：泛指家族。闺门：内室之门，泛指家门。三族：父族、母族、子族。

⑥ 鬼神失其飨：祖先及神灵没有人供奉。

⑦ 祖洽：倡导合和，指团结群众。祖：始也。洽：合和。

⑧ 缪：音miù，错误。

⑨ 素：质朴而无人文修饰。

⑩ 文为：人文修饰的行为。

【语译】

孔子说："礼是什么呢？就是指做事的方法。君子如果有要做的事情，一定有他治理的方法。管理国家如果没有礼，不是就如同盲者没有辅助的人而无所适从吗？又如同整夜在暗室里摸索，没有烛火怎么能看得见呢？如果没有礼，就会使人民的手足不知道应如何安放，耳目不知道应听什么、看什么，进退和作揖谦让都没有制度标准。这样一来，在日常起居方面，长幼会失去顺序；在家族之内，父子亲属会失去和谐；在朝廷上，加官晋爵的准则会失去秩序；在田猎和战事上会失去方针，在军队和武力上会失去控制，宫室建筑会失去法度，量器容器会失去形制，烹调口味会无法配合季节，音乐会乱了节奏，车乘不照款式，祖先鬼神会无法受到供奉，丧礼纪律会失去哀戚的本质，论辩游说会没人赞成，官职会失去体制，政事会无法施行。凡是外加在身体的事物都会在眼前错失，凡是众人的行动都会失去合理性。如果真的没有礼来约束的话，就无法倡导合和、团结群众了。"

孔子说："所谓礼，就是道理。所谓乐，就是节制。对于无道理的事，君子不会去做，对于无节制的事，君子不会去做。不能吟诵《诗经》，在外交场合的礼仪上，就会有错误；不能展演诗、歌、舞合一的乐，在各种行礼的仪式上，就会显得单调。在德行修养上很浅薄的人，在行礼过程中，像一个空架子。"孔子说："典章制度都在礼的范围内，人文修饰的行为也都在礼的范围内，能具体实践到什么程度，就要看行礼的人了！"

【现代解读】

本篇名为《仲尼燕居》，下篇名为《孔子闲居》，王梦鸥指出："前人或以为时人所记者称'仲尼'；弟子所记者称'孔子'。"❶郑玄谓"退朝而处曰燕居"，"退燕避人曰闲居"。《仲尼燕居》的重点在孔子为弟子说礼，《孔子闲居》的重点在说礼而兼言及论诗。

修身的具体实践，就内在功夫而言，要真诚地面对自己的心念，让心专注于当下，时时刻刻好学、力行、知耻；就外在功夫而言，则必须在日常生活中，"非礼勿视，非礼勿听，非礼勿言，非礼勿动"，各种言行举止，都必须依礼而行。如何才能知晓在什么情境下"非礼勿动""无理不动"？孔子认为必须通过教育与学习。

---

❶ 王梦鸥：《礼记今注今译》，台北：台湾商务印书馆，1969年，659页。

礼在先秦的重要性，表现在贵族阶层的生命及生活各方面，包括衣、食、住、行，以及家族与社会的人际关系、国家体制、军旅管理、战事兵戎、丧祭礼仪等，若没有依循礼而行，将导致社会乱象。乐的重要性更不言而喻。先秦的外交使节，必须熟悉《诗经》中的诗句，若出使他国，各国以宾礼相迎，外交使节必须适时地吟诵出适切《诗经》中的诗句作为回礼。所以，若不懂得《诗经》的内容，出使到各国时，便容易有错误的言行举止，从而丢失本国的国格。各种场合的典礼仪式进行时，均会配乐以展演，让每位贵族的身体举动都合于音乐的节奏。外在的节奏和体内的呼吸律动相应，身体不仅外显具有人文教养，且能在体内形成和谐的气场，让行礼者精神焕发、气宇轩昂。所以行礼主体内在的德行修养，是实践礼乐的依据，也是礼乐具体落实的关键。

澡身：博学浴德

【原典精选】

　　鲁哀公问于孔子曰："夫子之服，其儒服与？"孔子对曰："丘少居鲁，衣逢掖之衣①；长居宋②，冠章甫③之冠。丘闻之也：君子之学也博，其服也乡④，丘不知儒服。"

　　哀公曰："敢问儒行。"孔子对曰："遽数之⑤不能终其物，悉数之乃留，更仆，未可终也。"（《儒行》）

　　儒有博学而不穷，笃行而不倦；幽居而不淫⑥，上通而不困。礼之以和为贵，忠信之美，优游之法，举贤而容众，毁方而瓦合⑦。其宽裕有如此者。（《儒行》）

　　儒有澡身而浴德，陈言而伏，静而正之，上弗知也，粗而翘之⑧，又不急为也；不临深而为高，不加少而为多；世治不轻，世乱不沮；同弗与，异弗非也。其特立独行有如此者。（《儒行》）

【简注】

　　①衣逢掖之衣：穿着袖子宽大的衣服。第一个"衣"字：音 yì，作动词，穿着。逢掖：衣腋下宽大，为古儒者的服饰。掖：同"腋"，音 yè。

②长居宋：孔子长大后，住在宋国。宋：周朝的诸侯国，位于今河南商丘市南一带。周武王灭殷之后，周成王始封于宋国，作为殷商后裔之地，国君姓"子"，氏为"宋"。孔子生于鲁国，因鲁国士大夫专权，孔子反对，故去鲁至宋。后又因宋大夫桓魋骄横专权，迫害孔子，孔子及时逃往郑国。

③章甫：古代的礼帽，以黑布制成。始于殷代，殷亡后存于宋国，为儒者所戴的礼帽。

④其服也乡：入境随俗，入其乡，穿着如其乡人，而不标新立异。

⑤遽数之：快速数说儒者的行为。遽：音jù，急速。

⑥幽居而不淫：独处时也不从事邪淫之事，亦即慎独之意。

⑦毁方而瓦合：意指儒者宽容充裕的气度像陶瓦一样，外圆而内方。南宋陈澔谓："陶瓦之事，其初则圆，剖之为四，其形则方，毁其圆以为方，合其方而复圆，盖于涵容之中，未尝无分辨之意也。"

⑧粗而翘之：对君上粗疏的过失要举发劝谏。翘：音qiáo，招也，举也，举其过而谏之。

【语译】

鲁哀公问孔子说："先生所穿的衣服，是儒者的服装吗？"孔子回答说："我孔丘年少的时候住在鲁国，穿着宽袍大袖的衣服，长大之后住在宋国，戴着章甫的礼帽。我曾听闻，君子学问要广博，但所穿的衣服要入乡随俗。我不知道儒服是什么样子的。"

鲁哀公说："冒昧请问儒者的行为应该是怎样的。"孔子回答说："如果快速地数说，无法说得完儒者的行为；如果细心地数说，又会花很多时间。即使讲到仆人都换班了，也无法说得完。"

儒者博学而不停止学习，踏实地实践而不倦息；即使独处时也不做邪淫之事，通达于上位者时也不悖离正道；以礼待人时重在和谐相处，成就忠信的美德，以及优游的处世方法；虽歆慕贤能的人，也能包容一般凡人，处世像陶瓦一般，外圆而内方。儒者应有如此宽容充裕的气度。

儒者要澡洁身心，时时刻刻沐浴在道德中，勇于陈说自己的意见，但要调伏心性，默默地更正君上的失误，让君上都不知晓，但若君上有粗疏的过失，便要等待适当的时机提举出来，委婉地劝谏，不必马上急切地去做。得志时要谨慎谦卑不显示自己的尊贵，不把自己很小的功绩夸耀为很大。国家治理时，和群贤共处也不轻视自卑，国家混乱时，道虽不行，也不会觉得沮丧失意。与见解相同的人不结党营私，对见解不同的人也不非议诋毁。儒者侍奉君上时，应有如此与众不同的立身行为。

【现代解读】

《儒行》篇，孔子为鲁哀公陈说儒者应有的言行举止。清代孙希旦引吕大临之言谓："儒者之行，一出于义理，皆吾性分所当为，非以是自多而求胜于天下也。此篇之说，有夸大胜人之气，少雍容深厚之风，窃意末世儒者将以自尊其教，谓'孔子言之'，殊可疑。然考其言，不合于义理者殊寡，学者果践其言，亦不愧于为儒矣，此先儒所以存于篇也与？"本篇历述儒者的行为，共列十五项，即儒者的自立、容貌、备豫、近人、特立、刚毅、仕、忧思、宽裕、举贤援能、任举、特立独行、规为、交友、尊让，先秦至汉初儒者的身体美学可见一斑。

个人化的身体，如何通过德行修养，使身心转变，成为艺术化人格美的身体？关于此一问题，先秦美学思想提出，必须通过学与习以获致。《儒行》提出，儒者必须通过博学，以澡身浴德。将身体沐浴在礼、乐、忠、信等美善的文化熏陶中，调节喜、怒、哀、惧、爱、恶、欲等七情的干扰，使心安住于当下，才能一步步将身心的欲望和情绪，安顿在合于礼乐的情境中。

孙希旦《礼记集解》引南宋陈澔之言谓："博学不穷，温故知新之益也。笃行不倦，贤人可久之德也。幽居不淫，穷不失义也。上通不困，达不离道也。礼之体严，而用贵于和。"又曰："澡身浴德，所以为事君之本也。"广博地学习，以充实个体宽容充裕的气度，将身心沐浴在德行中，则为侍奉君上做准备工夫。君子居夷以待时，在平素生活时，不断地广博学习，澡身浴德，以增强身体内外的修养。邦有道则仕，邦无道则隐，一旦有机会贡献国家社会，便已有充分的准备以施展抱负。

"广博学习"和"身体美化"两者之间的关系既然如此密切，《礼记》又指出通过教育与学习来美化身体。那么，应如何推行教育？首先要明了古代的教育体制。要知道如何学习，首先要了解学习的内容与学习的次第。因此，《礼记》四十九篇中列有《学记》与《乐记》两篇，专门讨论大学教育以及礼乐教化。

【原典精选】

发虑宪①，求善良，足以谀闻②，不足以动众。就贤体远，足以动众，未足以化民。君子如欲化民成俗，其必由学乎！

玉不琢，不成器；人不学，不知道。是故古之王者，建国君民，教学为先。《兑命》③曰："念终始典④于学。"其此之谓乎！

虽有嘉肴，弗食，不知其旨也；虽有至道，弗学，不知其善也。是故学然后知不足，教然后知困。知不足，然后能自反也；知困，然后能自强也。故曰：教学相长也。《兑命》曰："学学半⑤。"其此之谓乎！

古之教者，家有塾⑥，党有庠⑦，术有序⑧，国有学⑨。比年⑩入学，中年⑪考校：一年视离经辨志，三年视敬业乐群，五年视博习亲师，七年视论学取友，谓之"小成"。九年知类通达，强立而不反，谓之"大成"。夫然后足以化民易俗，近者说服⑫而远者怀之，此大学之道也。《记》曰："蛾子时术之⑬。"其此之谓乎！

大学始教⑭，皮弁祭菜⑮，示敬道也。《宵雅》肄三⑯，官其始也。入学鼓箧⑰，孙其业⑱也。夏、楚二物⑲，收其威也。未卜禘⑳不视学，游其志也。时观而弗语，存其心也。幼者听而弗问，学不躐等也㉑。此七者，教之大伦也。《记》曰："凡学，官先事，士先志。"其此之谓乎！（《学记》）

【简注】

①发虑宪：启发思虑法度。宪：法度。

②谝闻：微小的声誉。谝：音 xiǎo，小的、微不足道的。闻：音 wèn，美名、声誉。

③《兑命》：兑：音 yuè，《尚书》的篇名。

④典：经常。

⑤学学半：指教者可以一边教也可一边学习与成长。第一个"学"字，同"斅"，音 xiào，教也。

⑥家有塾：卿大夫之家，建有一间学校，称为塾，相当于今之小学。

⑦党有庠：五百家为一党，设有一所学校，称为庠，相当于今之初中。庠：音 xiáng。

⑧术有序：一万二千五百家为一术，设有一所学校，称为序，相当于今之高中。术，音义与"遂"字通。

⑨国有学：诸侯之国，设有一所学校，称为学，相当于今之大学。

⑩比年：每年。比，音 bì。

⑪中年：间隔一年。

⑫说服：心悦诚服而归顺。说：即"悦"。服：降服归顺。

⑬蛾子时术之：蚂蚁之子，即幼蚁，时时刻刻学习衔泥筑穴。蛾：同"蚁"。术：学习。

⑭始教：即开学，举行开学典礼之后，开始教学。

⑮皮弁祭菜：穿戴白鹿皮制成的礼服礼冠，以蘋藻之菜，祭祀至圣先师孔子。菜：蘋藻之菜。

⑯《宵雅》肄三：学习《诗经·小雅》三篇诗章。肄：学习。三：三篇诗章，即《鹿鸣》《四牡》《皇皇者华》，三篇皆言君臣宴乐相慰劳之内容，为入官从政必学之诗章。

⑰鼓箧：击鼓并打开书箱。箧：音 qiè，书笥。

⑱孙其业：对学业怀抱谦逊的态度。孙：音 xùn，同"逊"。

⑲夏、楚二物：苦茶树和荆条两种古代学校作为施行体罚的教鞭。夏：音 jiǎ，苦茶树，枝条作杖可扑打。楚：荆条。

⑳禘：夏季举行的大祭，祭前必先占卜日期。

㉑躐：音 liè，超越。

【语译】

启发思虑法度，追求善良品德，足以获得微小的声誉，但不足以感动群众。亲近贤能的人，体恤偏远地区的百姓，足以感动群众，但不足以化育人民。君子如果想要化育人民，形成良善的风俗，就必须从教育入手！

玉如果不加以琢磨，就无法成为礼器；人如果不加以教育学习，就不会明白待人处世的道理。所以古代的君王要建设国家，合群人民，就必须以教育学习为优先的施政考量。《兑命》说："自始至终要经常想着教育学习这件事。"说的就是这个意思了!

虽然有美好的菜肴,如果不去品尝,就无法知道它的美味;虽然有至善的真理,如果不去学习,就无法知道它的好处。学习之后,才知道自己学问的不够;教人之后,才知道自己所学的困乏。知道学问不够,然后才能自我反省、成长;知道所学困惑,然后才能自我勉励。所以说,教与学是可以互相成长的。《兑命》说:"教的人,可以一边教一边学习与成长。"说的就是这个意思了!

古代的教育体制,二十五户为一间,当中设有一所塾,一党中有一所庠,一遂中有一所序,一国中有一所学。每年均有新生入学,间隔一年举行一次考试。入学一年后,考查学生分析经文能力,辨别其志向所在;三年后,考查学生是否敬重学业,乐于合群;五年后,考查学生是否广博地学习,不断亲近师长;七年后,考查学生论学的见解,以及选择朋友的能力,如果通过,则称为教学的小成;九年后,考查学生对知识类别的掌握,以及各学科跨领域的通达情况,如果通过,则称为教学的大成。只有通过教育,才能够化育人民,改变风俗,居住在附近的人民才能心悦诚服而归顺,住在远方的百姓也才能向往怀想,这就是大学教育的目的。《记》说:"幼蚁时时都在向大蚁学习,衔泥筑成大的蚂蚁穴。"指的就是这个意思了!

大学在开学时,举行开学典礼,学生要穿着朝服,以蘋藻之菜祭祀至圣先师孔子,以表示恭敬道业。练习《小雅》的《鹿鸣》《四牡》《皇皇者华》三篇诗章,学习如何任官执事。入学时先击鼓召集学生,令学生们打开书箧,目的在于使学生对学业存有恭敬之心。展示夏、楚两件体罚的用具,目的在于收摄学生的气势。还未占卜举行禘祭时,天子国君不到学校视察,以使学生有时间游艺以探索未来的志向。教师要时时观察学生而不先叮咛告知,是要使学生内心戒慎存疑,独立思考。年幼的学生只可静静听讲,先不要提问,让学习具有次第而不超越等级。以上这七项，是教学的大纲。《记》说："凡是教育和学习，做官者先学管理事务，士人就先学习立定志向。"指的就是这个意思了！

【现代解读】

郑玄曰："名《学记》者，以其记人教学之义。"朱子曰："此篇言古者学校教人传道授受之次序，与其得失兴废之所由，盖兼大、小学言之。"《学记》记述先秦教育的体制、功能、方法、目的、成效，以及教育之所以兴盛和失败的原因，并讨论教学的为师之道、学生的学习心理等，是中国极为重要的教育学及教育心理学文献。

《学记》开宗明义，指出教育与学习对于人的重要性。对个人生命养成而言，博学为首要功夫；而对群体化民成俗而言，教育与学习也是首要任务。一个德位相称的统治者，必须思考如何规划完善教育制度，通过教育与学习，让人民的身心有所安顿，生命有所提升与成长，寻找一生的终极关怀与价值。教育与学习如此重要，所以历代君王无不重视创办良好的教育机构，规划完善的学习进程。

先秦具备完善的教育体制，依人口密度多寡，分别设立塾、庠、序、学四个规模不同的学校，相当于现代的小学、初中、高中、大学，可见先秦的主政者已体认到教育实为人类文明升沉的枢纽，因此规划了完善的教育体制，制定了一系列教学成效评量标准，考核内容品德与能力并重，以培育才德兼备的管理阶层。

先秦的学校教育有七项重要的原则，均为极符合学习心理的教育原理，放在今日的教育环境，仍十分适用。包括：

（1）开学典礼祭孔：以蘋藻之菜祭祀至圣先师孔子，目的在于敬重学业、道统。

（2）职前训练：《诗经·小雅》的《鹿鸣》《四牡》《皇皇者华》

三篇诗章，内容为君臣宴乐、互相慰劳。学而优则仕，练习此三篇，是入官从政的开始。

（3）击鼓开箧：开学典礼以击鼓声相警策，打开盛装书籍的书箱，目的在于让学生了解学海无涯，在知识学问的面前，要抱持恭顺谦卑的学习态度。

（4）展示教鞭：目的在于整肃风纪，让学生收摄身体各部位的言行举止，以免违反校规，受到体罚。

（5）生涯探索：认识自我是教育极为重要的核心目标。在夏季大祭之前，让学生有时间在各学科领域游艺，以探索自我的才性趋向，找到适合自己的舞台，从而学以致用，贡献社会、服务人群。

（6）观察教育：教师时时观察学生，不要凡事在一开始就告诉学生如何做，而是培育学生的自动自发能力。与现代教育提倡动手操作，尝试错误，从做中学习，培养学生解决问题的能力等不谋而合。

（7）混龄教学：低年级的学生在听课时，学习高年级学长学姐提问的方式，让教学有循序渐进的成效。

【原典精选】

大学之教也，时教①必有正业，退息必有居学。不学操缦，不能安弦；不学博依，不能安《诗》；不学杂服，不能安礼；不兴其艺，不能乐学。故君子之于学也，藏焉，修焉，息焉，游焉。夫然，故安其学而亲其师，乐其友而信其道。是以虽离师辅而不反也。《兑命》曰："敬孙务时敏，厥修乃来②。"其此之谓乎！

今之教者，呻其佔毕③，多其讯④，言及于数⑤，进而不顾其安⑥，使人不由其诚，教人不尽其材。其施之也悖，其求之也佛⑦。夫然，故隐其学而疾⑧其师，苦其难而不知其益也，虽终其业，其去之必速。教之不刑⑨，其此之由乎！

大学之法：禁于未发之谓豫⑩，当其可之谓时，不陵节而施之谓孙，相观而善之谓摩。此四者，教之所由兴也。

发然后禁，则扞格⑪而不胜；时过然后学，则勤苦而难成；杂施而不孙，则坏乱而不修；独学而无友，则孤陋而寡闻；燕朋⑫逆其师；燕辟⑬废其学。此六者，教之所由废也。

君子既知教之所由兴，又知教之所由废，然后可以为人师也。故君子之教喻也，道而弗牵⑭，强而弗抑⑮，开而弗达⑯。道而弗牵则和，强而弗抑则易⑰，开而弗达则思。和、易以思，可谓善喻矣。(《学记》)

【简注】

①时教：四季的教学重点。时：四时，即四季。

②敬孙务时敏，厥修乃来：恭敬谦逊地学习，务必时时奋进，如此，修业便可有所成就。孙：同"逊"。敏：奋进。厥：此也。来：有所成也。

③呻其佔毕：呻：吟读。佔：同笘，音shān，古代童子学习书法所用的竹板。佔毕：均指书简。

④讯：告知。

⑤数：通"速"。

⑥而不顾其安：没有顾及学生的熟悉与吸收。

⑦佛：同"拂"，乖戾不通。

⑧疾：厌恶。

⑨刑：成功。

⑩禁于未发之谓豫：在邪念未发之前即禁止，称为预防教学法。豫：同"预"，预防。

⑪扞格：音hàn gé，根深蒂固，坚不可入。

⑫燕朋：不正当的朋友。

⑬燕辟：邪僻的习惯。

⑭道而弗牵：引导而不强迫学习。道：即"导"，引导。牵：牵制，强迫。

⑮强而弗抑：态度刚严而不压抑学生的个性。

⑯开而弗达：启发思考而不完全说尽。

⑰易：个性自由发展。

【语译】

大学的教育，四季教学都有正式的课业，平日休息时，也都有居家作业。不学习操弄调弦，手指不灵活，就无法弹好琴；不学习广博的譬喻，便不能了解《诗经》的篇章；不学习各类洒扫应对的杂事，便不能辨识礼仪；不兴学这些操缦、博依、杂服的技艺，便不能乐在游艺的学问中。所以君子对于学习，要怀藏于心，时时修习，不断息养，经常悠游其中。能够如此，才能安于学习而亲近师长，乐与群友论学而信奉真理。能如此，即使离开了师友的辅助，也不会违反常道。《兑命》说："恭敬谦逊地学习，务必时时奋进，如此，修业便可有所成就。"指的就是这个意思了！

现在的教师，不了解经书的义理，只知道吟读书本中的文字，提出许多难题来考问学生；发言解说也不注重思想义理，而多依据以往的名物制度来教学；教的内容很多，却没有顾及学生是否熟悉与吸收；指导学生没有发自内心的诚意，教育学生也不根据学生的资质高低和学习状况；他的施教不仅违背常理，要求更是乖戾不通。如此导致了学生学习不佳而厌恶师长，苦于学问难懂而不知道是否受益，虽然勉强完成了学业，但一定很快就遗忘了。教育之所以不能成功，大概就是这个原因了。

大学教育的方法：在邪念尚未发生之前即约束禁止，称为预防教学法；在恰当的时机加以教导，称为适时教学法；不超越学习次第而施教，称为次第教学法；让学生彼此观摩、切磋而改善获益，称为观摩教学法。这四项，就是促使教育兴盛的方法。

邪念已经萌发，然后才加以禁止，而邪念已根深蒂固，教育无法胜过邪念；适当的时机过了，然后才加以学习，虽然勤苦努力，也是事倍功半，难有成就；杂乱施教而没有顺序，则会使学生思绪混乱而不可收拾；独自学习而没有伙伴一起论学，便会变得孤单浅陋而见闻不广；结交不正当的朋友，会违背师长的教诲；养成不良的习惯，会荒废自己的学业。这六项，就是导致教育失败的因素。

君子既已知晓促使教育兴盛的方法，又知晓导致教育失败的原因，然后便可以为人师表了。所以君子的教育，是晓喻学生，加以引导而不强迫学习，态度刚严而不压抑学生的个性发展，启发兴趣而不完全将答案说尽。加以引导而不强迫服从，则使学生容易亲和；态度刚严而不压抑个性，则能让学生自由发展才性；启发兴趣而不完全将答案说尽，则能使学生独立思考。使人亲近、自由发展、独立思考，可以称得上是好的晓喻方法了。

【现代解读】

先秦教育的内容，重视"六艺"礼、乐、射、御、书、数。小学教育的重点在"六书"与"九数"，强调具体的知识与技能；大学教育重点则在礼、乐、射、御四项，强调知识技能的形上精神意义，由小学而大学，教导学生从技进于道。教学的正课在"六经"，即《诗》《书》《易》《礼》《乐》《春秋》。四季的教学均有正课，《王制》曰："春、秋教以《礼》《乐》；冬、夏教以《诗》《书》。"以四季节气配合人的身体运行、心理情感而实施教学内容，春天万物欣欣向荣，适于沉潜乐教；夏天热情洋溢，万物滋长，适于沉醉诗教；秋季萧瑟肃杀，适于推展礼教；冬季冷冽严寒，适于指导书教。如此，将教学与日常生活融为一体，经典的智慧内化于身体四肢，进而实践为生命之学，而非空谈理论的虚文浮词。《学记》一方面提出良好的教学典范，另一方面再指出许多错误的教学方法，以作为教育者的殷鉴。

《学记》指出了大学施教成败的因素，保存了先秦极为珍贵的四种教学方法：预防教学法、适时教学法、次第教学法、观摩教学法。得此四法，则教育兴盛。同时，《学记》也指出了导致教育失败的六种因素：发然后禁、时过然后学、杂施而不孙、独学而无友、结交损友、染上不良习惯。以上四种优质教学法和六项错误的教育方式，实可作为现代教师的明鉴。

21世纪的教育趋势，正呼应《学记》所说的身心亲和、自由发展、独立思考。为师者应注重启发、诱导的教学方式，以正能量的身教、言教，配合良好适切的教学方法，给予学生鼓励、赞美、欣赏与陪伴。怀抱着对生命的好奇，将学生视为一件艺术品加以欣赏，必能启发每一位学生独特的身心潜能。学生在老师充满正向语言的肯定、赞美、欣赏、陪伴之下，人格必能自由发展、独立思考，探索才性所在，适才适性，发挥独特的生命潜能。

【原典精选】

学者有四失，教者必知之。人之学也，或失则多①，或失则寡②，或失则易③，或失则止④。此四者，心之莫同也。知其心，然后能救其失也。教也者，长善而救其失者也。

善歌者，使人继其声；善教者，使人继其志。其言也约而达，微而臧⑤，罕譬而喻，可谓继志矣。

君子知至学之难易⑥，而知其美恶⑦，然后能博喻。能博喻然后能为师，能为师然后能为长，能为长然后能为君，故师也者，所以学为君也。是故择师不可不慎也。《记》曰："三王、四代唯其师⑧。"此之谓乎！

凡学之道，严师⑨为难。师严然后道尊，道尊然后民知敬学。是故君之所不臣于其臣⑩者二：当其为尸，则弗臣也；当其为师，则弗臣也。大学之礼，虽诏于天子，无北面⑪；所以尊师也。

善学者，师逸而功倍，又从而庸⑫之；不善学者，师勤而功半，又从而怨之。善问者，如攻坚木⑬，先其易者，后其节目⑭，及其久也，相说以解⑮；不善问者反此。善待问者，如撞钟，叩之以小者则小鸣，叩之以大者则大鸣，待其从容，然后尽其声；不善答问者反此。此皆进学之道也。(《学记》)

【简注】

① 多：贪多而不专一。

② 寡：专一而不广博。

③ 易：不断变易而见异思迁。

④ 止：裹足不前而自我限制。

⑤ 臧：音 zāng，美善。

⑥ 至学之难易：求学入道的深浅难易次第。

⑦ 知其美恶：了解每位学生的学习心理，以因材施教。

⑧ 三王、四代唯其师：夏、商、周三代圣王，加上唐虞，则为四代，最重要的事，唯有慎选老师。

⑨ 严师：尊重老师。严：庄严、尊重。

⑩ 不臣于其臣：不以臣子之礼对待臣下。第一个"臣"字作动词，视为臣下。

⑪ 无北面：据一般常礼，天子坐北朝南，臣子向北而跪拜天子。

但若臣子为天子的老师，则臣子不需面向北方跪拜，而是天子坐东朝西，臣子坐西朝东。今称老师为"西席"，即承古制而来。

⑫庸：归功。

⑬攻坚木：砍伐坚硬的树木。

⑭节目：树木枝节坚硬的关键部位。

⑮相说以解：脱落分解。说：同"脱"，脱落。

【语译】

学习的人有四种毛病，教师必须了解。人的学习心理，有的会有贪多而不求甚解的毛病，有的会有安于一隅而所知太少的毛病，有的会有见异思迁而不断变易的毛病，有的会有裹足不前而自我限制的毛病。这四种学习心理都不相同，教师必须先明了这些心理，才能帮助学生改善这些毛病。教育的目的，就是培养良善的习惯，而改善学习的毛病。

善于唱歌的人，能使人感动而想从事歌唱事业；善于教学的人，能使人受激励而想以教育作为终身志业。如果言语简约而通达，含蓄而美善，很少使用譬喻却能令人轻松明了，就算是能使人继承教育志业的善教者了。

君子知道为学之道深浅难易的次第，能了解每一位学生的学习心理，才能因材施教，做广博的晓喻。能广博地晓喻学生，才有能力成为老师；能够成为好的老师，才能担任长官；能成为好的长官，才能成为好的国君。学会成为一名好老师，就是在学习成为好的国君，所以选择老师不可以不谨慎。《记》说："虞、夏、商、周三王四代，唯有在选择教师这件事上，极为慎重。"指的就是这个意思了！

举凡教学之道，最难做到的就是对老师的尊重。老师受到尊重了，然后所教的学问之道才会受到尊重；学问之道受到尊重，人民才能知晓要恭敬地学习。所以国君不以对待臣下的态度来对待臣子的情形有两种：一种就是祭祀祖先，臣子扮作国君的祖先之尸时；另一种就是臣子作为君主之师时。大学教育的礼仪，虽然由天子诏告颁布，但在对天子讲授学问时，臣子不必面向北方居臣下之位，而是坐西朝东，这就是为了表达对老师的尊重。

善于学习的学生，老师一教就会，所以老师显得安逸悠闲，而教学成效却非常显著，学生也认为老师教导有方；不善学习的学生，老师即使辛勤指导，教学成效却很低，学生也抱怨老师过于严格。善于提问的学生，像砍伐坚硬的树木，先从较容易的部位开始，然后再到枝节坚硬的关键部位，等到时间久了，树木自然脱落分解；不善提问的学生，方法与成效刚好相反。善于回答问题的老师，有如撞钟，用力小钟声就小，用力大钟声就大，从容不迫地敲打，钟声就渐渐止息；不善回答问题的老师刚好相反。不论提问还是回答的技巧，都是增进学问的方法。

【现代解读】

《学记》中这一段属于重要的教育心理学，置于今日，仍然适用于现代的教学领域。面对形形色色不同心理状态的学生，教师首要之务，便是了解学生的学习心理。《学记》归纳出四种有关学习心理的问题：或贪多务得，或以少为足，或没有耐性，或自我设限。为人师表，除了采用有效的教学方法，以及讲授优质的教学内容之外，最重要的，必须懂得学生的学习心理，因材施教。

所谓"园中无荒草，校园无废人"，每位学生的材质皆为艺术品，如何切磋琢磨，补救学习心理的缺失，端赖老师如何启发引导。尤其人文教育的教师，不亚于心理医生，每位学生背后都有一段生命故事，倾听、理解、接纳、启发，让资质较差的学生，因有老师的欣赏，生命能得到救赎，进而能挺立身体，肯定人格价值，成为一个顶天立地的有为人才！

郑玄注："诏于天子，无北面，尊师重道，不使处臣位也。"王梦鸥指出："礼：天子南面，臣北面。但天子入大学而亲有所问则东面，而师西面。"❶"四方"的空间概念在周代礼制中，分别具有不同的象征意义。北方为君位，南方为臣位，东方为主位，西方为客位。所以，当天子在明堂举行祭祀、朝见诸侯、宣明政令时，则坐北朝南，所有诸侯臣子均面向北方而居臣位。唯有天子在入大学亲自受教于老师时，为表达尊师重道之礼，身为弟子角色的天子则居东方主位而面向西方受教，身为师表角色的臣子则位居西方客位而面向东方讲学。可见周代的宇宙观，即由天子此一神圣性的"主人身体"架构所影射出来的方位美学。此方位美学，是中轴对称，向水平展开的平面布局之美。由天子以至于士大夫，皆循此方位美学以安顿身体，使身体的行为举止，皆符合方位艺术的美感。

【原典精选】

记问之学，不足以为人师。必也其听语①乎！力不能问，然后语之；语之而不知，虽舍之可也。

良冶之子，必学为裘②；良弓之子，必学为箕③；始驾马者反之，车在马前。君子察于此三者，可以有志于学矣。

古之学者：比物丑类④。鼓无当于五声⑤，五声弗得不和；水无当于五色⑥，五色弗得不章；学无当于五官⑦，五官弗得不治；师无当于五服⑧，五服弗得不亲。

君子曰：大德不官，大道不器，大信不约，大时不齐⑨。察于此

---

❶ 王梦鸥：《礼记今注今译》，台北：台湾商务印书馆，1969年，484页。

四者，可以有志于学矣。三王之祭川也，皆先河而后海，或源也，或委也⑩。此之谓务本。(《学记》)

【简注】

①听语：因学生提出问题，老师才加以解答。

②良冶之子，必学为裘：擅长冶炼铸造的工匠，天天补冶器物，儿子耳濡目染，学习裁制皮衣，自然能补缀完好。

③良弓之子，必学为箕：擅长制弓弩的工匠，天天弯竹木，儿子耳濡目染，对于竹柳柔软之物，当然能编制成簸箕。

④比物丑类：连缀同类事物，进行排比归纳。比：排比；丑：同"俦"，归纳。

⑤鼓无当于五声：鼓声不等同于五声中的任何一音。当：相当、等同。五声：指宫、商、角、徵、羽五音。

⑥五色：指青、黄、赤、白、黑五大正色。

⑦五官：泛指朝廷各部门职掌。

⑧五服：本指斩衰、齐衰、大功、小功、缌麻五种丧服，此处泛指五伦关系。

⑨大时不齐：大自然的四时节气，不会表现为齐一的样貌，而是春、夏、秋、冬各有温、热、凉、寒的变化。

⑩或源也，或委也：河是海的源头，海是河的汇聚之处。

【语译】

只会教死记硬背知识的人，自己没有独到的见解，不够资格为人师表。一定要由学生先提出问题，老师再进行解答。只有学生心里有疑惑，而能力却不足以提问时，老师才可晓喻解答；老师解答了，学生仍然不明白，此时虽然舍弃指导，等待将来成熟的时机，这是可以的。

优秀铁匠的儿子，必定也会补缀皮衣；优秀弓匠的儿子，必定也会编制簸箕；调教小马驾车的人，会先反过来把小马系在车子后面，让车子在它前面，小马天天跟着车子，习惯于驾车。君子仔细观察这三件事，就可以立志于教育事业了。

古代的学习者，擅长排比、归纳同类事物，比较其异同。鼓的声音不属于五声中的任何一音，但是五音迭奏，如果没有鼓来调节，五音就无法和谐；水的颜色不属于五色中的任何一色，但是五色搭配，如果没有水来调匀，五色就无法彰显；学习的人，不等同于朝廷中的任何一种官员，但是任何一种官员，如果没有经过学习，就不会处理政事。为人师表，不属于五伦中的任何一种关系，但是如果没有老师的教诲，任何一种人伦关系都无法懂得如何亲爱、如何和谐相处。

君子说，最伟大的德性，不偏于某一种官职；至高的真理，不局限于某一种器用；最大的诚信，不必表现为誓约；大自然的天时，不会表现为齐一的季节。能仔细观察这四种现象及道理，就能懂得立志于教育事业了。

夏、商、周三代圣王在举行祭祀河海之礼时，都是先祭河流而后祭江海。河是海的源头，海是河的汇聚之处，先本而后末，这就是所谓的务本。

【现代解读】

《学记》的教育思想，有四个重点。

（1）教师只有对生命学问具有实践经验，才能将其转化为独到的见解，若采取死背硬记的教学方式，不足以为人师表。

（2）在家庭教育中，潜移默化的生活环境，为学习过程中最初的场域，父母的身教重于言教，为生命初始最佳的学习对象。

（3）学校教育中，为人师表的角色对生命启蒙非常重要，只有拥有生命体悟的老师加以引导，学生才能明辨是非，处世和谐，遵守社会秩序。

（4）立定学习的志向，要着眼于根本处。根本处是什么？《论语·学而》："君子务本，本立而道生。孝弟也者，其为仁之本与！"仁是为学最重要的根本，而孝与悌更是学习仁最重要的基础。由此可知，儒家的教育理想，乃通过老师的教诲，学习成为一位仁者。要成为一位仁者，最务实的根本，始于家庭教育中的孝顺父母、友爱兄弟。

先秦士阶层以上的男子于二十岁成人之后，生活化的身体逐渐转变为社会化的身体，学而优则仕，开始进入大学接受"六经"教育，为日后成为士、大夫、卿等社会阶层而广博地学习。而其务本之处，从家庭教育的孝、悌开始，这在《曲礼上》《曲礼下》《内则》《少仪》等篇有较多的指导。至于学校教育的"六经"学习，在《王制》及《文王世子》两篇中，则有明确的规定。

【原典精选】

天子命之教，然后为学。小学在公宫南之左，大学在郊。天子曰辟廱①，诸侯曰頖宫②。（《王制》）

命乡论秀士③，升之司徒，曰选士。司徒论选士之秀者而升之学④，曰俊士。升于司徒者不征⑤于乡，升于学者不征于司徒，曰造士。乐正崇四术，立四教⑥，顺先王《诗》《书》《礼》《乐》以造士：春、秋教以《礼》《乐》，冬、夏教以《诗》《书》。王大子、王子、群后⑦之大子、卿大夫元士之适子⑧，国之俊、选，皆造焉。凡入学以齿⑨。（《王制》）

【简注】

①辟痈：音 bì yōng，也称为辟雍、泽宫，指古时天子所设的国立大学，为一圆形建筑物，四周环水，象征教化流行。

②頖宫：音 pàn gōng，也称为泮宫，指周代诸侯所设的学宫，东西门以南半圆环水，而北面无水。

③命乡论秀士：命令乡大夫，负责考核有德行道艺的杰出士子。

④升之学：推荐给国学。

⑤征：征召兵役和劳役。

⑥乐正崇四术，立四教：主持国学的乐正推崇倡导四部经典，订立四门教学课程。乐正：商周时期的官职名称，负责掌管音乐声律和宫廷礼乐部门。四术、四教：孔颖达认为，《诗》《书》《礼》《乐》四者，"以其为人所共由，则曰四术；以其为教于学，则曰四教"。

⑦群后：公及诸侯。

⑧適子：即嫡子，正妻所生之子。適，音 dí，同"嫡"。

⑨入学以齿：进入国学后，以年龄长幼为序，而不以身份尊卑作为考量。

【语译】

天子下令办理教育文化事业，然后设立学校。小学应设在国君办公处南方的左边，大学设在郊外。天子设立的大学，称为辟痈，诸侯设立的大学，则称为頖宫。

命令乡大夫负责考论有德行道艺的杰出士子，推荐给司徒，称为选士。司徒又考论选拔士子中的特优生，而推荐到国学，称为俊士。推荐给司徒的选士，不必征召到乡中服兵役和劳役；推荐到国学的俊士，不必征召到国家服兵役和劳役，这称为造士。主持国学的乐正，推崇提倡《诗》《书》《礼》《乐》四术，订定四门教学课程，沿袭着先王流传下来的《诗》《书》《礼》《乐》四部经典以造就人才。春秋二季教《礼》《乐》，冬夏二季教《诗》《书》。王的太子、王的庶子、各公及侯的太子，卿大夫、元士的嫡子，以及国内的俊士、选士，都送到国学就读，以造就人才。凡进入国学的，以年龄的长幼为序，而不以社会阶层的尊卑为考量。

【现代解读】

《史记·封禅书》载汉文帝"使博士诸生刺'六经'中作《王制》"，此《王制》篇，东汉卢植认为是《礼记·王制》。名曰王制，主要以仁政来取代秦朝的暴政。篇首言俸禄爵位的规定，继而讲分官设职、宗庙之祭、殡葬之礼，当中兼论各级学校的制度，以及四季教学内容的规定，为一篇完整的治国施政方略。后因汉儒加以疏解，疏解的文句与原文相混杂，而成为今《王制》的样貌。

先秦时期，教育与学习可谓居于个人身体美学以及群体人文美学的关键地位。先秦士阶层以上的贵族，对于童蒙教育极为注重，对于学习"六经"与"六艺"，有年龄及季节的规定，配合四季节气而制定：春季学《乐经》，夏季学《诗经》，秋季学《仪礼》，冬季学《尚书》。至于《易经》与《春秋》的学习季节，在《礼记》文本中并无明确记载。就《礼记》之论"六经"与"六艺"学习次第可知，先秦儒家对身体之美极为重视。广博地学习"六艺""六经"等礼乐文化，不仅可以美化身体的视、听、言、动等举止威仪，还可了解天道人事，以天道至诚之意志，来持守本心，让本心在视、听、言、动中，皆安住于当下，然后进一步修养身心，以达至身体美善的境界。

【原典精选】

凡学①世子及学士，必时。春、夏学干戈，秋、冬学羽龠②，皆于东序③。小乐正学干，大胥赞之④；龠师学戈⑤，龠师丞赞之。胥

鼓南⑥。春诵夏弦⑦，大师诏之⑧；瞽宗⑨秋学礼，执礼者诏之；冬读书，典书者诏之。礼在瞽宗，书在上庠⑩。(《文王世子》)

【简注】

①学：音 xiào，教导。

②春、夏学干戈，秋、冬学羽龠：干戈为武舞，武舞发扬，属阳气，故在春、夏阳气动时教导之；羽龠为文舞，文舞安静，属阴气，故用秋、冬安静之时教导之。龠：音 yuè，状似笛，较短的三孔管乐器。

③东序：夏代的大学，周代沿承，为天子五学之一，在王宫之东。五学即上庠、东序、瞽宗、成均、辟雍。

④大胥赞之：由大胥协助乐正教导武舞。大胥：周代官职名称，掌管卿大夫及贵族子弟在学期间学舞的学籍。赞：参赞，参与协助。

⑤龠师学戈：龠师教导文舞，同时也教戈的舞法。龠师：周代官职名称，掌教贵族子弟文舞；舞羽吹龠，同时也教戈之舞法。

⑥胥鼓南：胥击南这种乐器。胥：商周时期的乐官，分大胥、小胥，均为乐正的下属。南：铸钟一类的青铜乐器。

⑦春诵夏弦：春季吟诵诗歌，夏季以丝管音乐配歌而舞，即学习诗、歌、舞合一的乐。

⑧大师诏之：由太师负责教导。大师：即太师，上古官职名称，又名太宰，辅弼国君，掌邦国治理，为六卿之首。诏：音 zhào，教导。

⑨瞽宗：殷商时期乐人的宗庙和学校，周代则为大学的一种。瞽：音 gǔ。

⑩上庠：即上等学校、高等学校、大学。

【语译】

凡是教导太子和士子，都必须配合时节。春、夏二季教干戈武舞，秋、冬二季教羽龠文舞，教学地点都在王宫东边的大学。小乐正教导干戈的武舞，由大胥协助。龠师教导文舞，同时也教戈的舞法，由龠师丞协助。胥则掌鼓节击打南乐。春季吟诵诗歌，夏季以弦乐伴奏歌唱，都由太师教导。秋季在瞽宗学习仪礼，由执掌礼的礼官教导，冬季则诵读典籍，由掌管典籍的史官教导。教仪礼在瞽宗，教书在上庠。

【现代解读】

《文王世子》篇乃合多篇而成，首先介绍周文王、周武王为世子，以及周公教周成王之事，其次介绍大学教士之法，第三介绍三王教世子之法，第四介绍庶子正公族之法，第五介绍养老之事，最后以"世子之记"终篇。以上各段重点，最初本各自独立成一篇，各有篇名，后来记礼仪的编者，将这六篇集合而成为一篇，取篇首"文王之为世子"作为篇名。文中重视贵族子弟的教育，与《学记》可相互参看。

《文王世子》指出，凡是教导太子和一般士子，都必须配合时序而学习。以《王制》而言："春、秋教以《礼》《乐》，冬、夏教以《诗》《书》。"

而以《文王世子》所论，"春诵夏弦""秋学礼""冬读书"，清代孙希旦《礼记集解》谓："诵，谓诵《诗》也。弦，以丝播其《诗》也。"《文王世子》认为配合四季节气而学习的经典应为：春季吟诵《诗经》，夏季以丝管音乐配合歌《诗》而舞，亦即学习诗、歌、舞合一的乐；秋季学习《仪礼》，冬季则读诵《尚书》。表面上看起来，《王制》与《文王世子》两篇的记载，对于春季和夏季学习的经典似乎有矛盾，实则不然。

《文王世子》同时提到："春、夏学干戈，秋、冬学羽龠。"孙希旦《礼记集解》谓："干戈，武舞；羽龠，文舞也。武舞发扬，阳之属也，故用春夏动作之时教之。文舞安静，阴之属也，故用秋冬安静之时教之。"意思是配合四时节气所宜，春、夏阳气盛，教以武舞；秋、冬阴气升，教以文舞。可知诗、歌、舞合一的乐，乃太子及士子，四季均须学习的课程。故春季虽学《诗经》，亦为学《乐》的一部分；夏季所学的《乐》中，亦有《诗经》的内容。至于秋、冬二季，配合时节，除了学习文舞之外，具有肃杀之气的秋季，也学习记载典章制度的《仪礼》，冷冽酷寒的冬季，也学习记载理性史料的《尚书》。

先秦的制礼原则：时、顺、体、宜、称五者，首重随顺天时与顺应人情。由先秦的教育制度之规划可见，不论小学或大学，"六经"与"六艺"的学习，皆重在天时与人情两方面的具体实践。先秦士阶层以上的贵族之身体，便在配合天时与顺应人情上，有了良好的安顿，使得一举手一投足，身体都能展现出自然顺畅的艺术化美感。

成身：以乐彰德

【原典精选】

公曰："敢问何谓成亲^①？"孔子对曰："君子也者，人之成名也。百姓归之名，谓之君子之子。是使其亲为君子也，是为成其亲之名也已。"

孔子遂言曰："古之为政，爱人为大。不能爱人，不能有其身；不能有其身，不能安土；不能安土，不能乐天；不能乐天，不能成其身。"^②

公曰："敢问何谓成身？"孔子对曰："不过乎物^③。"

公曰："敢问君子何贵乎天道也？"孔子对曰："贵其不已。如日月东西相从而不已也，是天道也。不闭其久^④，是天道也。无为而物成，是天道也。已成而明，是天道也。"

公曰："寡人憃愚、冥烦，子志之心也。"^⑤

孔子蹴然^⑥辟席而对曰："仁人不过乎物，孝子不过乎物。是故仁人之事亲也如事天，事天如事亲。是故孝子成身。"（《哀公问》）

【简注】

①成亲：成就上一代亲人的名声。亲：指父母亲。

②据王梦鸥《礼记今注今译》引《孔子家语》，校正孔子所言之一段文句，应为"古之为政，爱人为大。不能爱人，不能成其身"。

在《孔子家语》中并无"不能有其身"至"不能乐天"一段文字。

③不过乎物：指不逾越事物的界线。

④不闭其久：不闭则久。闭：阻塞。

⑤寡人惷愚、冥烦，子志之心也：据王梦鸥《礼记今注今译》引《孔子家语》校正为："寡人惷，幸烦子志之心也。""愚、冥"二字，疑为旁注夹入。惷：音chǔn，同"蠢"。志：识也，记下。

⑥蹴然：蹴，音cù，局促不安的样子。

【语译】

鲁哀公说："请问什么叫作成就上一代亲人的名声呢？"孔子回答："所谓君子，就是人们想成就的美名。百姓归向于有德者而加给他的名称，叫作君子之子，这是使他的上一代亲人成为君子，如此就是成就上一代亲人的美名了！"

孔子于是说："古代从事政治的人，以爱人为重。如果不能爱人，就不能保有自身；不能保有自身，便不能安定这片土地；不能安定这片土地，便不能乐于上天的安排；不能乐于上天的安排，便不能成就自身。"

哀公说："请问什么叫作成就自身呢？"孔子回答："不逾越事物的界限。"

哀公接着又说："请问君子为什么要尊重天道自然的法则呢？"孔子回答："君子尊重天道没有停息。如同太阳和月亮从东到西运行不息，这是天道自然的法则；流通无阻而能长久，这是天道自然的法则；不刻意作为而能成就万物，这是天道自然的法则；既已成就万物，又清楚明白地彰显出来，这也是天道自然的法则。"

哀公说："我实在很愚蠢，幸好您为我记在心中了。"

孔子不安地离开座位回答说："仁人不会逾越事物的界限，孝子也不会逾越事物的界限。所以，仁人侍奉父母就像侍奉天神一样恭敬；侍奉天神就像侍奉父母一样孝顺。所以孝子能成就自身完美的人格。"

【现代解读】

《礼记》文本中，成身乃身体美学极为重要的概念。"成身"一词，在《哀公问》一篇中共出现了三次，借由鲁哀公与孔子的问答，阐述为政之仁人君子与孝子，应如何成就己身完美的人格。《哀公问》一文中，孔子由回答鲁哀公对敬身之问，进一步提及成身一词。孔子指出，为政之君子，必须以爱人为重，无法爱人民、爱百姓，就无法成就己身之完美人格，也无法成就上一代亲人的美名。

针对成身，《哀公问》一文中又记载了鲁哀公与孔子更深入的问答。以此而论，孔子所谓成身，指行事没有过度及失误，顺乎天道中庸之理，展现于外的各种行为举措，均为有益百姓的善道，此即为君子成就自身完美人格的方法。

鲁哀公谦称自己愚蠢，希望孔子能再详加解说，以求永志于心。孔子慎重地避席答道："仁人孝子凡事皆依中道而行，以中道侍奉父母及天神，才能成就己身的完美人格。"《哀公问》一文中，孔子对成身的具体内涵，并未加以说明。如果依孔子一以贯之的美学思想而言，《论语》有一段极为重要的经典文句，可作为《哀公问》中成身的注解。

《论语·泰伯》曰："兴于诗，立于礼，成于乐。"依孔子的美学思想，修身的步骤有三：首先，从学习诗开始，学习诗之六义，以在各种场合，传达出适当合宜的言辞；其次，要学习礼的仪式与精神意义，以安立身体各部位的视、听、言、动；最后，要学习乐的和谐节奏，以成就天道下贯于人的完美天性。

成就己身的完美人格，必须以乐教作为功夫途径。《乐记》一文中，详细论述了乐的起源、意义、内涵、功能，保存了丰富的先秦身体美学思想。唐君毅先生曾谓，情动于身，而有生理之变化，此生理之变化，或直接引起身体之动作，或只引起一体气之转动。身体之动作有序有则，而为礼之所规范。此即儒家之重礼，而或更重歌乐者也。❶杨儒宾亦指出，《礼记·乐记》强调人身内部有种体气、知觉、性情交融的主体，这种主体虽与生俱有，但它是未完成的、模糊的，它有待内外调适、多方转化，最后才能使学者的内在身体与全身谐和一致，浑沦自在。❷可见，《乐记》一篇，充分展现了礼乐与身体的密切关系。

一、音乐起源

【原典精选】

凡音之起，由人心生也。人心之动，物使之然也。感于物而动，故形于声。声相应，故生变，变成方①，谓之音。比音而乐之，及干戚、羽旄②，谓之乐。

乐者，音之所由生也，其本在人心之感于物也。是故其哀心感者，其声噍以杀③；其乐心感者，其声啴以缓④；其喜心感者，其声发以散；其怒心感者，其声粗以厉；其敬心感者，其声直以廉；其爱心感者，其声和以柔。六者，非性也，感于物而后动。是故先王慎所以感之者。故礼以道其志，乐以和其声，政以一其行，刑以防其奸。礼、乐、刑、政，其极一也，所以同民心而出治道也。（《乐记》）

---

❶ 参见唐君毅《〈礼记〉中之礼乐之道与天地之道》，《中国哲学原论·原道篇》，台北：台湾学生书局，1986年，661页。

❷ 参见杨儒宾《儒家身体观》，台北："中研院中国文档研究所"，2004年，106页。

人生而静，天之性也。感于物而动，性之欲也。物至知知⑤，然后好恶形焉。好恶无节于内，知诱于外，不能反躬，天理灭矣。（《乐记》）

乐由中出，礼自外作。乐由中出，故静；礼自外作，故文⑥。大乐必易，大礼必简。乐至则无怨，礼至则不争。揖让而治天下者，礼乐之谓也。（《乐记》）

【简注】

① 变成方：变化而成一定的旋律节奏。

② 干戚、羽旄：古代武舞执持干戚，文舞插戴羽旄。干：盾牌；戚：大斧。羽：雉鸡的羽毛；旄：音 máo，牦牛尾。

③ 噍以杀：声音急促衰微而低沉。噍，音 jiào，声音急促衰微。杀：音 shài，低沉。

④ 啴以缓：声音宽和而舒缓。啴：音 chǎn，宽和。

⑤ 物至知知：外物和心智相应接。第一个"知"字：音 zhì，指心智；第二个"知"字：音 zhī，应接之意。

⑥ 文：郑玄注，"文，犹动也"。

【语译】

声音的起源，是由人的心理作用而产生的。人的情绪波动，是由于受到外物的影响。人心受到外物的触动而情绪波动，所以会表现为声。不同的声互相应和，由此产生各种变化，变化成一定的旋律节奏，而称为音，排列这些音再加上乐器伴奏，以及使用盾、斧、羽、牛尾等道具的武舞、文舞，则是所谓诗、歌、舞合一的乐。

所谓乐，是由音而产生的，音的本源在于人心受到外物感荡而形成的情绪反应。所以心中感受到悲哀的情绪，展现出来的声音就会急促而低沉；心中感受到快乐的情绪，展现出来的声音就会宽和而舒缓；心中感受到喜悦的情绪，展现出来的声音就会昂扬而爽朗；心中感受到愤怒的情绪，展现出来的声音就会粗猛而凌厉；心中感受到虔敬的情绪，展现出来的声音就会正直而清白；心中感受到爱恋的情绪，展现出来的声音就会和缓而温柔。这六种声音，并非人的天性，而是受到外物触动所产生的。因此古代圣王非常重视、谨慎人民所受到的外物触动。所以用礼教来引导人民的心志，用乐教来和谐彼此的心声，用政令统一人民的行为，用刑罚阻止人民的邪念。礼、乐、刑、政，四者的终极目标是一样的，都是用来和同民心以实现治国、平天下的理想。

人生来的状态是静的，是自然的天性；受到外物触动而活动，就成为本性冲动的欲望。外物和心智相应接时，喜好或厌恶的欲望便表现出来了。好恶的欲念在心内没有节制，应接的事物又不断在外部引诱，如果不能反躬自省，那么大自然所赋予的天理，就会被人欲的冲动所泯灭。

乐是由心中自然流露出来的，礼是从外在创制以规范行为。乐由心中自然流露出来，所以本质是静的；礼从外在创制，所以本质是动的。最极致的乐必定是平易近人的，最极致的礼也必定是简约单纯的。乐教流行到极致境界，百姓的情感完全表达宣泄出来，内心便没有郁结的怨尤；礼教推广到极致境界，百姓的行为有一定的规范，言行便没有冲突争执。可以教导人民举止揖让，进而治理天下的，就是礼乐。

【现代解读】

西汉刘向校书时，得二十三篇论乐文字。今《乐记》只取十一篇合为一篇，分别为乐本、乐论、乐施、乐言、乐礼、乐情、乐化、乐象、宾牟贾、师乙、魏文侯等十一篇。关于《乐记》作者，郑玄、孔颖达皆未说明，唯唐代张守节《史记正义》以为是公孙尼子所作，未知何据。王梦鸥则认为，篇中所有的意见虽大体相同，但按其思想背景则不甚一致，故亦可知其非一家之言，大抵是汉世儒者杂糅先秦旧籍，将有关乐论的记述汇编为一。

清代孙希旦《礼记集解》谓："自古乐散亡，器数失传，而其言义理者，虽赖有是篇之存，而不可见之施用，遂为简上之空言矣。然而乐之理终未尝亡，苟能本其和乐、庄敬者以治一身，而推其同和、同节者以治一世，则孟子所谓'今乐犹古乐'者，而其用或亦可以渐复也。"

《乐记》虽专言乐教思想，而不及乐器、旋律、节奏等，然而在古代，乐为六艺之一，小学、大学均以乐为教育重点，若能秉持乐的和乐、庄敬精神来调节个人身心，以乐的同和、同节凝聚群体情感，则不论古乐或今乐，乐的精神与功能将历千古而不坠。

《乐记》一文，为《礼记》四十九篇文本中，探讨先秦儒家"礼乐美典"极为重要的篇章。篇中礼与乐并举，看似为两种不同的艺术范畴，然究其实质，乐必须配合礼而行，礼的各项仪式，也因有乐的配合而显得庄严神圣，两者实为一体之两面，不可判然区分为二。❶

《乐记》认为，声、音、乐三者，以乐为基本结构。乐之起源，乃由于人心受到外物触动而产生，经由单一的声，加以重复形式变化，形成音，由音的排列绵延，加上文舞、武舞的仪杖、装饰、动作，而成为诗、歌、舞合一的乐。此声、音所表达的内容，即"诗，言其志"，主要抒发人心的情感意志。声音、音乐作为艺术媒介，能

---

❶ 有关《乐记》的美学思想与音乐治疗，详参林素玟《仪式、审美与治疗——论〈礼记·乐记〉之审美治疗》，《华梵人文学报》第3期，2004年6月，1—33页。

传达人类最深沉的心理情绪。由声音的神秘力量，可导引出人类心灵潜意识中的创伤、喜悦与愿望，使苦闷的灵魂得以宣泄、洗涤，使创伤得以复原，使压抑在内心的沮丧、忧郁、狂乱、哀伤，获得一个疏通、排解的通道。在"诗言志"的传统下，形成了文学上"诗穷而后工""文章憎命达""物不平则鸣"的书写传统。

至于"歌，咏其声也"，实际上指的是现代艺术范畴中的音乐艺术。音乐的产生，有很大的因素是为了驱赶恶灵、治疗疾病。这一类具有治疗功能的音乐，从审美角度而言，并非悦耳的旋律。相反，因为其音质、旋律、节奏骇人听闻，与疾病的内容同质，反而能将病患内在不安的情绪导引出来，达到亚里士多德所指称的净化作用。在音乐疗法新理论的基础上，日本学者村井靖儿也指出，从生理上看来，音乐具有活化体内细胞和放松身体的功能；从心理上而言，音乐拥有解除精神压力的能力，对心理健康有莫大效果。❶

《乐记》论乐与人心互动互感的关系时认为，个体生命本质上是天所赋予的本性。本性具有向善的倾向，其特质为喜、怒、哀、乐未发的中和状态。至于因感于物而后动的心，则有喜、怒、哀、乐等不同情绪，发而为各种艺术形式的创造，便有各种声、音、乐的不同变化。声，指一切的声音，为个体情感表现的最基本形式；音，指各种声变化而成的具有节奏性的音调符号，可表现个体复杂的情感；乐，则为节奏性最强的音乐符号，配合乐器伴奏及盾、斧、羽、牛尾等道具的武舞、文舞，形成诗、歌、舞合一的表现符号。人类情感概念的表现，无法借由寻常声音来传达，而是要通过形式的、包含更多特定内容的声音。因此，声、音、乐三者，唯乐可表现人类普遍客观的情感概念，

---

❶ 参见村井靖儿著，吴锵煌译《音乐疗法的基础》，台北：稻田出版社，2002年，59、77页。

也唯有乐最能成就生命美善的境界。由此个体生命之美，扩而充之，更可通向群体社会风俗的文化之美，即"审乐知政"的审美判断。

先秦礼乐虽然并举，且不可分离，然而就其根源性而言，乐具有比礼更为独特的优先性。就乐而言，先秦的乐根源于巫术祭仪，其内涵为诗、歌、舞合一的情感表达，由内心而发，强调内在情感的流露，其本质为静，其功能在和同人心。礼则来自外在创制，着重于外表容貌恭敬，其本质为动，其功能在区别等差。两者的本质与功能不同，为迥异其趣的艺术范畴。

其后礼乐合称，礼的本质为动，乃人伦关系的表现形式，外显为行动步趋、应对进退；乐的本质为静，乃禀受天命下贯之性的生命节奏，外显为文舞、武舞的肢体舞动。人的身体通过礼的行动步趋、应对进退，流露着律动之美，各种行礼的仪式，必须以乐来配合进行；乐活化了礼的外在仪式，礼则安顿了乐在人心的情感表现。

就艺术表达生命形式而言，最初的艺术形式应是与生命情感合一的，所以最初的艺术形式也是浑然一体的，先秦由诗、歌、舞合一所构成的乐，乃以虚幻的意象、时间、力度，隔离现实世界的场域，进入仪式性的礼的神圣空间，以表现人类普遍的生命经验的情感。

而此诗、歌、舞合一的乐，乃贯穿于先秦贵族阶层的生命过渡仪式及人伦交往仪式中。所谓无动不舞，礼的本质为动，乐的要素为舞，动中有舞，舞即动。所以，以身体为最直接的艺术媒介的礼乐舞动，乃生命的本能，亦为人类存在于世间的重要沟通形式。

二、音乐形式

【原典精选】

故钟、鼓、管、磬①，羽、龠、干、戚②，乐之器也。屈、伸、俯、仰③，缀、兆、舒、疾④，乐之文也。簠、簋、俎、豆⑤，制度、文章⑥，礼之器也。升降上下⑦，周还、裼袭⑧，礼之文也。故知礼乐之情者能作，识礼乐之文者能述。作者之谓圣，述者之谓明。明圣者，述作之谓也。（《乐记》）

乐者，非谓黄钟⑨、大吕⑩、弦歌、干扬⑪也，乐之末节也，故童者舞之。铺筵、席，陈尊、俎⑫，列笾、豆⑬，以升降为礼者，礼之末节也，故有司掌之。（《乐记》）

钟声铿⑭，铿以立号，号以立横⑮，横以立武。君子听钟声，则思武臣。

石声磬⑯，磬以立辨⑰，辨以致死。君子听磬声，则思死封疆之臣。

丝声哀，哀以立廉⑱，廉以立志。君子听琴瑟之声，则思志义之臣。

竹声滥⑲，滥以立会⑳，会以聚众。君子听竽、笙、箫、管之声，则思畜聚之臣。

鼓鼙㉑之声谨㉒，谨以立动，动以进众。君子听鼓鼙之声，则思将帅之臣。

君子之听音，非听其铿枪㉓而已也，彼亦有所合㉔之也。（《乐记》）

【简注】

①钟、鼓、管、磬：指演奏的乐器。

②羽、龠、干、戚：文舞所持的鸟羽和管乐，以及武舞所执的盾和大斧等舞具。

③屈、伸、俯、仰：指舞蹈时身体的姿态，或躬屈，或伸展，或俯下，或仰上。

④缀、兆、舒、疾：指舞者进退的位置及快慢的动作。缀：舞位的标志；兆：舞位的界域。

⑤簠、簋、俎、豆：指盛装食物以祭祀的礼器。簠、簋：音 fǔ guǐ，两种盛黍、稷、稻、粱的青铜礼器。

⑥制度、文章：器物的大小规格及外在纹样装饰。

⑦升降上下：指践行各种礼仪时的动作。

⑧周还、裼袭：指行礼时周曲回旋，以及加衣或不加衣的规定。还：同"旋"。裼：音 xī，不加衣；袭：音 xí，加衣。

⑨黄钟：古乐十二律中六种阳律的第一律。

⑩大吕：古乐十二律中六种阴律的第一律。

⑪弦歌、干扬：弹琴而歌，举盾斧而舞。

⑫尊、俎：祭祀时用来盛祭品的酒器和礼器。俎：音 zǔ。

⑬笾、豆：祭祀和宴会时，盛装果脯的礼器，竹制为笾，木制为豆。

⑭铿：音 kēng，弹击金属清脆悦耳的声音。

⑮横：同"犷"，音 guǎng，粗野强悍。

⑯磬：音 qìng，打击玉石的声音。

⑰辨：分辨、分明。

⑱廉：正直。

⑲滥：过度。

⑳会：聚合。

㉑鼙：音 pí，小鼓。

㉒讙：音 huān，喜乐喧哗。

㉓铿枪：即铿锵，音 kēng qiāng，声音清脆响亮。

㉔有所合：联想起与音乐风格相合的人、事、物。

【语译】

所以钟、鼓、管、磬和羽、龠、干、戚,属于乐的器物。屈、伸、俯、仰的舞蹈姿态和舞者进退的位置及快慢的动作,属于乐的外在形式。簠、簋、俎、豆是祭祀所用的盛装食物、酒类的青铜礼器,以及各种规格纹饰,属于礼的器具。行礼时动作的升降上下和周旋加衣与否等规定,属于礼的外在形式。所以能懂得礼乐的情感效用的人,便能创制新的礼乐;能分辨礼乐的外在形式的人,能传承、复述礼乐。能创作新礼乐的人称为圣,能传承、复述礼乐的人称为明;所谓明与圣的区别,关键在于传述或创作的不同。

所谓乐,并非指黄钟、大吕等声律或弹唱舞蹈,这些属于乐的末节,所以由童子来充当舞者。至于铺设筵席,陈列尊、俎、笾、豆等礼器,以升堂、降阶、打躬、作揖为礼的,属于礼的末节,所以由执事人员负责掌管。

钟声清脆悦耳,具有号召的力量,听到号召的声音便引起强悍勇敢之情,强悍勇敢则可以建立武功。所以君子听钟声会联想起雄赳赳的武将。

石磬的声音坚定有力,听起来可让人明辨是非,明辨是非就会为真理献身。所以君子听磬声会联想起保卫国土而牺牲的臣子。

丝竹弦乐的声音柔婉哀愁,哀愁则使人正直,正直则令人有志节。所以君子听琴瑟之声会联想起有志节、正义的臣子。

管乐的声音收敛,收敛则有聚合的意味,聚合则能聚集群众。所以君子听竽、笙、箫、管之声会联想起能聚集群众的臣子。

鼓鼙的声音喜乐喧闹,喜乐喧闹容易让人激动,激动则可以带领民众进步,所以君子听鼓鼙的声音会联想起统领军队的将帅。

总之，君子听音乐，并非只是欣赏乐器铿锵的声音，而是从声音中联想起与音乐风格相合的人、事、物。

【现代解读】

礼与乐均为一种象征性宗教，礼乃行动式的仪式性宗教，倾向于绘画的空间艺术；乐为诗、歌、舞合一的狂欢性宗教，属于诗意性的时间艺术。两者均为仪式性的展演，既具备宗教的本质，又富于艺术气息。从治疗学的角度观之，两者实皆有积极的治疗意义，即所谓转移作用与净化作用。

舞在先秦又分为文舞和武舞，钟、鼓、管、磬为文舞的伴奏乐器，羽、龠、干、戚为武舞的乐具，笾、簋、俎、豆为仪式的礼器，制度、文章为仪式的规范。此四者，均为礼乐仪式的代罪之物，虽为礼乐的形下末节，但其所代表的意义，却具有由形下向上升华的净化作用。代罪过程是通过神奇地转移到物体或个人身上的方式，将不想要或邪恶之物做一种仪式化的处分，此称为净化仪式或赎罪仪式。仪式转移均假设着一种信心、一种信仰——相信一个物体是可以被赋予力量的。对这种性质的信仰，也包括神奇地投射于事物上，将可以使一个单纯的东西变成一个具有神奇魔力的"泰利斯曼"。❶

早期殷周之乐，乃合诗、歌、舞为一体的艺术形式，其艺术媒介为钟、鼓、管、磬和羽、龠、干、戚等器具，其表现形式为屈、伸、俯、仰和缀、兆、舒、疾等肢体舞蹈，配合诗的吟与歌的唱，形成虚幻意象与虚幻时间、虚幻空间结合的综合艺术。春秋时期的乐，晋升为人文教育的核心之后，摆脱了舞蹈的媒介与空间表现，成为纯粹的时间艺术。《乐记》所要恢复的乐，乃直承孔子本怀，追溯原始诗、歌、

---

❶ 参见特莎·达利等著，陈鸣译《艺术治疗的理论与实务——精神分析、美学与心理治疗的整合》，台北：远流出版社，2001年，114—116页。

舞合一形式的原始之乐。

至于礼的艺术媒介为簠、簋、俎、豆及制度、文章，为行礼器物；礼的表现形式则为揖让升降、周还、裼袭。借由肢体动作所构成的仪式，辅以合宜的礼器，遂使礼的文幻化为一种艺术场域，以与现实场域隔离，进入美感的、艺术的、神圣的场域。

诗、歌、舞合一的乐，在实际展演的过程中，不论身体的伸展舞动、行进的上下回旋，亦均具有转移情绪与净化心灵的功能。诗、歌、舞在初民时代，即具有仪式性的治疗作用。由诗抒写心中情感，到歌的人声长咏，乃至于舞的肢体伸展，一系列的表现，是人类宣泄心理情感的本能反应。借由诗的抒发、歌的吟咏、舞的动作，将内心长期压抑的各种情感转移至仪式上，整体诗、歌、舞合一的乐，对情感、情绪的影响，可说是具有镇静、净化的作用，可达到个人心理治疗的目的。

仪式的转移过程、涤罪过程，具有净化、赎罪的治疗功能，使生命中的罪愆得以洗涤，苦闷得以净化，祈愿得以实现，灵魂得以升华。在仪式的神秘氛围，可让人摆脱俗世的不洁，让灵魂得以超越凡俗，进入神圣纯洁的境地，由凡俗到神圣，仿佛经历了一场象征性的生命的死亡与复活。

不同性格的人，具有不同的心理情绪，面对纷纷扰扰、躁动不安的心理状态，音乐除了运用旋律、节奏、音质以表现同质情绪之外，乐器的媒介特质，对音乐也起了先天的决定性作用。《乐记》对各种材质的乐器所传达出的声音特质和情感，有详尽的阐述：钟声刚毅、石响坚定、丝竹声柔婉、鼓鼙声喧嚣，不同乐器所散发出来的音乐特性，可使人兴发不同感受。乐器属于礼器的一部分，其在仪式中所起的作用，一方面可供伴奏和歌，另一方面随着乐器流露的节奏，可使人们自由地起舞、旋转、踏跳，并通过乐音的引导，使人们内心的情感自然地、恣意地流露出来，这在先秦的节庆仪式文献中，仍记录明晰。

《乐记》又曰："舞，动其容也。"舞蹈主要的媒介为身体的姿势和动作。身体，是宇宙造化赋予人类最细致、最敏锐的感觉构造，是人与自我、人与人、人与自然的接触中，最为直接的媒介。人一旦被孤独地抛掷于此世，必然有接触的需求。身体，便提供了这项本能，以生命外显的形躯，与外界做最真诚的沟通。舞蹈治疗的理论认为："从接触的层面来说，舞蹈、身体、动作成为人与环境间最主要的互动本体，也提供了一个自己和自己沟通的方法。""动作是人类的本能，由舞动之中引发共同的参与行为，并与他人分享一些经验、感情及情绪。舞蹈本身所具备的特性，给近代舞蹈治疗带来重要的启示，例如，身体节奏共同的参与和分享，感觉情绪的表达与释放，身心合一的追求、沟通与接触。"❶就治疗学而言，前三者为针对个人的心理治疗，后者则是针对个人与团体互动的群体治疗。

在舞蹈治疗中，除了动作可感觉身体的节奏、释放与表达情绪、安顿身心的和谐之外，在舞蹈的过程中，呼吸尤为心理治疗亟须用心感受的一环。舞蹈治疗理论强调："呼吸是东方身体文化中，觉察、感受经验中最切身、最不可缺的一种。运用呼吸的方法让身体得到健康，同时和外在世界相融为一体。气功的运转如小周天，借由呼吸，往内运气一圈；大周天还要和宇宙合一，'气'不仅在自己的体内，还要和地球及更无限的时空相合一。"❷不仅在舞蹈中如此，在其他诸如禅修、瑜伽、太极拳、书法、绘画，乃至于园林造景中，呼吸均为

---

❶ 李宗芹：《与心共舞——舞蹈治疗的理论与实务》，台北：张老师文化，2000年，23—24、28页。

❷ 参见村井靖儿著，吴镕煌译《音乐疗法的基础》，台北：稻田出版社，2002年，27页。

中国美学达致天人合一境界时，极为重要的修养功夫。

然而，在进行诗、歌、舞合一的个人治疗时，治疗的过程并非必然呈现出和谐、安详、喜悦、欢欣的心情。相反，治疗的过程可能充斥着破坏、崩溃、紊乱、矛盾、攻击、毁灭等心理状态。就《礼记》而言，如舞蹈中武舞的姿态，心理上的各种感觉借由仪式舞蹈把埋藏在心里的情感（如害怕、焦虑等），转变成身体行动（如勇气、攻击性等），使得身体内在的能量借表演或仪式，在一个新的循环途径上移动。❶

在乐教的审美治疗中，诗之意象、歌之节奏、舞之动作，此三种艺术素材的运用，深深激发着每个人心灵底层的潜意识，将理性的防卫机制摧毁，重新进入深沉的记忆，真实地面对创伤，与遥远的苦痛经验共处一室，此状态犹如与巨兽或恶魔搏斗一般。审美治疗的过程，和宗教仪式的治疗过程，如出一辙。诚如伊利亚德所说："当代的一些技艺，如心理分析，都仍保留了入门礼的形态。病人被要求深度地进入自我里头，让他的过去再次活现起来，他被要求再次对抗受创的经验。而从某个形式的观点来说，这个危险的做法，类似入门礼中下降进入地狱、魔鬼的领域，以及与巨兽对抗。正如入门被期待从他痛苦的得胜中诞生——简而言之就是（经历）'死亡'与'被复活'，以便能获得一完全有能力负责之生活方式的途径，及向灵性价值的开放——所以今日病人从事分析，必须对抗他自己的'潜意识'，亦即被魔鬼和巨兽捕猎的'潜意识'，以便达心灵的健康与整合，以及世界文化的价值。"❷

---

❶ 参见村井靖儿著，吴锦煌译《音乐疗法的基础》，台北：稻田出版社，2002年，27页。

❷ 伊利亚德著，杨素娥译：《圣与俗——宗教的本质》，台北：桂冠图书股份有限公司，2001年，247页。

审美创造如此，审美欣赏亦复如此。尼采在《悲剧的诞生》一书中指出："看悲剧时，一种形而上的慰藉使我们暂时逃脱世态变化的纷扰。我们在短促的瞬间真的成为原始生灵本身，感觉到它的不可遏止的生存欲望和生存快乐。""通过个体的毁灭，我们反而感觉到世界生命意志的丰盈和不可毁灭，于是生出快感。"❶悲剧具有净化心灵的审美功能，因为作品的悲剧效果能呼唤出审美主体内在的同质经验，此经验强烈地撞击着审美主体的心灵，直到审美主体的情绪完全崩溃瓦解。此时，审美主体反而宣泄了情绪，个体生命遂得以继续扮演在世间的角色，以正能量面对现实人生的种种不完美的处境。

由于乐教的审美治疗过程，是必须如此勇敢地面对自我潜意识中幽暗的一面，以期能针对生命中不完美的经验，做根源性的治疗，于是，真诚便成为个体治疗中极为重要的前提。《乐记》在此，亦强力地呼吁："唯乐不可以为伪！"

三、音乐功能

（一）改善民心

【原典精选】

乐者所以象德也，礼者所以缀淫①也。是故先王有大事②，必有礼以哀之；有大福，必有礼以乐之。哀乐之分，皆以礼终。乐也者，圣人之所乐也，而可以善民心，其感人深，其移风易俗，故先王著其教焉。

夫民有血气心知之性，而无哀乐喜怒之常，应感起物而动，然后

---

❶ 尼采著，周国平译：《悲剧的诞生》，台北：猫头鹰出版社，2000年，23页。

心术③形焉。是故志微、噍杀之音作，而民思忧；啴谐、慢易、繁文、简节之音作，而民康乐；粗厉、猛起、奋末④、广贲⑤之音作，而民刚毅；廉直、劲正、庄诚之音作，而民肃敬；宽裕、肉好⑥、顺成、和动之音作，而民慈爱；流辟、邪散、狄成⑦、涤滥之音作，而民淫乱。(《乐记》)

君子曰：礼乐不可斯须去身。致乐以治心，则易、直、子、谅之心油然生矣。易、直、子、谅之心生则乐，乐则安，安则久，久则天，天则神。天则不言而信，神则不怒而威，致乐以治心者也。(《乐记》)

【简注】

① 缀淫：停止过度的行为。缀：同"辍"，音chuò，中断、停止。

② 大事：重大事故，指死丧的大变故。

③ 心术：心中的好恶情绪。

④ 猛起、奋末：起音猛烈，尾音亢奋。

⑤ 广贲：音"犷愤"，洪亮激昂。

⑥ 肉好：圆润美好。

⑦ 狄成：同"诛戊"，音tiǎo yuè，引诱、挑逗。

【语译】

音乐象征主政者的德性，礼仪可用来防止人民过度越轨的行为。所以先王遇有死丧大事，必有丧葬仪式以表达哀戚之情；遇有吉庆的事，必有礼以传达愉悦之情。哀乐情绪的表现分际，皆以礼为衡量的终极标准。所谓乐，是先王所注重的教化，它能改善民心，使其趋向温柔敦厚，乐教感动人心的力量非常深远，可以将浇薄的风俗变得淳厚，所以先王特别注重乐教的推行。

百姓都具有血气，又有知好歹的本性，但没有喜、怒、哀、乐的一般情绪，只有应对到外物而升起感受，情绪才开始波动，然后才表现出喜好或厌恶的情绪。因此，创作细微而急促的音乐，百姓听后必有忧思的情绪；创作缓慢和谐、平易近人和文采繁复、音节简单的音乐，百姓听后，生活安康而和乐；创作粗放豪迈、起音猛烈、尾音亢奋、洪亮激昂的音乐，百姓听后，便有刚正坚毅的性情；创作清明正直、庄严诚恳的音乐，百姓听后，便有肃穆虔敬的心理；创作宽舒圆润、柔顺和谐又活泼的音乐，百姓听后，内心充满慈爱；创作怪奇散漫、轻佻的音乐，百姓听后，心志变得淫侈而杂乱。

君子说：礼乐不可片刻离开身体。因为获致乐教来治理人心，平易、正直、慈爱、良善的心，会自然而然地产生。有了平易、正直、慈爱、良善的心，便会很乐观正向，乐观正向就会心理安定，心理安定就能长治久安，长治久安就成为自然的风俗习惯，成就风俗习惯就变成神奇的力量，如同天地不言，四季运行却极为有规律，大自然虽不发怒，却使人类敬畏其威力，这就是获致乐教来治理人心的结果。

【现代解读】

《乐记》指出，音乐艺术的功能，对社会民心的影响，非常巨大而深远。诚如孙希旦在《礼记集解》中引孔颖达之言云："此言人心不同，随感而变。乐声善恶，本由民心而生，合成为乐，又下感于人，犹如雨出于山而还雨山，火出于木而还燔木。故此篇之首，论人能兴乐，此章之意，论乐能感人也。"民之哀、乐、怒、敬、爱、喜诸种心理变化，恒受主政者乐音教育的熏习，所以，音乐艺术遂由民心的感应，进而反映主政者施政之良窳及时代之治乱。

音乐能撼动人的心灵，欣赏哪一种情感风格的音乐，便产生与之相应的情绪。此乃运用同质原理所进行的音乐治疗，最终目的在于诱发人类本有的善良之性。

以儒家思想作为临床治疗，则乐教可谓儒家具体的治疗方法，乐教的具体治疗方法，笔者名之为"审美治疗"。《乐记》论音乐治疗的文献，重心偏向在团体文化治疗，而在个人心理治疗方面，以本段文献最具代表性。

孙希旦《礼记集解》引真德秀之言云："乐之于人，能变化其气质，消融其渣滓，故礼以顺之于外，而乐以和之于中。此表里交养之功，而养于中者实为之主，故圣门之教，立之以礼，而成之以乐也。"此言乐的审美治疗功能极为详尽。乐能改变个人的气质，治疗个体心灵上不完美的渣滓，对个体生命的圆满而言，其优先性较之礼更为突出，故乐为礼乐审美治疗的主体。

《乐记》所施行的乐教审美治疗，最重要且甚多贡献之处，在于对群体的文化做具体的治疗，此乃在个人治疗的基础上，由个体生命重新经历的象征性的死亡与复活，使个人的心理由狂乱、忧郁、哀伤、崩溃的状态，逐渐回到清明、宁静、祥和与有序的状态，即《乐记》所谓"耳目聪明，血气和平"的状态。于是音乐变成了有哀乐情绪，可以导引出团体心理的同质反应。

（二）和同别异

【原典精选】

乐者为同，礼者为异①。同则相亲，异则相敬。乐胜则流②，礼胜则离③。合情饰貌者，礼、乐之事也。礼义立则贵贱等矣；乐文同，则上下和矣。好恶著，则贤不肖别矣。刑禁暴，爵举贤，则政均矣。仁以爱之，义以正之，如此则民治行矣。（《乐记》）

大乐与天地同和，大礼与天地同节。和，故百物不失；节，故祀天祭地④。明则有礼乐，幽则有鬼神。如此，则四海之内合敬同爱矣。礼者，殊事合敬者也；乐者，异文合爱者也。礼、乐之情同，故明王以相沿也。故事与时并，名与功偕。（《乐记》）

乐者，天地之和也；礼者，天地之序也。和，故百物皆化；序，故群物皆别。乐由天作，礼以地制。过制则乱，过作则暴。明于天地，然后能兴礼乐也。（《乐记》）

乐也者，情之不可变者也；礼也者，理之不可易者也。乐统同，礼辨异。礼、乐之说，管⑤乎人情矣。（《乐记》）

是故乐在宗庙之中，君臣上下同听之则莫不和敬；在族长乡里之中，长幼同听之则莫不和顺；在闺门之内，父子兄弟同听之则莫不和亲。故乐者，审一以定和，比物以饰节，节奏合以成文。所以合和父子、君臣，附亲万民也。是先王立乐之方也。（《乐记》）

【简注】

①乐者为同，礼者为异：人心有好恶的欲望分别，以乐将人心和谐齐同；社会有不同的身份阶层，以礼分别尊卑贵贱的阶级差异。

②乐胜则流：过分强调音乐超越了礼，容易造成人心的沉湎、陷溺。

③礼胜则离：过分强调礼超越了乐，会使人心相互乖离、隔阂。

④节，故祀天祭地：王梦鸥认为，此句与"和，故百物不失"文意不对称，疑"节，故祀天祭地"句内有脱文。

⑤管：《史记·乐书》作"贯"，贯通之意。

【语译】

乐的功能是将人心的好恶和谐齐同，礼的功能在于区别尊卑贵贱的等级差异。乐能和同人心，所以使人相互亲爱，礼能区别阶层差异，所以使人互相尊敬。如果太强调乐而超过了礼，则会使人陷溺亲近而无礼；如果太强调礼而超过了乐，则使人隔阂而不亲。所以，既能使人们以乐来和合内在情感，并能以礼来修饰外在形貌，就是礼乐的功能。礼的区别原则建立起来，便形成贵贱相敬的等差制度；用相同形式的乐来教化百姓，自然上下阶层有和谐相亲的情感交流。好恶的标准明白彰著，自然会显现贤与不肖的区别。执行刑罚来禁止不肖者暴乱，颁赠爵位来鼓励推举贤良，如此政治管理才能公平均等。以仁心来爱护人民，以礼义来端正行为，能够这样就能实现以礼乐教化百姓的理想了。

大乐具有与天地相同的和谐节奏，大礼具有与天地相同的秩序节限。因为有和谐的节奏，所以能兼容万物又能使万物不失其本性；因为有秩序的节限，所以能按礼节祀天祭地。对于活着的人们，则以礼乐教化他，对于幽冥的对象，则以鬼神之礼来侍奉。能做到这样，天下之人就都能相敬相爱了。礼的功能是以不同的仪式来使彼此相敬；乐的目的在以不同的旋律节奏来使人心相爱。礼与乐的出发点，情感目的是相同的，所以历代圣明的君王传承沿袭。因此，礼乐的事迹在各朝代并行实现，圣王的声名与功业同时流传千古。

所谓乐，是天地和谐节奏的流露；所谓礼，是自然秩序的展现。因为和谐，所以能化生万物；因为有秩序，所以能使万物相容并显出个别差异。乐是源于天的道理而产生，礼是依地的道理而创制。过度严苛的礼制会引生乱象，过度流荡的乐教会造成暴民。明白天地自然创生的原理，然后便能创制适合人心的礼乐典章制度。

乐因人心情感而自然产生，所以是人情中不可变更取代的；礼依据人际关系而创制，所以是人伦道理中不可移易去除的。乐统合共同的人心人情，礼辨别不同的等差身份。所以礼和乐的功能，都是贯通于人心人情的。

因此，乐在宗庙中演奏，君臣一起聆听会情感融洽，彼此和谐恭敬；在宗族乡里中演奏，长辈和晚辈一起聆听会情感和谐，交往顺畅；在家庭内演奏，父子兄弟一起聆听会情感和谐，彼此更加亲爱。因此，所谓乐，是确定一个主旋律，由人声、乐器加以和音，排列干、戚器物，加上鸟羽、牛尾装饰，配合节奏形成的一部乐舞，可用来调和父子君臣的情感，使万民亲近归附。这是先王建立乐教的宗旨。

【现代解读】

乐产生于人心人情，不同的人心，其本质又同为明德的善性，于是以乐教进行的审美治疗，能统合个人与团体的差别，使个人无法以语言、思考表露的情感，通过音乐统合、舞蹈沟通的特质，在团体中表现出来，从而使个人快乐地享受这种表达的自由。

《乐记》论礼乐艺术对社会文化的审美功能，具体而微，首先反映在普遍人心的调节上。礼乐艺术对审美心理的调节，分而言之，礼乐各有其不同的审美功能；合而言之，礼乐的功能为一体两面，相辅相成，缺一不可。

礼的功能在于调节行为举止与区分身份差异。礼为规定社会上诸种社会等级差别的准则，由外在行为的调节、人我关系的区分，使人与人各安其分，使各阶层间的交往合于理义之分。因此，礼文艺术由对外在行为举止的陶冶，进而可深入人的内在心性，加以感化、调节。

乐的功能在于谐和人心与融合通同。就和而言，和为音乐艺术的基本特征。音乐的艺术功能在于谐和各种节奏旋律的乐音，进一步以乐音谐和不同的人心。就同而言，音乐艺术具有融合通同的功能，音乐艺术借由谐和人心的作用，以纠合社会阶层间的等差关系，使其融合通同，彼此亲近相爱。

礼与乐的审美功能，分别而观，各司其职，但若综合而言，则在于弥合人心好恶之情。礼与乐两种艺术门类，具有规范外在行为、融合内心情感的功能，一外一内，内外相辅相成，使群体文化生活臻于和谐有序的美感状态。

由于音乐的表现，与主体情感相互感应，所以音乐艺术可唤醒人的内心情感，使人化暴戾为祥和，生出感动人的善念，而美善的乐音，更可使人气顺相应，因此，音乐艺术可导正人的心志与欲望，使审美心理脱离欲望的宰制，进入纯粹的与心无关的审美快感。

就五音与空间的和谐关系而言，《乐记》说明了诗、歌、舞合一的乐与天地自然的和谐关系。当举行仪式时，诗、歌、舞合一的乐是不可缺少的。神圣空间举行神圣仪式，加上祝祷的降神祭词，以及一定节奏的旋律和舞蹈步伐，可形成一种神圣的氛围，此时的神圣空间已成为一个艺术场域，人们在此艺术场域中，共同进行一场艺术创造与欣赏，让艺术洗涤身心，灵魂得以治疗。因此，当礼、乐灿然明备时，也就是审美治疗最具成效之时。所有参与礼制仪式的人，均手足安顿、身心和谐，一举手一投足，无不符合节奏韵律，不论个体生命还是群体文化，均展现出文质彬彬的美感样貌，所以能达到天地各安其序的和谐。

天地自然中有一股特殊的力量，下贯在个人生命与团体文化之中，人类原是可以与之感通的，只不过人类在现实生活中遭受创伤与苦厄，使得天赋具足的感应能力被挤压在心灵底层，生命伤痕累累，文明崩解凋敝，呈现出不和谐、不完美的样貌。然而，这并非其本来面目，不和谐、不完美只是生命与文化暂时逸离常规的歧出，生命与文化的无限可能是鸢飞鱼跃的状态，是天地宇宙本质的真相。当乐教的审美治疗能遍行于世间，一切的狂乱、迷失、破坏、崩溃，都将回到原点，回到天地宇宙创生的最初状态。从仪式中，审美主体进入天地最初的纯净状态，感受自我生命的纯然清净的本质，以身体的意象、节奏、动作去感知天地宇宙深沉的脉动。

（三）审乐知政

【原典精选】

凡音者，生人心者也。情动于中，故形于声，声成文，谓之音。是故治世之音安以乐，其政和；乱世之音怨以怒，其政乖；亡国之音哀以思，其民困。声音之道，与政通矣。(《乐记》)

凡音者，生于人心者也；乐者，通伦理者也。是故知声而不知音者，禽兽是也，知音而不知乐者，众庶是也，唯君子为能知乐。是故审声以知音，审音以知乐，审乐以知政[①]，而治道备矣。是故不知声者不可与言音，不知音者不可与言乐。知乐，则几[②]于礼矣。礼、乐皆得，谓之有德。德者，得也。(《乐记》)

【简注】

①审乐以知政：从观察乐音中的安乐或怨怒情绪，以了解政治的和谐或乖违。

②几：音 jī，差不多，接近。

音，是由人的内心而产生。情绪在心中萌发，所以表现出声。声组成一定的曲调，便成为音。因此，太平盛世的音乐安详又和乐，反映了政治的宽和；乱世的音乐怨叹而愤怒，反映了政治的乖违；亡国的音乐哀伤而愁思，反映了人民的流离困苦。声音的原理，显然与政治是相通的。

音，是从人心自然而然产生的；乐，是与人伦事理相通的。所以，只知道辨别声而不知道音，是飞禽走兽，知道音而不了解乐，是百姓庶民，只有君子才能明了乐的功效。因此，分辨声，便可以了解音；分辨音，便可以明了乐；观察乐中所流露出的安乐或怨怒情绪，便可以了解政治的和谐或乖违，如此，才能具备一整套治国的方略。所以，无法分辨声的，就没办法和他讨论音；无法知晓音的，就没办法和他讨论乐。明了乐的意义和功能，差不多就理解了礼的意义和功能。对礼和乐的意义与功能都能有心得见解，就可称为了有德。因为有德的意思就是有得。

【现代解读】

孙希旦《礼记集解》云："此节言人心之感而成为音者由于政，所以申首节言音之义。所谓音，皆谓民俗歌谣之类，而犹未及乎乐也。"主政者要明了政治措施的良窳、百姓生活的苦乐，最直接的方式，便是借着采集民歌民谣，关怀人民的心理愿望。音乐是政治美恶最真实的反映。百姓借由民歌、民谣表达生活的悲苦及身心的祈愿，为政者通过民歌、民谣，一方面反躬自省，以检视自我德行的优劣，加以调整修正，一旦以乐教进行审美治疗之后，上行下效，风行草偃，可以作为施政者的殷鉴；另一方面乐教也可作为爵赏有德者的表征。

《乐记》提出"审乐知政"的审美功能，因为音乐艺术的表现，实为一国政治与风俗的反映，政治美学与音乐美学，在《礼记》美学思想中，实为同质之物，仅是表现形式不同而已。由于音乐艺术与政治良窳、风俗美恶具有相当密切的关系，主政者若要教化民心，导正社会风气，势必要从提倡音乐教育入手。音乐教育于礼、乐、刑、政四者之中，更是移易人心、化民成俗的最直接、成效最显著的方式，此正为先秦儒家大力提倡乐教的原因。音乐艺术的功能，其终极目标在于移风易俗。

礼作为一种艺术门类，其对社会风俗的影响，可谓至大且巨。乐的表现，为民间生活的具体写照，由一国乐音的风格表现，可以觇知一国风俗的淳疵与政治的良窳。因此，由"观乐"进而"审乐知政"，复由"审乐知政"进而以乐"教化风俗""移风易俗"，便成为《礼记》身体美学思想中功能论的一大课题。

【原典精选】

昔者舜作五弦之琴以歌《南风》^①，夔始制乐以赏诸侯^②。故天子之为乐也，以赏诸侯之有德者也。德盛而教尊，五谷时熟，然后赏之以乐。故其治民劳者，其舞行缀远^③；其治民逸者，其舞行缀短。故观其舞，知其德；闻其谥^④，知其行也。《大章》^⑤，章之也。《咸池》^⑥，备矣。《韶》^⑦，继也。《夏》^⑧，大也。殷、周之乐^⑨，尽矣。(《乐记》)

是故君子反情以和其志，广乐以成其教。乐行而民乡方^⑩，可以观德矣。德者，性之端也；乐者，德之华也；金石丝竹，乐之器也。诗，言其志也；歌，咏其声也；舞，动其容也。三者本于心，然后乐器从之。是故情深而文明，气盛而化神，和顺积中而英华发外，唯乐不可以为伪⑪。

乐者，心之动也；声者，乐之象也；文采节奏，声之饰也。君子动其本，乐其象，然后治其饰。是故先鼓以警戒，三步以见方；再始以著往，复乱⑫以饬归⑬。奋疾而不拔，极幽而不隐。独乐其志，不厌其道，备举其道，不私其欲。是故情见而义立，乐终而德尊。君子以好善，小人以听过。故曰："生民之道，乐为大焉。"（《乐记》）

【简注】

① 舜作五弦之琴以歌《南风》：舜创制五弦琴以唱《南风》诗篇。《南风》之辞曰："南风之薰兮，可以解吾民之愠兮！南风之时兮，可以阜吾民之财兮！"然而郑玄谓："未闻有此辞。"

② 夔始制乐以赏诸侯：舜时的乐官夔开始创制庙堂雅乐，以奖赏诸侯。夔，音 kuí，舜时期的乐官，所制为庙堂雅乐。

③ 舞行缀远：指舞者稀少，故行列间隔甚远。郑玄注云："民劳则德薄，酂相去远，舞人少也。民逸则德盛，酂相去近，舞人多也。"行：舞者的行列。缀远：舞位的标志间隔甚远，指舞者稀少。

④ 谥：音 shì，古代帝王、贵族、大臣等死后依其一生所行事迹给予的称号。帝王的谥号由礼官议上，臣下的谥号由朝廷赐予，文人学士或隐士的谥号，则由其亲友、门生或故吏所加。

⑤《大章》：尧时的乐名。

⑥《咸池》：黄帝时的乐名，即《咸施》，普遍施行之意。

⑦《韶》：继承，舜时的乐名。

⑧《夏》：大也，夏禹时的乐名。

⑨ 殷、周之乐：殷乐名为《大濩》，周乐名为《大武》。

⑩ 乡方：向着乐教的方向改善风俗。乡同"向"。

⑪ 伪：人为的造作。

⑫乱：诗乐在结束终了时皆有"乱"，如《离骚》之末有"乱曰"。

⑬饬归：整饬归回原位。

【语译】

传说古代时期，舜弹奏五弦之琴而歌《南风》之诗，夔为乐官，舜命夔制作雅乐以赏赐诸侯。所以，天子创制推行乐教的功能之一，是用之赏赐有德行功绩的诸侯。诸侯德行昌盛，用以教导百姓，因而政治清明，五谷丰熟，然后天子便赏赐以雅乐。所以，凡是诸侯治理下的人民呈现劳困的，天子赏赐给诸侯的舞队就规模小，舞者行列的间隔甚远；诸侯治理下的人民呈现安逸悠闲的，天子赏赐给诸侯的舞队就规模大，舞者行列的间隔就较小。所以，观察参与乐舞的人数多寡，便可知诸侯德行功绩好坏；听闻诸侯谥号的美恶，便了知死者生前行事的好坏。尧时的乐名为《大章》，因为尧能发扬光大文明的生活；黄帝时的乐名为《咸池》，因为黄帝使文明的境界普遍施行于全民；舜时的乐名为《韶》，因为舜能继承尧的功绩；夏禹时的乐名为《夏》，因为他能光大尧、舜之德。殷周时期，乐便极尽完备了。

因此，君子必然自我反省情绪以调和心中的意念，广泛推行乐舞以成就教化的功能。当乐教推行普及之后，人民便朝向乐教的方向而改变风俗，所以，从乐教便可以观察主政者的德行了。所谓德是本性的开端，所谓乐是德外显的光华，至于金石丝竹制成的工具，是乐的演奏乐器。诗是抒发内在心意的，歌是将心意用声音传达出来，舞是将心意用身体姿态表现出来。这三者都根源于心，然后以乐器伴奏。所以内心情感越幽深，外在形式表现便越彰显，舞动的气场越充盛，感化百姓的力量便越神妙。平和顺畅的情感积蓄在心中，美好的生命光彩便表露于外，所以只有乐是根源于自然的天性的，而无法刻意地人为造作。

所谓乐，是人心受到外物触动而发出的声音；所谓声，是音乐的象征；文采节奏，是对声音的外在修饰。君子内心的触动，通过创制音乐来表现，然后加上鸟羽、牛尾作装饰。所以，武舞之前，要先击鼓以警戒四方，三踏步以起舞，一阕音乐结束，再循环往复，舞到最后又回到原来的舞步和位置。动作敏捷而不慌乱，表情极为幽深而不隐晦。每个人都沉浸在音乐的旋律中，而不会厌倦乐教所传达的思想，完全标举音乐的纯正思想，而不会放纵于情欲。所以在表现内心情感的同时，音乐教育的意义也确立了，乐舞结束时也传达出了主政者德行的崇高。君子以乐教增进百姓好善之心，百姓以乐教审视个人的情欲是否过度。所以说："在百姓提高生活水平的方法中，音乐教育是成效最大的。"

【现代解读】

郑玄注："大章，尧乐名也……《周礼》阙之，或作《大卷》。""咸池，黄帝所作乐名也，尧增修而用之……《周礼》曰《大咸》。""韶，舜乐名也……《周礼》曰《大磬》。""夏，禹乐名也……《周礼》曰《大夏》。""殷、周之乐，《周礼》曰《大濩》《大武》。"自黄帝、尧、舜、禹、殷、乃至周代，均以乐教作为教育的重要内容。由此发展，孔子继承此乐教传统，开启了中国艺术精神两大典型之一——仁乐，对中国美学影响极为深远。❶因此，乐教的审美治疗，实为儒家美学的具体实践。

君子以乐教化百姓，当乐教流行广布时，人民自然效法学习，于

---

❶　徐复观将中国文化的艺术精神归结为两个典型，一为由孔子所开展出的仁与乐合一的礼乐艺术典型；二为由庄子所开展出的纯艺术精神的自然美学典型，主要落实在山水画论方面。参见徐复观《中国艺术精神·自叙》，台北：台湾学生书局，1988年，6页。

是群体风俗淳厚。为政的君子的德行人格也因乐教而成就，于是乐便成为君子德行外显的表征。乐教的流行广布，可彰显、成就在位者的德行。德行含藏于身心之中，展现为乐舞的韵律节奏，而身体所展现的乐舞节奏，与宇宙天道的节奏韵律具有共同的形式，彼此相互感应。

诗、歌、舞合一的乐，所展现的是一种生命的形式，一种德的生命状态。德有三层意义：

其一，指个体生命德性的圆满。以乐教治疗个人心理，使审美主体借由意象、节奏、动作的全身心融入，达到释放与宣泄情绪的效果，进而使身、心、灵臻于圆满和谐的境界。

其二，指天子、诸侯的政治措施所形成的善良民心和美善风俗。以民俗歌谣的内容及参与舞蹈人数的多寡，判断主政者是否有德，由乐对民心风俗的改善情况，可判断主政者的施政情况。

其三，指天地自然创造万物的生生之德。宇宙自然之间，有着一股神秘奇特的法则，创造了各式各样的生命形式，只要是生命体，便与生俱有这股神秘奇妙的力量。

从乐舞的行伍排列及参与人数，即可判断诸侯德行的情况。如果参与的人数过少，仪式的气氛低落，则显示民心对政治失望；倘若百姓乐于参与团体仪式，举国狂欢，则显示诸侯很受百姓爱戴。因此，各国诸侯莫不争相创制雅颂之正乐，以团结群体百姓。就仪式性的舞蹈而言，"仪式性的舞蹈，其中的即兴舞蹈及自发的动作，呈现出生动的形式，并以身体具体表现出来，极易在团体中形成集体共识的表达与共通经验，以提高团体的向心力与归属感，进而达到精神与情绪的超越。以舞蹈的观点而言，这是一种自我宣泄性的解放"。[1]主政者

---

❶ 参见李宗芹《与心共舞——舞蹈治疗的理论与实务》，台北：张老师文化，2000年，26页。

以此自我宣泄性的解放之乐舞教化百姓，最终的目的在于教化百姓弥平好恶情绪，返回人道的中和之性。

人心喜、怒、哀、乐的情绪因外物而萌动，必彰显于身体外部，内在体气充盛而转化为饱满的精神，和谐平顺之体气蕴积于内心，自然而然会展现于外在如花般的俊美英姿。因此，乐的内涵，绝对不可掺杂人为的矫饰于其中。诚如龚建平所说，《乐记》所谓乐，具有真、善、美之特质。说其是真，因"唯乐不可以为伪"。云它是善，因它是参赞天地之化育的圣人之所乐。谓其是美，是因为它是为人心所感，"比音而乐之"，亦为"人情之所不能免"。❶由此可知，由乐教的广布流行，百姓耳目聪明、血气和平、移风易俗、天下皆宁所成就的为政者之身体，即为一种道德化、艺术化、美感化的人文化成的群体社会。

《乐记》极为详尽地说明了生命圆满之后的美感境界与外在表现的样貌。音乐的表现，乃主政者生命德性成就的必然流露。所谓"情深""气盛"，是指创作主体内在的情感状态；所谓"文明""化神"，则为乐教彰显后，艺术形式的表现状态。生命美感的成就，指德性圆满具足的个体，由个体生命所表现于音乐的情感，则为人类普遍的情感概念。因此，由乐不仅可观照个体生命的美善或丑恶，更可进一步观察群体风俗的淳厚或浇薄。

（四）移风易俗

【原典精选】

乐也者，圣人之所乐也，而可以善民心，其感人深，其移风易

---

❶ 参见龚建平《意义的生成与实现——〈礼记〉哲学思想》，北京：商务印书馆，2005年，425页。

俗，故先王著其教焉。(《乐记》)

　　然后发以声音，而文以琴瑟，动以干戚，饰以羽旄，从以箫管。奋至德之光，动四气之和，以著万物之理。是故清明象天，广大象地，终始象四时，周还象风雨。五色成文而不乱，八风^①从律而不奸^②，百度得数而有常。小大相成，终始相生。倡和清浊，迭相为经^③。故乐行而伦清，耳目聪明，血气和平，移风易俗，天下皆宁。(《乐记》)

【简注】

①八风：先秦对八风的说法不一，大致指八方的季节风。八风合八律。

②奸：侵犯。

③经：常也。此指音乐的主旋律。

【语译】

　　所谓乐，是先王所悦乐的，只有它能改善民心，使其趋向温柔敦厚，乐教感动人心的力量非常强大，可以将浇薄的风俗变得淳厚，所以先王特别注重乐教的推行。

　　然后以声音来表现情感，以琴瑟乐器加以点缀文饰，以盾斧武器加以武舞跃动，以鸟羽牛尾作为文舞装饰，以箫管跟随旋律加以伴奏。发扬最高德性的光辉，感应四季和谐的气场，以彰显天地创生万物的原理。这样的乐教，清畅明亮的风格象征天的本质，广博宏大的气势象征地的功能，终而复始的旋律象征四季更迭，周旋回环的曲调象征风雨驰骤。五色配合五音，文彩缤纷却有条不紊，八风配合八律，顺着宫律演奏却不相侵犯，一切乐音皆有常定的度数节拍。高音与低音相辅相成，前阕、后阕终而复始，相生相应，清音、浊音互相倡和，互为主要旋律，形成多样化的统一。所以，当音乐艺术普遍流行于天下时，各种人伦的理序清明，每一个人的耳听目视都聪达明晓，血液气脉都和谐平静。群体社会也移易风俗，使浇薄的民心变得淳厚，普天之下都变得祥和安宁。

【现代解读】

春秋战国时期，德治意识觉醒，使乐从原始歌舞、巫术歌舞转化为道德意识的歌舞。音乐既生于人心，感于外物而动，那么，音乐形式与人心的喜、怒、哀、乐等心理状态必然紧密联系，乐的符号形式便可表现人类普遍的情感概念。《乐记》所言，可呼应《哀公问》一文，孔子谓为政者要成就己身完美的人格，必须从爱人开始，爱人则须由乐教入手，以乐教化百姓，从而成就群体风俗的良善，同时成就为政者人格德行的美质。

就身体美学的角度来观《乐记》，文中处处点出乐与个体生命德行及群体政治风俗的关系。风俗在团体生活中，具有制裁的力量，是长期的道德风气与伦理习俗积累下的产物。乐教的广布风行，可使个人身体健康、耳聪目明、血气平和。一旦乐教实施在团体社会，人伦的关系理序井然清晰，群众的身心处于和谐平静的状态，人民的习气便趋向温柔敦厚，由民风所形塑的风俗，便可调节到祥和安宁的境界。

肆

以体践礼的社会化身体

在《礼记》四十九篇文本中，体出现的次数虽比身少，但也出现了六十次之多，表明了体与礼的关系非常密切，礼的仪式与过程，必须借由体加以行动、参与和实践，才能具有真实的意义。

《礼记》中的体有两种意义，一指作为名词的四肢五体等血肉形躯，或耳、目、口、鼻、心智等各种器官与心思，如容体、大体、遗体、四体、百体等；二则作为动词的体现、效法、实践、体恤等义，如体天地、体信、体远、体长幼等。

大体：养生送死

夫礼始于冠，本于昏，重于丧、祭，尊于朝、聘，和于乡、射，此礼之大体也。(《昏义》)

【语译】

礼以冠礼为基础，以婚礼为根本，最隆重的礼是丧礼和祭礼，最尊贵的礼是朝觐之礼和聘问之礼，能和谐人伦的礼是乡饮酒礼和射礼。以上是最重要的礼的内容。

【现代解读】

《礼记》文本中出现与礼相关的身体概念，最重要的是大体一词。大体一词在《礼记》文本中共出现三次，指的是礼最重要的八大体类，其中冠礼、婚礼、丧礼，涉及个体生命的过渡礼仪；祭祀、朝觐、聘问、乡饮酒礼和射礼，则扩及群体人伦之间的交往礼仪。完整的人，必须具备四肢五体，才能成为人；礼也必须具备八大体类，方为人伦关系实践中完整之礼。

先秦时期，不论冠礼、婚礼、丧礼、祭礼，或朝觐、聘问之礼，乃至于射礼及乡饮酒礼，均必须合乐而舞，诗、歌、舞合一之乐，是生命中不可或缺的一部分，是个体生命与群体文化沟通的桥梁，是天命下贯于人的生生不息的节奏，而节奏是中国艺术的共相。

而在八大体类的礼中，以冠礼为基础，因为行过冠礼之后，德性生命才真正开始。以婚礼为根本，因为适婚男女经过正式的婚礼得以结合之后，才会产生下一代的生命，各种人际关系才得以形成。丧礼、祭礼最为隆重，朝觐、聘问之礼最为尊贵，乡饮酒礼及射礼用来和谐人群。唯有冠、婚、丧、祭、朝、聘、乡、射八体具足，才是人伦之间最完备的礼文。

【原典精选】

昔者先王未有宫室，冬则居营窟[①]，夏则居橧巢[②]。未有火化，食草木之实，鸟兽之肉，饮其血，茹其毛；未有麻丝，衣其羽皮。后圣有作，然后修火之利，范金，合土，以为台榭、宫室、牖户；以炮以燔，以亨以炙，以为醴酪；治其麻丝，以为布帛。以养生送死，以事鬼神上帝，皆从其朔[③]。（《礼运》）

故礼义也者，人之大端也。所以讲信修睦，而固人肌肤之会，筋骸之束也；所以养生送死，事鬼神之大端也；所以达天道，顺人情之大窦[④]也。（《礼运》）

天子以德为车，以乐为御，诸侯以礼相与，大夫以法相序，士以信相考，百姓以睦相守，天下之肥也。是谓大顺。大顺者，所以养生、送死、事鬼神之常也。（《礼运》）

【简注】

①冬则居营窟：冬天则住在土石堆成的洞窟中。营窟：以土石堆成的洞窟。

②夏则居橧巢：夏天则居住在柴薪架设的巢穴上。橧，音zēng。橧巢：以柴薪架成的巢穴。

③ 朔：初始，指原始时期。

④ 窦：音 dòu，孔穴、缝隙。

【语译】

上古时期还没有宫殿屋室等建筑，冬天住在土石堆成的洞窟中，夏天居住在柴薪架设的巢穴上。当时不知道使用火来化除生腥，以吃草木的果实和鸟兽的肉维生，吸它们的血，连毛带肉而生吞；又不知道利用苎麻、蚕丝来织布，只披鸟羽和兽皮。后来有圣人出现，开始制作各种工具，利用火的热力，铸造青铜器，用水和着土烧制砖瓦，来建造台榭宫室以及门窗，用火焙、用柴烧，烹煮、炙烤各种食物，酿造醴酒和奶酪。同时又养蚕、种麻，织成丝绸、麻布，以制作的用品来供给人们衣食住行的生活所需，一直照料到死后的送丧埋葬，并以这些物品来祭祀天神、地祇、人鬼。虽然古今的用具不同，但照养生者、哀送死者，以及敬事鬼神的意义，皆依从原始时期的制定。

所以礼义是人之所以为人的基本特征。人类依靠礼义，在人际关系中讲求信用，学习和睦相处，像巩固人的肌肤相接、筋骨相连一样；所以礼义的创制，是作为照养生者、哀送死者，以及祭祀天地祖先最重要的指导原则，也是向上符应天道理则、向下和顺人际情感的重要沟通渠道。

天子以品德教育为车乘，以音乐艺术为驾驭车乘的人。诸侯之间以礼义相互交往，大夫以礼法互为伦序，士子以诚信相互考核，百姓以和睦相互守护，这便是整个天下健康，达到这个境界，便可称为大顺。所谓大顺，是践行礼义，用来照养生者、哀送死者、敬事天地祖先的常理。

【现代解读】

古之圣王制定礼的八大体类，其作用与目的，在《礼运》中有明确的阐释。《礼运》指出，在茹毛饮血的初民阶段，穴居衣皮，尚未创制礼义。直到圣王出现，制礼作乐，创建器物、宫室、治丝等百工，使百姓得以吃熟食并衣布帛，脱离原始部落的生活模式，进入人文化成的文明阶段。然而，不管时代如何变迁，照养生者、哀送死者以及祭祀天地祖先此人生三大事，依旧必须遵从原始时期的古制。如何使人的身体生存更为安适、心灵更为开阔？最重要的三件大事都必须有礼义的教育指导，足可见礼在人类社会中的重要性。

礼义是让群体得以诚信和睦、不致暴乱的最重要特质，犹如个体是依靠肌肤相亲、筋骸凝束一般。先王制定礼之大体的意义，就在于让生者有所养护、让死者获得送终，以及侍奉祖先、寄托精神信仰。

《礼运》一篇反复强调，礼义在人类社会中的重要性在于，使每个人一生的三件大事都能安妥无虞。百姓通过礼的八大体类，得以安顿个人的身体与心灵，由个人的身心健康与美善，从而使每一阶层的人，都能以个人的身体践行礼义，进而以礼义和谐群体，使家族、社会、国家、天下一系列有机的大身体，亦趋向于健康与美善。能达到这种美善的境界，便是大顺。

群体社会如同一个大身体，其政治风俗之美善情况，关系着每个人养生、送死、事鬼神的三件大事。社会人际和谐，政治风俗美善，百姓的生活才能无后顾之忧。由此可知，礼之八大体类的创制，实为个人身体美善及家国社会、天下政治美善的重要依据。

《礼记》四十九篇文本中，并没有专门论述生育礼的篇章，但在《月令》《内则》《檀弓上》《射义》等篇章中，却保存着有关生育礼仪式的记载，成为现代人了解先秦生育礼仪极为珍贵的文献资料。

一、祈孕求子

【原典精选】

（仲春之月）是月也，玄鸟至。至之日，以大牢祠于高禖，天子亲往，后妃帅九嫔御。乃礼天子所御，带以弓韣[①]，授以弓矢，于高禖之前。(《月令》)

【简注】

① 弓韣：装弓的袋子。韣：音 dú，弓衣。

【语译】

在仲春二月，会有燕子飞来栖息。燕子飞来的日子，朝廷要以牛、羊、猪三牲祭祀高禖神，天子必须亲自前往参加，后妃率领后宫的九嫔妃一同前往。由怀孕的妃嫔，带着弓和箭，在高禖神之前诚敬地祭祀。

【现代解读】

东汉郑玄注："名曰'月令'者，以其纪十二月政之所行也。本《吕氏春秋·十二月纪》之首章也，以礼家好事抄合之……其中官名、时、事，多不合周法。"清代孙希旦《礼记集解》谓："是篇虽祖述先王之遗，其中多杂秦制，又博采战国杂家之说，不可尽以三代之制通之。然其上察天时，下授民事，有唐、虞钦若之遗意。"本篇受阴阳五行思想之影响，以金、木、水、火、土五行，配十二个月的节气，每月举行重要的人事政令，虽非三代之制度，然亦有尧、舜敬顺天时的礼俗遗风。

华夏民族的生殖大神为高禖，最初的高禖神为女性，而且是成年女性，具有孕育状。祭祀高禖即为仲春之会的主要内容之一，此乃先秦祈孕求子的大祭。❶高禖是管理婚姻和生育之神，其究竟是谁，自古以来有不同的说法。或认为是简狄，或认为是伏羲，或认为是女娲，或认为是氏族的祖先。❷祭祀高禖神时，要带着弓和箭，作为祈求生男嗣的吉祥象征。

《月令》一篇，将周代十二个月份所需举行的礼仪节令记载得非常详尽，但内容极为烦琐，为便于检阅，兹归纳为简表如下：

五行	木	火	金	水	土
配月份	孟春（一） 仲春（二） 季春（三）	孟夏（四） 仲夏（五） 季夏（六）	孟秋（七） 仲秋（八） 季秋（九）	孟冬（十） 仲冬（十一） 季冬（十二）	
配星宿	营（飞马） 奎（仙女） 胃（白羊）	毕（金牛） 东井（双子） 柳（长蛇）	翼（巨蟹） 角（处女） 房（天秤）	尾（天蝎） 斗（大熊） 婺女（宝瓶）	
配四时	春	夏	秋	冬	
配天干	甲乙	丙丁	庚辛	壬癸	戊己
配五帝	太皞	炎帝	少皞	颛顼	黄帝
配五佐神	句芒	祝融	蓐收	玄冥	后土
配五虫	鳞族	羽族	毛族	介族	倮族
配五音	角	徵	商	羽	宫
配十二律	太簇 夹钟 姑洗	仲吕 蕤宾 林钟	夷则 南吕 无射	应钟 黄钟 大吕	
配五数	三加五	二加五	四加五	一加五	五
配五味	酸	苦	辛	咸	甜
配五臭	膻（馨）	焦	腥	朽	香

❶ 参见郑晓江、万建中主编《中国生育文化大观》，南昌：百花洲文艺出版社，1999年，53页。

❷ 参见宋兆麟《中国生育信仰》，上海：上海文艺出版社，1999年，139—140页。

配五祀	户	灶	门	行（井）	中霤
配五脏	肝	心	肺	肾	脾
配节令	立春：迎春 祈谷（正月） 社祭（二月） 祈蚕（三月）	立夏：迎夏 尝麦（四月） 雩祭（五月） 祀灶（六月）	立秋：迎秋 祭鸟（七月） 傩祭（八月） 尝祭（九月）	立冬：迎冬 大饮烝之礼（十月） 海川源泽之祭（十一月） 蜡祭、报祭（十二月）	

《月令》指出，配合大自然运行的规律，有许多重要的月份必须举行相关的祭祀，这些特殊的月份，即成为神圣时间。如：正月所举行的祈谷，为祭祀天神系统中的郊天之祭。二月举行的社祭，乃祭祀农业之神，为地示系统的祭祀。至于五月举行的雩祭，则为夏季祈雨之祭。冬至这一天的郊天报祭，旨在报答天恩，感谢老天爷让一年农事有成、百谷丰登。至于蜡祭，乃在十二月时，祭祀农神、百谷、阡陌之神，统一祈求百种禽兽降临，而一起配飨。

《月令》全文以五行配五帝、五音、五方、五数、五味、五祀、五脏，以及十二月节令，显示空间与身体的密切联系。人们在神圣空间中，配合时令节气举行各种政令典礼，因为深信五行相生相成的观念，所以容易达到身体与自然的和谐均衡，由外在大我的和谐关系安顿内在小我的身心，通过典礼仪式，使行礼者的心灵产生美的感动与善的能量，外内融合，从而使身体达于神圣的大美状态。

二、出生

【原典精选】

子生，男子设弧①于门左，女子设帨②于门右。三日，始负子，男射女否。（《内则》）

故男子生，桑弧^③，蓬矢^④六，以射天地四方。天地四方者，男子之所有事也。（《射义》）

【简注】

① 弧：木弓，表男子做事刚武。

② 帨：音shuì，佩巾，表女子侍人以阴柔。

③ 桑弧：桑木做的弓。

④ 蓬矢：蓬草制的箭。

【语译】

孩子出生之后，如果生的是男孩，便在门的左边挂上木弓，如果生的是女孩，便在门的右边挂上佩巾。三天后，才抱着新生儿出房门，如果生的是男孩，就举行射礼，如果生的是女孩就免了。

所以男孩出生，用桑木造的弓、六枝蓬草造的箭，向天地及东南西北四方射去。天地及四方，是男子要经营事业的神圣空间。

【现代解读】

人的一生，从出生到死亡，中间会经过许多危险，人类学家称之为关口。为了使生命能平安顺遂地走完这一生，每个民族都制定独特的过渡仪式，包括出生礼、成年礼、婚礼、丧礼、祭礼等。著名的宗教学家伊利亚德认为，在婴儿出生后，通常会立即举行出生礼的仪式，赋予这个婴儿一个真实活人的地位，而且唯有凭借这些仪式，他才成为这个现存团体中的一分子。❶先秦的出生礼中，会依生男或生女而悬挂标志物，其主要的功用，据学者考证，一则报喜，二则避邪

---

❶ 参见伊利亚德著，杨素娥译《圣与俗——宗教的本质》，台北：桂冠图书股份有限公司，2001年，224页。

镇恶，保护产妇和婴儿不受邪魔的侵害。❶

出生礼在各民族的生命过渡仪式中，都具有极为深刻的象征意义。出生，就是进入生者的家族和宗族，出生地为婴儿的过渡仪式的入口。伊利亚德指出，女人被象征性地视为与土地是一个整体，生小孩被认为是土地生育力的一个变体。当新生婴儿被放在地上时，这样的仪式包含了一种介于种族与土地之间的本质性认同，以及介于乡土与其居民之间的一种衷心联系。❷ 婴儿出生之后，接着便是家族或宗族的主人为婴儿占卜命名，给予新生儿在人世间的身份和称谓。

三、命名

【原典精选】

名子者不以国，不以日月，不以隐疾，不以山川。男女异长。男子二十，冠而字。父前子名，君前臣名。女子许嫁，笄而字。(《曲礼上》)

幼名，冠字，五十以伯仲，死谥，周道也。(《檀弓上》)

凡名子，不以日月，不以国，不以隐疾。大夫、士之子，不敢与世子同名。(《内则》)

【语译】

给小孩起名不使用国名，不使用日月之名，不使用身体暗疾之

---

❶　参见郑晓江、万建中主编《中国生育文化大观》，南昌：百花洲文艺出版社，1999年，263页。

❷　参见伊利亚德著，杨素娥译《圣与俗——宗教的本质》，台北：桂冠图书股份有限公司，2001年，186—188页。

名，也不要使用山川之名。男女依长幼分别来排行。男子二十岁行冠礼之后，便取字。但在父母面前，仍须以孩子的名来称呼；在国君面前，仍须以臣子的名来称呼。女子允许婚嫁的年龄，是在十五岁行过成人的及笄礼之后，也不宜随便唤名，而是另取字来称呼她。

幼年所取名字的称为名，二十岁行冠礼之后取字，五十岁以后就以伯、仲、叔、季排行来称谓，死后则取谥号，这是周代命名的制度。

凡是为新生儿起名，不以日月命名，不以国命名，不以身上的隐疾命名。大夫和士人的孩子，不敢与国君及天子的世子取相同的名字。

【现代解读】

周代士阶层以上之贵族的一生，分别有名、字、尊称与谥号四种命名。这四种命名具有特殊的文化意义。据学者指出，名又分小名与大名，小名是婴孩出生后哺乳期所取的名，大名为儿童时期由启蒙老师所取的名，又称正名、学名、书名、官名、族名；字则为二十岁行冠礼时所取，所谓"名以正体，字以表德"；号为本人的名、字之外再取的一个比较固定的称谓，又称别号；谥则在人死后，将其安葬之时，根据他生前的功德勋绩而给予的特殊称号。❶

四、剃胎毛

【原典精选】

三月之末，择日剪发为鬌①，男角女羁②，否则男左女右。（《内则》）

---

❶ 参见郑晓江、万建中主编《中国生育文化大观》，南昌：百花洲文艺出版社，1999年，358—361页。

【简注】

①鬌：音 duǒ，未剪的胎毛。

②男角女羁：指男女婴剃胎毛的不同发型。男孩留夹顶两鬌为角；女孩留中顶达前后为羁。

【语译】

新生儿出生将满三个月之时，以占卜选择吉日为新生儿剃胎毛。按规矩不能全部剃光，要留下一点胎毛。男孩留夹顶两鬌为角，女孩留中顶达前后为羁。如果不是这样，就男婴留左边胎毛，女婴留右边胎毛。

【现代解读】

进行过出生礼的命名之后，《内则》有新生儿出生三个月后剃胎毛的记载。接下来《礼记》记载的较重要的过渡仪式，便是男子二十岁的成年礼，称为冠礼，女子则在十五岁举行成年礼，称为笄礼。

容体：践礼观德

《礼记》文本中，与体有关的出现最多的词语为容体，计有六次。容体指的是容貌形体。除容体外，与之相关的有容貌、颜色等。容体出现在《冠义》中，为身体美学极为重要的词语。

一、冠礼的意义

《冠义》一篇，原为阐释《仪礼·士冠礼》的意义之记文。语气连贯，似为一人所记。自此以下六篇，分别阐释冠礼、婚礼、乡饮酒礼、射礼、燕飨礼、聘礼的意义，作者不同，论说之思想也时有不同。而以《冠义》编为六礼的第一篇，主要原因是，以下各礼都属于成人社会的事务，男子二十岁行冠礼之后，便为成人，所以冠礼为成人之始，置于六篇之首。

【原典精选】

凡人之所以为人者，礼义也。礼义之始，在于正容体，齐颜色，顺辞令。容体正，颜色齐，辞令顺，而后礼义备。以正君臣，亲父子，和长幼。君臣正，父子亲，长幼和，而后礼义立。故冠而后服备，服备而后容体正，颜色齐，辞令顺。故曰："冠者，礼之始也。"是故古者圣王重冠。

古者冠礼筮日、筮宾①，所以敬冠事。敬冠事所以重礼，重礼所以为国本也。故冠于阼，以著代也。醮于客位②，三加弥尊③，加有成也。④已冠而字之，成人之道也。（《冠义》）

【简注】

①筮日、筮宾：占卜吉日和加冠的特别来宾。筮：音 shì，古代用蓍草或龟甲以占卜吉凶。

②醮于客位：在西阶敬酒。孙希旦《礼记集解》谓："西阶者，客阶。阼阶者，主人之阶。"醮：音 jiào，敬酒而不须回礼。

③三加弥尊：冠礼仪式中要换三次礼服及礼冠，第一加为黑色布料的缁布冠，是士阶层平时所穿的服装；第二加为白鹿皮制成的皮弁服，是士子觐见诸侯所穿的礼服；第三加为赭红色的爵弁服，是士子辅佐天子祭祀所穿的大礼服。三套礼服中，材质一套比一套华丽，穿着场合一套比一套尊贵，故称"三加弥尊"。

④醮于客位，三加弥尊，加有成也：据王梦鸥《礼记校证》记载："《士冠礼》与《郊特牲》皆作：'醮于客位，加有成也；三加弥尊，谕其志也。'"

【语译】

人之所以称为人，在于人类具有礼义。礼义的开始，在于端正个人的容貌体态、齐和个人的颜面脸色、恭顺个人的言语辞令。一个人如果容貌体态端正、颜面脸色齐和、言语辞令恭顺，才能算是具备了礼义。有此礼义，才能端正君臣关系，亲和父子关系，和谐长幼关系。君臣关系端正了，父子关系亲密了，长幼关系和谐了，礼义才能建立。所以男子在行过冠礼之后，三套礼服才能完备，礼服完备之后容貌体态才算端正，颜面脸色才能齐和，言语辞令才会恭顺。所以说："冠礼，是人一生的礼仪之开始。"因此，古代圣王都重视冠礼。

古代举行冠礼的仪式，首先要以占卜决定吉祥的日子，以及为童子加三次冠服的特别来宾，以此仪式表达对冠礼仪式的敬重。敬重冠礼仪式可表达对成人礼仪的重视。重视成人的礼仪，为国家安定富强之根本。因此，在阼阶举行三加冠礼，以彰显冠者即将代替父亲的角色，成为主人。父亲在西边的客阶为冠者敬酒，冠者无须回敬父亲，象征父亲加勉儿子已经成人。再者，所加的三套礼服礼冠，材质与穿着场合，一套比一套更为尊贵，是为了明白晓谕冠者未来应有的志向。举行冠礼后须为冠者取字，而以字行，这是对冠者成人的尊重。

【现代解读】

《冠义》开宗明义，将践礼与身体修持的关系，做前因后果的联结。在践礼的社会化身体中，以容体之美最为重要。所谓容体，指的是容貌体态。正容体指实践礼义的基本条件，即言行、举止、表情、脸色皆能合乎礼义。行过二十岁的冠礼之后，成人的男子所必须具备的缁布冠、皮弁冠、爵弁冠三套礼服才能齐备。礼服齐备的意义，象征由童子转变为成人，开始了践行礼义的社会化身体。诚如周与沉所指出，身体是礼的象征符号，又是践礼的载体，礼的精神亦借社会空间中的身体实践而体现，生理之身乃由之转化为社会的身体、道德的身体。❶举行过冠礼仪式之后的二十岁的身体，便具有了社会化与道德化的意义。

在宗庙举行冠礼时，由占卜所选定的特别来宾，在东边阼阶为冠者三加冠服，象征冠者即将取代父亲而担任主人的角色；父亲于西阶客位亲自为儿子敬酒，晓谕儿子已经成人，从此要为自己的言行举止负起完全的责任，也彰显冠者德性已有所成就。取字，在先秦具有神

---

❶ 参见周与沉《身体：思想与修行——以中国经典为中心的跨文化观照》，北京：中国社会科学出版社，2005年，45页。

圣的仪式性意义，所谓"名以正体，字以表德"，通过一系列的仪式，冠者的自然人身体，逐渐转变为符合社会规范与美德的社会化身体。诚如金泽所说，只有通过一定的仪式，一个人才能完成某种社会角色的转变，或说这种转变最终得到了社会的确认。由此，一个人才能以一种新的社会角色行使其权利并履行义务。人们在生理上的转变相对来说是单一的，而社会角色的转变，含义却是多层次的。社会身份的转变不仅包含了生理上的转变、社会权利与义务的转变，而且往往包含着精神上的转变。在成年礼过程中，要转变其社会地位，改变其装束，使其经受痛苦的磨炼和考验，接受氏族与家族历史的教育，领受道德的教训等，以便具备适合社会需要的素质和品德。❶

宗庙为周代祭祀祖先的神圣空间。据《礼记》记载，周代诸多生命过渡仪式，均在宗庙中举行。如孙希旦《礼记集解》引吕大临之言谓："古者重礼必行之庙中，昏礼纳采至亲迎，皆主人筵几于庙，聘礼庙受，爵有德，禄有功，必策命于大庙，所以示有尊而不敢专也。冠礼必行诸庙，犹是义也。"

由此可知，宗庙为周代分封制度下家族的精神中心。举凡家族中的冠礼、婚礼、聘礼等，均在宗庙中举行。除了上禀祖先，告知家族子孙已成年婚嫁、德高功成之外，更有以祖先为尊、不敢擅自做主之意。故宗庙对周代贵族而言，更是与家族血缘紧密相联的神圣空间。生命过渡仪式均须在宗庙举行，宗庙便象征宇宙的中心点，周代贵族阶层在此宇宙的中心得到血缘的认同，确认家族生命的存在。

【原典精选】

见于母，母拜之，见于兄弟，兄弟拜之，成人而与为礼也。玄冠、

---

❶ 参见金泽《宗教禁忌研究》，北京：北京社科文献出版社，1996年，156—157页。

玄端①，奠挚于君②，遂以挚见于乡大夫③、乡先生④，以成人见也。

成人之者，将责成人礼焉也。责成人礼焉者，将责为人子、为人弟、为人臣、为人少者之礼行焉。将责四者之行于人，其礼可不重与？

故孝、弟、忠、顺之行立，而后可以为人，可以为人而后可以治人也。故圣王重礼。故曰："冠者，礼之始也，嘉事⑤之重者也。"

是故古者重冠。重冠故行之于庙⑥；行之于庙者，所以尊重事；尊重事而不敢擅重事；不敢擅重事，所以自卑而尊先祖也。(《冠义》)

【简注】

①玄冠、玄端：黑色的礼服、礼冠，为士阶层于夕时拜见国君的礼服。

②奠挚于君：拜见国君时，将雄鸡见面礼摆放在地上，不敢直接授受，以示恭敬。挚：同"雉"。士相见礼，冬季用雉，夏季用腒。腒，音jū，鸟肉制成的肉干。

③乡大夫：乡里有官位者。

④乡先生：乡里已退休的官员。

⑤嘉事：即嘉礼，美好的礼仪。先秦礼制区分为五礼：吉、凶、军、宾、嘉。冠礼属嘉礼之一。

⑥庙：祭祀祖先之宗庙。

【语译】

行过加冠礼之后，当天再去拜见母亲，母亲要答拜，拜见兄弟，兄弟要答拜，因为尊重他已经是成人了，所以要以成人之礼来对待。要穿着黑色的礼服礼冠，去拜见国君，并将见面礼雄鸡摆在地上，表示不敢直接授受。再带着另外的见面礼，去拜访乡里有官职及已退休的官员，这些乡大夫、乡先生，也要以成人之礼拜见。

所谓成人，就是行过冠礼之后，国家社会将以成人之礼来要求他。所谓要求他能行成人之礼，就是要求他能做出为人子、为人弟、为人臣、为人晚辈的合理行为。行过冠礼之后，便要求一个成人践行这四种角色的行为，那么，冠礼怎能不加以重视呢？

所以为人子能孝，为人弟能悌，为人臣能忠，为人少能顺，然后便可以懂得做人的道理。懂得做人的道理，然后可以治理人群。因此，圣明的君王都非常重视冠礼。所以说："冠礼，是成人之礼的开始，是嘉礼中隆重的仪式。"

所以古代非常重视冠礼。因为重视冠礼，所以安排在祭祀祖先的宗庙里举行；在祭祀祖先的宗庙举行冠礼，是为了彰显尊崇隆重的礼事。尊崇隆重的礼事而不敢擅自举行隆重的礼事，是为了表示行礼之人的谦卑以及对祖先的尊重。

【现代解读】

著名的宗教学家伊利亚德指出，人的存在，通过一系列的通道仪式，即一连串的入门礼，才能达到生命的圆满。最为突出的通道仪式，以青春期的入门礼作为代表。入门礼在本质上是新入门者的本体地位的全然改变。青春期入门礼的各式各样的仪式，包括隔离、入门的严格考验与折磨、死亡与复活、授予新的名字、教授神秘的语言等。原始社会中的人并不认为自己已经完全了，要真正成为一个人，他必须向第一次自然的生命死去，并且向更高的生命重生，而这更高的生命，是宗教性的，同时也是文化性的。❶

由《冠义》一篇可见，周代称男子的成人礼为冠礼，冠礼最重要

❶ 参见伊利亚德著，杨素娥译《圣与俗——宗教的本质》，台北：桂冠图书股份有限公司，2001年，220—232页。

的仪式，是以外在的三套礼服为成人的标志。男子年满二十岁，由童子时所穿着的彩衣，一变而为正式场合的素色礼服，并取字，以字通行于成人的社群中，表示对于名的尊重，且赋予孝、悌、忠、顺的成人意义，而不同于现代社会因较为重视届龄的意义而称为成年礼。先秦时期，人们认为男子二十岁是人格品德的养成阶段，而非身体年龄的达成阶段。男子自举行冠礼之后，便要进入成人世界，以身体践行各种社会的礼文仪式。社会各阶层的贵族，也会以为人子、为人弟、为人臣、为人少者的礼仪标准，来要求冠者，并验收其家庭教育之成果。

二、婚礼的意义

《昏义》一篇，原为阐释《仪礼·士昏礼》意义的记文。本篇首先说明婚礼的重要性，其次说明新妇服侍公婆的仪式意义，再者论及新娘的婚前教育，最后以天子和皇后之盛德作为夫妇之道的表率。

【原典精选】

昏礼者，将合二姓之好，上以事宗庙，而下以继后世也。故君子重之。

是以昏礼纳采①、问名②、纳吉③、纳征④、请期⑤，皆主人筵几于庙，而拜迎于门外。入揖让而升，听命于庙，所以敬慎、重正昏礼也。

父亲醮子而命之迎⑥，男先于女也。子承命以迎，主人筵几于庙，而拜迎于门外。婿执雁入，揖让升堂，再拜奠雁，盖亲受之于父母也。

降出，御妇车，而婿授绥，御轮三周，先俟于门外。妇至，婿揖妇以入，共牢而食⑦，合卺而酳⑧，所以合体、同尊卑，以亲之也。

敬慎重正而后亲之，礼之大体而所以成男女之别，而立夫妇之义

也。男女有别，而后夫妇有义；夫妇有义，而后父子有亲；父子有亲，而后君臣有正。故曰："昏礼者，礼之本也。"（《昏义》）

【简注】

①纳采：先秦婚礼六项重要仪式的第一项，指男方派遣使者带见面礼至女方家。女方家长如果接受男方的见面礼，表示愿意进一步讨论两家儿女的婚姻大事。

②问名：男方派遣使者至女方家，请问女方待嫁女儿的姓名，以作为占卜婚姻吉凶之用，相当于后世的换庚帖、换八字。

③纳吉：占卜三回合，每一回合占卜三次，第一次占卜若凶，隔十日后再占卜第二次，三回合各占卜三次，最多可占卜九次。如果其中有一次结果为吉，男方即可派遣使者回报女方这个好消息。若九次占卜结果均为凶，男女双方即不再议婚。但九次为吉之概率极高，故大部分情况皆可再继续进行下一个步骤。

④纳征：男方派遣使者下聘，以表诚信，纳征相当于现今的文订之喜。征：诚信，以币代表之。

⑤请期：纳征之后，男方占卜出吉日作为婚期，并派遣使者向女方请示婚期可否。女方若无特别事故（例如父母去世），通常会尊重男方占卜的婚期。

⑥父亲醮子而命之迎：举行婚礼当天，新郎的父亲，亲自为新郎敬酒，命令新郎亲自前往女方家迎娶新娘，此为婚礼最重要的第六项仪式亲迎。

⑦共牢而食：牢，谓太牢，指牛、羊、豕三牲。共牢而食，即新郎与新娘合吃一只牲牢，象征夫妇尊卑相同、同甘共苦。

⑧合卺而酳：将一个葫芦分为两瓢，新郎与新娘各执一片，夫妻彼此敬酒，即后世所谓饮交杯酒，象征夫妇一体，不离不弃。卺：音

jǐn，半个葫芦瓢。酳：音 yìn，以酒漱口。

【语译】

婚礼的意义，是结合两姓家族的欢好关系，对上而言，得以侍奉宗庙、祭祀祖先，对下而言，得以生儿育女，传承后世子嗣。故古代君王都非常重视婚礼。

婚礼的五项重要仪式：纳采、问名、纳吉、纳征、请期，都是由男方派使者到女方家，由女方主人在宗庙准备筵席，亲自到宗庙大门外拜迎使者。双方进入庙门之后，彼此揖让，然后登上宗庙厅堂，女方主人在厅堂两楹之间听受使者传达男方的来意。这每一项仪式，都是为了显示婚礼的敬谨、隆重与公开、正式。

婚礼当天，新郎的父亲自在宗庙为新郎敬酒，并吩咐新郎亲自前往女方家迎娶新娘，由男方采取主动，女方处于被动，以符应阴阳动静的原则。儿子奉父命前往迎亲，女方主人在宗庙设置筵席，在宗庙门外拜迎。女婿捧着雁进入女方的宗庙厅堂，彼此揖让登堂，再拜，将雁置于地上，这一系列仪式，是因为婚礼乃父母做主，必须奉父母之命而行事。

新郎亲迎新娘之后，降阶下堂，亲自驾驭迎亲的马车。在新娘上车之后，新郎把车门边挂着的上车用的绳子交给新娘，小心地照顾新娘，等新娘上车之后，新郎就驾着马车，在地上转三圈，离开女方家后，就把马车交给车夫驾驭，自己乘另一辆马车在前面引路。到了男方家门口，新郎先下车在门口等候着迎接新娘。新娘的马车到达之后，新郎向新娘作揖行礼，迎接她一起进入家内。在新房用餐时，夫妇共吃一只牲牢，合饮一杯酒，表示夫妻一体，彼此尊卑相等。经过婚礼这六项公开且隆重的仪式之后，男女双方才能正式建立亲密关系。

经过恭敬、谨慎、隆重、公开的婚礼之后，男女双方才能进行亲密的接触，这是礼的基本原则，用以形成男女有别的共识，建立起夫妇之间承担家庭责任的道义。男女有别，夫妇对彼此才会有道义责任；夫妇有义，生儿育女，才会产生父子亲爱的天伦关系；父子有亲，从家庭推扩至国家，才会有君臣各安其位的正当名分。所以说："婚礼是所有礼仪的根本。"

【现代解读】

婚礼在生命过渡仪式中，是极为重要的入门礼。宗教学家伊利亚德曾指出，入门礼通常包含了三方面的启示：神圣的启示、死亡的启示、性的启示。入门礼相当于灵性的成熟。入门者不只是一个新生或复活的人而已，还是一个认知者、学习过奥秘者、在本质上拥有形而上之启示者，是一个经验过奥秘的人。❶在以父系为主的社会里，男大当婚，女大当嫁。女子离开原生家庭，象征在女方家族中的死亡；女子嫁入男方家庭，象征在另一个家族中的再生。男子在婚礼前，为德性的社会化身体，经过婚礼的六仪后，更具备承担传宗接代的灵性生命。

《昏义》一篇，原是解释《仪礼·士昏礼》的内容，开宗明义即将婚礼的意义以及六项仪式的精神，阐释得非常详尽。远古部落时期是抢婚制，男方在黄昏天色较暗时将中意的女子强行抢夺走。等到文明开化、礼乐典章制度灿然明备之后，迎亲时辰均设在黄昏，故相沿为"昏礼"。后世为了与黄昏之"昏"做区隔，遂将"昏礼"加上"女"字旁。婚礼为两姓家族重要的礼俗，仪式必须在宗庙中举行，上告祖先，每一项仪式均须正大公开，昭告全体族人，以表达对婚礼的重视，这也是中华文化以家族为中心的最根本的礼仪。

---

❶ 参见伊利亚德著，杨素娥译《圣与俗——宗教的本质》，台北：桂冠图书股份有限公司，2001年，227—228页。

先秦时期婚礼必须有父母之命、媒妁之言，再经过六项隆重又正大公开的仪式，由新郎亲自从女方父母手中将新娘迎娶过来，对即将进入陌生家族的新娘而言，实具有极大的安全感与深厚的情意。女婿之所以要执雁进入女方家，因为雁为一夫一妻，故婚礼中新郎执雁亲迎新娘，象征从此建立家庭，一夫一妻，白首偕老，永无二心。古代制定礼仪的各项形式，背后均有深远的象征意义。男女双方借由婚礼的六项重要仪式，世俗的身体逐渐圣化，转变为神圣的社会化身体。

先秦时期婚礼以葫芦瓢饮交杯酒，据说因葫芦呈圆形，为中空容纳体，内部多子，形状和母胎的样子相似，有多产多育的内涵。合卺而饮之俗始于周代，示夫妇好合，多子多嗣之义。❶而宗教学家伊利亚德认为，人类的婚姻被视为模仿宇宙天神与地母的神圣结合。年轻的丈夫告别单身汉的身份，从此成为一家之主、团体的一分子。女子则从原生家庭除名，进入男方家族谱系之中，亦象征死亡与复活。每一个婚姻都必然包含着张力与危险，因而也促成了某种危机，这就是需要举行通道仪式的原因。经过婚礼仪式，男女双方才可以进行亲密接触，性生活也被仪式化，因而也对应于神的行动——天地的神圣结合。因此，婚礼被赋予了个人、社会和宇宙三方面的价值。❷

婚礼制定的大原则，即男女双方必须经过恭敬、谨慎、隆重且正大公开的六项仪式之后，才能进一步亲近和合。唯有通过仪式之身体实践，在践礼中转化男女双方的身与心，如此亲近和合的男女，才能异于禽兽，才能成为被社会所共同承认的夫妇关系。在先秦的社会中，如果不是经过婚礼六仪而正式迎娶的女子，便只能为妾，无法受社会

❶ 参见郑晓江、万建中主编《中国生育文化大观》，南昌：百花洲文艺出版社，1999年，35、36页。

❷ 参见伊利亚德著，杨素娥译《圣与俗——宗教的本质》，台北：桂冠图书股份有限公司，2001年，189、210、224页。

认同而获得妻的位分。因此，在婚礼实践中，男女双方的身体，不只是个人化的身体，更是社会化的身体。践礼的仪式，使男女双方的身体成为社会认同而美善的合体。

【原典精选】

夙兴，妇沐浴以俟见。质明，赞①见妇于舅姑，执笲②，枣、栗、段脩以见。赞醴妇，妇祭脯、醢，祭醴，成妇礼也。舅姑入室，妇以特豚馈，明妇顺也。

厥明，舅姑共飨妇以一献之礼③，奠酬，舅姑先降自西阶，妇降自阼阶，以著代也④。

成妇礼，明妇顺，又申之以著代，所以重责妇顺焉也。妇顺者，顺于舅姑，和于室人，而后当于夫，以成丝麻、布帛之事，以审守委积⑤、盖藏⑥。是故妇顺备而后内和理，内和理而后家可长久也，故圣王重之。

是以古者妇人先嫁三月，祖祢未毁，教于公宫⑦，祖祢既毁，教于宗室⑧，教以妇德、妇言、妇容、妇功。教成，祭之，牲用鱼，芼之以蘋、藻，所以成妇顺也。（《昏义》）

【简注】

①赞：辅佐行礼的妇人。

②笲：音 fán，盛物品的竹器。

③一献之礼：公婆共同宴请新娘之礼，公公献酒，婆婆酢酒，赐给新娘一杯酒，新娘回敬公婆一杯，公婆不必与她同饮，再自饮一杯，称为一献。

④"奠酬"一句：舅姑宴请新娘初次见面的一献之礼后，则教导新娘有关夫家的家务事，教导之后，公婆从客阶而下，让新娘从阼阶而下，象征新娘从此要替代婆婆为一家的主妇。西阶：客人行走的客

阶。阼阶：主人行走的东阶。

⑤审守委积：谨慎守护粟米之物。审：谨慎详审。委积：堆栈与积仓，指粟米之类。

⑥盖藏：掩盖与收藏，指蔬果脯醢之类。

⑦祖祢未毁，教于公宫：高祖的宗庙尚未毁除迁移，就在宗祠接受婚前教育。祖祢未毁：指五服之内的亲属。公宫：封建制度下大宗的宗庙，即宗祠。

⑧祖祢既毁，教于宗室：高祖的宗庙毁除迁移，就在支祠中接受婚前教育。祖祢既毁：指五服之外的亲属。宗室：分支小宗子孙的祠堂。

【语译】

婚后第二天大清早，新娘要梳洗打扮，等待拜见公婆。到天亮之后，辅佐行礼的妇人带着新娘拜见公婆。新娘拿着竹笾子盛着枣和栗拜见公公，拿着用香料腌制的肉干拜见婆婆。辅佐者代公婆以甜酒赐给新娘，新娘用肉脯及腌制物祭拜祖先之后，再用酒祭拜，便完成了做媳妇的应有的礼仪。公婆回到内室，新娘以一头小猪馈赠给公婆，表明媳妇的孝顺之道。

第三天天亮时，公婆共同以一献之礼赐新娘见面酒，公婆受新娘回敬，但不必共饮，之后公婆再自己喝一杯。一献之礼结束，公婆先走下西阶，新娘走下东边阼阶，这表明新娘已有接替婆婆作为一家主妇的资格了。

完成了新妇的礼仪，表明了新妇的孝顺，又重复表示她具备接替主妇资格，这些仪式，都是用来慎重地要求她要具备媳妇的孝顺之德。所谓媳妇的孝顺，是要顺从公婆的心意，与妯娌要和谐相处，最后，还要配合协助丈夫，完成家族所需要的丝麻布帛等女红之事，并谨慎地管理家族的财产，包括粟米与蔬果、脯醢等物。媳妇的孝顺之道完备了，家庭内部才能和谐安定；家庭内部和谐安定了，家族才能长久兴旺。因此，圣王非常重视婚礼中新妇的孝顺之德。

所以古代女子在出嫁前三个月，如果她的高祖宗庙尚未迁移，就在宗祠接受婚前教育；如果祖庙已迁，就在支祠中接受婚前教育。新娘教育的内容有教导新妇应有的贞顺、言语的应对、表情和脸色，以及纺织刺绣等女红之事。新娘教育完成之后，要祭告祖先，用鱼作祭品，用水中植物蘋菜、藻类做羹汤，使用这些阴性食材，是为了成就新妇阴柔贞顺的美德。

【现代解读】

婚礼中舅姑降自西边客阶，新妇降自东边阼阶，显示自婚礼完成后，新妇已具备接替舅姑为一家主妇的资格，准备主持家务。新妇为凝聚家族和谐气氛的关键人物，所以不论冠礼或婚礼，皆通过东方阼阶、西方客阶的方位艺术，让行礼者由践行传统的方位，展现尊卑等差的秩序之美。

中国社会的婚姻制度，并非新郎、新娘两个人的事，而是两个家族的事，所以自古有谓："娶妻娶德。"新娘自踏入男方家门之后，其一举一动、一言一行，攸关整个家族的兴衰成败。所以古代圣王制定结婚礼仪时，特别注重新妇的贞顺之德。德、容、言、功四德中，有妇顺、妇容、妇言三项属于德行教育，至于纺织刺绣等女红才艺，也是先秦以来女子教育的重点。

女性身为家族的灵魂人物，其身体外在的结构虽然柔弱，但心灵的忍受度远比男子强大。古代社会，素来重男轻女，女子从童蒙教育开始，即实施三从四德的教育，强调言行举止展现出来的身体美感与教养。婚前三个月，再做新娘教育，把家庭教育中学习的妇德、妇容、妇言、妇功等德行与才艺，在婚礼及婚后生活中彻底展现出来，此亦流露出女方家庭教育之优劣。因此，家庭教育实为身体美学养成的关键时期，不可不慎！

【原典精选】

古者天子后立六宫、三夫人、九嫔、二十七世妇、八十一御妻，以听①天下之内治，以明章妇顺，故天下内和而家理②。天子立六官、三公、九卿、二十七大夫、八十一元士，以听天下之外治，以明章天下之男教，故外和而国治。故曰："天子听男教，后听女顺③；天子理阳道，后治阴德；天子听外治，后听内职。教顺成俗，外内和顺，国家理治，此之谓盛德。"

是故男教不修，阳事不得，適见④于天，日为之食；妇顺不修，阴事不得，適见于天，月为之食。是故日食则天子素服而修六官之职，荡天下之阳事；月食则后素服而修六宫之职，荡天下之阴事。故天子之与后，犹日之与月、阴之与阳，相须而后成者也。

天子修男教，父道也；后修女顺，母道也。故曰："天子之与后，犹父之与母也。"故为天子服斩衰，服父之义也；为后服资衰⑤，服母之义也。（《昏义》）

【简注】

①听：音 tìng，管理、处理。

②"以听天下之内治"一句：依王梦鸥《礼记校证》，此处原文当作："以听天下之内治，以明章天下之妇顺，故内和而家理。"

③后听女顺："女顺"二字，依王梦鸥《礼记校证》，"当是'妇顺'二字。"

④適：音 zhé，同"谪"，谴责。见：音 xiàn，出现。

⑤资衰：当为"齐衰"，通假字。

【语译】

古代的天子，在皇后以下设立六宫、三夫人、九妃嫔、二十七世妇、八十一御妻，以掌管治理天下对内（后宫）的事务，以彰显天下女性的和顺之德，所以内部和谐而后宫安定。天子设立六官、三公、九卿、二十七大夫、八十一元士，以掌管治理天下对外（朝廷）的事务，以彰显天下男子的政教能力，所以朝廷外部和谐而国家安定。因此说："天子掌管臣民的政教，皇后掌管女性的柔顺；天子治理阳刚的男子事务，皇后调理阴柔的女子德性；天子掌管外部的治理，皇后掌管内部的治理。教化柔顺成为风俗，外部和内部事务的推动都和谐顺畅，朝廷与后宫都治理得井井有条，这就是天子与皇后的盛德。"

因此，男子政教不修治，违背了阳刚之道，上天会出现谴责的征兆，而有日食的现象；女子妇顺不修治，违背了阴柔之道，上天也会出现罪责的征兆，而有月食的现象。所以遇到日食，天子必须穿上纯白服饰，修治六官的职事，以涤除、整理天下的阳刚之事；遇到月食，皇后必须穿上纯白服饰，修治六宫的职务，以涤除、整理天下的阴柔之事。天子与皇后，犹如日与月、阴与阳，相辅相成才能成就天下之事。

天子修治男子政教，犹如父亲角色；皇后调治女性柔顺，就像母亲角色。所以说："天子与皇后，就好像百姓的父亲与母亲。"因此，如果天子死了，臣子要为他服斩衰丧，在道义上，和服父亲之丧一样；如果皇后死了，臣子要为她服齐衰丧，就像服母亲之丧一样。

【现代解读】

先秦礼制，天子和皇后分别治理朝廷内外诸事，实为夫妇之道扩而充之的极致表现，故被编入《昏义》一并言之。从主体而言，有天子与皇后的男女之别；从事相而言，则有阴阳之分；从职务而言，则有外内之异，其实质则为一。而三、六、九、二十七、八十一的官职数目，为三的倍数。此三倍之法，乃大要而言之，若无适当人选，则可阙而不补，并非一定要凑够如此数目的官职。而天子与皇后是否有德，关系着国家治理的成功与否，因此，先秦儒家极为重视天子与后妃之盛德，由《昏义》可见其大要。

《汉书》卷八十一载有匡衡奏疏："太上者，民之父母。后、夫人之行不侔于天地，则无以奉神灵之统，而理万物之宜。"这段极言人事与天文相感应的原理，与《昏义》本段言天子与皇后及阴阳之事、父母之义，大旨相同。匡衡与戴德、戴圣，同为后苍弟子，故两者之言如出一辙。先秦儒家思想，至汉初已掺入阴阳五行学说，将人事政治与天文星象相结合，而成为儒术。《昏义》此段之论，或许受了阴阳五行学说的影响，已非先秦原始儒家的本意。

三、乡饮酒礼的意义

乡饮酒，指乡州邻里间敬老宴饮之礼。本篇为《仪礼·乡饮酒礼》的释文，内容分三个部分：首先引用《仪礼·乡饮酒礼》原文，阐述乡饮酒礼的核心精神与意义；其次引孔子之言，表彰乡饮酒礼的社会功能与作用；最后以阴阳五行学说阐释举行乡饮酒礼时，宾主的方位座次。

【原典精选】

乡饮酒之义：主人拜迎宾于庠①门之外，入三揖②而后至阶，三让而后升，所以致尊让也。盥、洗、扬觯③，所以致絜④也。拜至⑤、拜洗⑥、拜受⑦、拜送⑧、拜既⑨，所以致敬也。

尊让、絜、敬也者，君子之所以相接也。君子尊让则不争，絜、

敬则不慢。不慢不争，则远于斗、辨矣，不斗、辨，则无暴乱之祸矣，斯君子之所以免于人祸也。故圣人制之以道。(《乡饮酒义》)

宾、主，象天地也。介⑩、僎⑪，象阴阳也。三宾⑫，象三光也。让之三也，象月之三日而成魄⑬也。四面之坐，象四时也。(《乡饮酒义》)

乡饮酒之礼：六十者坐，五十者立侍，以听政役，所以明尊长也。六十者三豆⑭，七十者四豆，八十者五豆，九十者六豆，所以明养老也。民知尊长养老，而后乃能入孝弟；民入孝弟，出尊长养老，而后成教；成教而后国可安也。君子之所谓孝者，非家至而日见之也，合诸乡射，教之乡饮酒之礼，而孝弟之行立矣。

孔子曰："吾观于乡，而知王道之易易⑮也。"(《乡饮酒义》)

【简注】

① 庠：音 xiáng，古代乡学。

② 揖：音 yī，拱手行礼。

③ 盥、洗、扬觯：主人盥手洗酒杯，再举起酒杯向宾客敬酒。觯：音 zhì，饮酒器。

④ 絜：同"洁"，音 jié，干净。

⑤ 拜至：宾客到达时，主人拜迎于阼阶。

⑥ 拜洗：主人盥手洗爵和觯两个酒杯。

⑦ 拜受：宾客登上西阶面向北方拜受，感谢主人亲自为自己洗酒杯。

⑧ 拜送：主人举觯，拜送献爵，向宾客敬酒。

⑨ 拜既：宾客干杯之后，主人再拜，答谢宾客，完成献酒之礼。

既：完成。

⑩ 介：陪客。

⑪ 僎：同"遵"，音zūn，典礼时辅佐行礼的人。

⑫ 三宾：指主宾、陪客（介）、众宾。

⑬ 魄：月缺时暗淡无光。

⑭ 三豆：三盘菜。豆：盛食物之器皿的名称，状似"豆"字，故名。

⑮ 易易：极为容易。

【语译】

乡里饮酒礼的意义是：宾客到达时，主人拜迎宾客于乡学的门外，主人三次拱手行礼，引宾客至台阶，宾客三次谦让之后，一起登上台阶。三次谦让才升阶，是为了表达尊重。主人盥手洗酒杯，再举起觯向宾客敬酒，是为了表示器具的洁净。宾客到达而主人拜迎于门外；主人亲自洗酒杯，宾客拜受；主人拜送，献上酒杯向宾客敬酒；宾客干杯之后，主人再拜，答谢宾客，完成献酒之礼。以上这一系列的礼仪，是用来表达对宾客的敬意。

主客彼此尊重、谦让，饮食清洁卫生，互相致敬，这是君子用来相互交接的礼仪。君子能彼此尊重、相互谦让，就不会有争执之事发生；能洁净器具和恭敬献酒，态度就不会轻慢。不轻慢、不争执，就会远离打斗、诉讼的事端了；不会打斗、诉讼，就没有强暴、作乱的祸害了。这是君子用来避免人为祸害的方法，所以圣人把"尊、让、洁、敬"四者，制定为乡饮酒礼的原则。

宾客和主人象征天与地。陪客和辅佐行礼者象征阴与阳。主宾、陪客、众宾这三种宾客，象征日、月、星三光。主人和宾客彼此谦让三次，象征月缺时暗淡，三天后才复明。酒席摆成四面的座位，象征春、夏、秋、冬四季。

乡饮酒之礼：六十岁以上的长者入座，五十岁以上的人站立陪侍，以听候政令差役，这是用来表明对长辈的尊重。六十岁以上的长者三盘菜，七十岁以上的四盘菜，八十岁以上的五盘菜，九十岁以上的六盘菜，这是用来表明对老者的奉养。百姓知晓要尊重长辈、奉养老者，然后才能在家孝顺父母、友爱兄弟。百姓在家能孝顺父母、友爱兄弟，出外能尊敬长辈、奉养老者，然后才能成就教化，成就教化之后，国家才可以安定。君子所说的孝，不是到每户人家去宣扬，也不是每日召见加以劝诫，只要在举行乡射之礼时，把百姓集合起来，教他们乡饮酒的敬老礼仪，孝悌德行的楷模自然地就建立起来了。

孔子说："我参观过乡里饮酒的敬老之礼后，就知道王者教化之道是极容易推行的。"

【现代解读】

《礼记·礼器》有云："尊者举觯，卑者举角。"角从爵演化而来，两者形状相似，而觯这种饮酒器，为地位尊贵者所用。清代孙希旦《礼记集解》谓："盥、洗扬觯，谓主人盥手洗爵，而举爵以献宾。献、酢以爵，酬以觯。"指的是举行乡饮酒礼时，主人将手洗净后，在宾客面前洗爵，并将爵献给宾客，自己再用觯向宾客敬酒，宾客则用爵向主人回礼，饮下敬老之酒。

由《乡饮酒义》的记载，可知先秦乡饮酒礼的主要仪式有六个方面。

（1）拜至：宾客到达时，主人拜迎于阼阶，以示尊重。

（2）拜揖：主人三次拱手行礼引宾客至台阶，宾客三次谦让之后，一起登上台阶，主人走东边的主阶，宾客走西边的客阶。

（3）拜洗：主人在宾客面前洗手，再亲自洗爵和觯两个酒杯，并举起觯，以示酒杯的洁净，此即为扬觯。

（4）拜受：宾客登上西阶北面拜受，感谢主人亲自为自己洗酒杯。

（5）拜送：主人举觯，拜送献爵，向宾客敬酒。

（6）拜既：宾客干杯之后，主人再拜答谢，完成献酒敬老之礼。

以上一系列乡饮酒礼的仪式，其精神意义在于"尊、让、洁、敬"。迎宾拜至示尊重，三次拜揖示谦让，拜洗扬觯示洁净，而从拜至到拜既示恭敬。古代圣王制礼时，考量饮酒敬老之礼，在仪式的应对进退之间，可以培养宾主间的尊重、谦让、洁净与敬意，而不同年龄层的长辈与老者，依身体状况或坐或立，进奉的食物或多或少，充分体现敬老尊贤的意义。行礼中的长辈及老者，其身体不只是代表个人的身体，而是展现阶层、身份、年龄、德行等社会化的意义，足以作为晚辈少者的身体楷模，故自古受到历代圣王极大的重视。现代，每逢农历九月九日，各地均有重阳敬老的活动，都是先秦乡饮酒礼的遗绪。

四、燕礼的意义

燕即宴也。燕义，指宴飨之礼的意义。本篇原为《仪礼·燕礼》的释文。"燕礼"指君臣宾主间宴飨饮食之礼。依宾主阶层之异，有数种不同燕礼：天子宴飨来朝的诸侯，宴飨来聘的大夫，国君宴飨其臣，宴飨宗族者，宴飨老者等。本篇所论，以诸侯宴飨其臣为主。

【原典精选】

诸侯燕礼之义：君立阼阶之东南，南乡尔卿①大夫皆少进，定位也。君席阼阶之上，居主位也。君独升立席上，西面特立，莫敢适②之义也。

设宾、主，饮酒之礼也。使宰夫③为献主，臣莫敢与君亢礼也。不以公卿为宾，而以大夫为宾，为疑也，明嫌之义也。宾入中庭，君降一等而揖之，礼之也。

君举旅于宾④，及君所赐爵⑤，皆降，再拜稽首，升成拜，明臣礼也。君答拜之，礼无不答，明君上之礼也。臣下竭力尽能以立功于国，君必报之以爵禄，故臣下皆务竭力尽能以立功，是以国安而君宁。礼无不答，言上之不虚取于下也。上必明正道以道民，民道之而有功，然后取其什一，故上用足而下不匮也。是以上下和亲，而不相怨也。和宁，礼之用也。此君臣上下之大义也。故曰："燕礼者，所以明君臣之义也。"

席：小卿次⑥上卿，大夫次小卿，士、庶子以次就位于下。献君，君举旅行酬，而后献卿；卿举旅行酬，而后献大夫；大夫举旅行酬，而后献士；士举旅行酬，而后献庶子。俎、豆、牲体、荐、羞⑦，皆有等差，所以明贵贱也。(《燕义》)

【简注】

①南乡尔卿：国君向南，面向卿。据王梦鸥《礼记校证》，"南乡尔卿"此句之下，尚有"卿西乡北上尔大夫"之句，才有定位之说。

②適：同"敌"，音dí，匹敌。

③宰夫：掌管膳食的官员。

④君举旅于宾：国君举觯向众宾客敬酒。旅：动词，行敬酒之礼。

⑤君所赐爵：国君举觯为卿、大夫、士敬酒，诸臣受赐爵而饮。

⑥次：次于，下一等。

⑦荐、羞：进献美味的食物。荐：献上。羞：同"馐"，美味食品。

【语译】

诸侯宴飨群臣之礼的意义是：国君立于阼阶的东南方，向南面对卿、大夫揖拜，卿、大夫稍微前进，于是大家就座定位。国君的席位设在阼阶之上，居于主位；国君单独登上座席站立，面向西边，独自站立，表示没有人敢与国君匹敌的意思。

席上设有宾和主，这是依照饮酒礼的制度。国君派遣掌管膳食的官员，代为担任主人来进献酒食，表示臣子不敢与国君行对等之礼。诸侯的宴飨之礼不以地位尊贵的公卿为主宾，而以地位较低的大夫为主宾，那是因为公卿的地位已经很尊贵了，如果再做贵宾，那地位就接近国君了，很容易让人产生疑虑，所以其意义是辨明尊卑，以免有嫌隙。宾客虽然是臣子，但进入中庭时，国君仍须走下一级台阶来拱手作揖，这是尊重臣子的宾客身份而对他行礼。

国君举觯向众宾客敬酒，卿、大夫、士诸臣受赐爵而饮，都走到堂下伏地再拜称谢，然后饮酒。国君推辞，请臣子们升堂入座，臣子升到堂上又伏地再拜，完成赐爵，以彰显为臣者的礼节。国君因臣下再拜，也起来答拜，表示礼法上没有来而不往的，以彰显君上的礼节。臣子们竭尽力量与才能，为国家建立功业，为国君者必然以封爵位和赐俸禄作为回报，所以臣子们更会竭尽力量与才能，继续为国家建立功业，于是，国家就能安定而君上就能清静无事。在礼法上没有来而不往，指的是上位者不会白白取用臣下的贡献。上位者必定彰明以良善的正道来化导百姓，百姓接受化导而有所收获，然后国家收取百姓成果的十分之一，所以上位者用度充足而下位者没有匮乏；因此，上下情感和谐亲近而不会彼此有怨怼之心。和乐与安宁，是礼的功能，这也是君臣上下的道义所在。因此说："所谓宴飨之礼，是用来彰显君臣之间的道义关系。"

宴飨之礼的座位席次是：上卿为主宾，所以在宴席的东边；小卿次于上卿，在宴席西边；大夫又次于小卿，在小卿的西边；士人和庶子依次序就座于阼阶之下。宴饮时，宰夫做主人，首先献酒给国君，国君饮酒后，举觯依次行酬礼向卿劝饮，然后宰夫献酒给卿；卿举杯依次行酬礼向大夫劝饮之后，宰夫再献酒给大夫；大夫举杯依次行酬礼向士子劝饮后，宰夫又献酒给士子；士子举杯依次行酬礼向庶子劝饮后，宰夫再献酒给庶子。宴飨之礼中所用的食器杯盘，荤食、美味食品，都因阶层不同而有等差分别，这是为了彰显社会阶层贵贱的不同。

【现代解读】

燕礼的仪式，有许多与乡饮酒礼相似，如：饮酒的酒杯，主人举觯，宾举爵；座位席次亦以东为上，依序就座。不同之处：乡饮酒礼是主人亲自献爵于宾，而燕礼的主人是国君，因考量君臣之间的分际，所以不由国君亲自献爵于众臣子，而以宰夫代替国君献爵。诚如明代杨复谓："君臣之际，其分甚严，其情甚亲。使宰夫为献主，所以严君臣之分。"

举行燕礼的意义，主要在于彰显君臣之义。先秦的报恩观念是"使之必报之"，祈求天神赐福，故有祭天的祈祭与报祭；祈求大地让五谷丰登，故有祭地的祈社与报社；岁十二月的蜡祭，也是回报对农业有功的万物。而对于人民，君上必须定期回报，故有乡饮酒礼以敬老、燕礼以犒赏有功之臣子。

在燕礼上，虽为宾主的宴饮，但身份是君臣，因此，礼仪的制定必须凸显在上位者对臣下的亲厚之情与回报爵禄之意，也要借由仪式传达臣下对君上的卑恭之情与敬仰之意。因此，必须以席次的空间方位和身体的进退拜揖，传递彼此心中的情意和对阶层的敬意。清代孙希旦谓："臣必拜于堂下者，所以敬其君，臣之礼当然也。君于臣之拜必答之，所以敬其臣，君之礼当然也。"

燕礼上的酒杯礼器以及食物，都有等差区别，以彰显阶层身份的贵贱。可知在燕礼上，每个人的身体，并非个人化的身体，而是代表着在国家体制下的身份、地位与阶层，是属于社会化的身体。如何彰显社会化不同等级的身体美感？只有在礼仪制度的设计上，从每人所使用的酒器与食物来加以区别。每个阶层的身体，使用合于自己身份的礼器与食品，才会显现合于"中和"的身体美感，否则就会僭礼，导致人心混乱、缺乏敬意而不美了。

五、聘礼的意义

先秦聘礼分为三种：一为天子安抚诸侯的聘礼，二为诸侯奉事天子的聘礼，三为邻国外交修好的聘礼。《仪礼·聘礼》所载为邻国交聘之礼，《聘义》是对《仪礼·聘礼》意义的阐释。首先释聘礼的意义，其次言聘礼、射礼的盛大及其与德行的关系，最后因聘礼而言及玉之五德，阐明君子"比德于玉"的原理。

【原典精选】
聘礼：上公七介①，侯、伯五介，子、男三介，所以明贵贱也。介绍②而传命，君子于其所尊弗敢质③，敬之至也。三让而后传命，三让而后入庙门，三揖而后至阶，三让而后升，所以致尊让也。

君使士迎于竟④，大夫郊劳⑤，君亲拜迎于大门之内而庙受，北面拜贶⑥，拜君命之辱⑦。所以致敬也⑧。敬让也者，君子之所以相接也。故诸侯相接以敬让，则不相侵陵。

卿为上摈⑨，大夫为承摈⑩，士为绍摈⑪。君亲礼宾。宾私面⑫私觌⑬，致饔饩⑭，还圭、璋⑮，贿赠⑯，飨、食、燕⑰。所以明宾客⑱君臣之义也。(《聘义》)

【简注】
①介：聘礼中替宾主传话的人。

②绍：承继。

③质：简慢。

④竟：同"境"，边境。

⑤郊劳：在郊外慰劳。劳：慰问劳苦之人，使其心中舒坦。

⑥北面拜贶：面向北方拜受使者带来的礼物。贶：音 kuàng，赐予。

⑦拜君命之辱：使者拜见主国之君，传达宾方君上旨意，唯恐冒犯了主国的国君。辱：辱没、冒犯，此为谦辞。

⑧所以致敬也：依王梦鸥《礼记校证》，"致敬"之下脱一"让"字，应为"所以致敬让也"。

⑨上摈：接待宾客的主傧相。摈：同"傧"，音 bìn，接待宾客的人。

⑩承摈：承接上傧的副傧相。

⑪绍摈：绍继承傧的末傧相。

⑫私面：私下以个人之礼拜见主国的卿、大夫。

⑬私觌：私下以个人之礼拜见主国的国君。觌：音 dí，以礼相见。

⑭致饔饩：送上已宰杀的及活的牲畜作为礼物。饔：音 yōng，已宰杀的牲畜。饩：音 xì，活的牲畜。

⑮还圭、璋：宾使将回国时，主国之君派卿至宾馆退还宾国君主所执为信物的圭和璋，表示再次聘用，相当于现代的再发一次聘书。圭：诸侯在大典时所持的玉器，形近石斧，上公之聘圭八寸，侯、伯之聘圭六寸，子、男则用璧四寸。璋：形如半个圭，为聘夫人之玉器。

⑯贿赠：退还圭璋之后，再以一束纺绸赠送，贿以答其聘，赠以答其私觌。贿：还玉时所赠的束纺。

⑰飨、食、燕：飨礼、食礼和燕礼。飨礼、食礼在朝廷举行，飨礼今已亡佚，食礼即《仪礼·公食大夫礼》，燕礼在寝宫举行。聘礼

有一食、再飨，燕则无常数。

⑱宾客：依王梦鸥《礼记校证》，"宾主与君臣为排偶语"，此当据改为"宾主"。

【语译】

聘礼的制度：上公用七个介，即七个传话的宾使，侯、伯用五个介，子、男用三个介，以彰显贵贱的区别。宾使一个承接一个地传达君命，因为德位相称的君子，对于所尊重的人不敢简慢，所以宾主间不当面接触，以介来传递信息，这是最极致的敬意表现。宾使到达主国后，国君派卿向宾使请问来意，使者三次谦让然后传命，再谦让三次然后进入主国宗庙之门，主君三次拱手揖拜之后引宾使走到阶前，宾使三次谦让之后，主君先上东边阼阶，以引导宾使上西边客阶，这些礼仪都须来回三次，以表达尊重和谦让。

国君派遣士子在边境迎接宾使，派遣大夫在郊外慰劳他们，宾使到达后，国君亲自在大门之内拜揖迎接，在宗庙中接受宾使所传达的来意，面向北方拜受宾使带来的礼物，宾使拜见主国之君，传达宾方君上旨意，谦虚地表示唯恐冒犯了主国的国君。以上这些礼仪，都用于表达最高的恭敬和谦让。所谓恭敬和谦让，是君子相互交接往来的原则。因此，诸侯之间以恭敬和谦让来相互交接，彼此就不会互相侵犯和欺凌。

接待宾客时，派遣卿为主要接待的傧相，大夫为承接的副傧相，士子为绍继的三傧相。行聘之礼完毕，国君亲自以醴酒敬宾使，宾使私下以个人名义拜见主国的卿、大夫，再私下以个人名义拜见主国的国君。宾使将回国时，主国之君派卿至宾馆，送上已宰杀的及活的牲畜作为礼物，退还宾国主君所执为信物的圭和璋，宾使离开宾馆到郊外后，国君派卿再以一束纺绸相赠。在整个聘问过程中，主国之君以一食礼、再飨礼，以及数次的燕礼来接待宾使。以上这些礼仪，主要是用来彰显宾与主、君与臣之间的道义关系。

【现代解读】

先秦聘礼的意义有三：明贵贱、致尊让、致敬让。

（1）明贵贱。以派遣聘问的介使人数多寡，作为阶层身份的表征。社会阶层越高，可派遣的聘使越多，上公可派七个介，侯、伯可派五个介，子、男只能派遣三个介。

（2）致尊让。"三让而后传命，三让而后入庙门，三揖而后至阶，三让而后升"，不论是宾国的使者，还是主国的国君、上傧、承傧、绍傧，都必须谦让再三，拱手行礼再三，以表达对彼此的尊重和谦让。

（3）致敬让。"君使士迎于竟，大夫郊劳，君亲拜迎于大门之内而庙受，北面拜贶，拜君命之辱。"宾国遣使来受聘，国君不会亲自去迎接，此有失国格，然而又要表现对友邦的尊重和敬意，所以用种种仪式来表现敬让之意。首先，派遣士子代表主君在边境迎接宾使；其次，派遣大夫在郊外慰问宾使；然后，宾使到达国都，主君亲自迎接，但不在宗庙大门之外，而是在宗庙大门之内，这也是为了维护主国的国格；最后，进入宗庙听受宾使传达友邦君上的旨意，宾使要谦虚地表示辱没、冒犯的惶恐之意。

以上种种仪式，让主、宾两国各阶层贵族的身心，都秉持着恭敬与谦让的态度，进行合宜的应对与进退。由此可知，外交聘问之礼，以敬让为最高原则，主宾双方若能以敬让相交，彼此就不会互相侵凌，国之边境便得以和谐，百姓才能相安无事。所以，古代圣王制定一套有来有往的聘礼，为的是让国家能安定祥和，社会无战乱纷扰，百姓能安居乐业。

南宋陈澔谓："先时上摈入受主君之命出，而传与承摈，承摈传与末摈，此是传而下。宾之末介受命于末宾而传与次介，次介传与上介，上介传与宾，是传而上。"可见聘礼在双方旨意的传达上，有一定的规矩。主方是由国君往下传命于卿、大夫、士，宾方是由最下层的末介层层向上传命，最后由宾使当面向主国君上报告来意。

至于聘礼制度，何以规定主国要有上摈、承摈、末摈？而宾国又何以要有宾使、上介、次介、末介？清代孙希旦《礼记集解》谓："礼以文为敬，若传命之时不用众介，则过于质悫，而非所以为敬矣。故介绍而传命，乃聘宾所以致敬于主国也。"《礼记·礼器》亦有曰"七介以相见，不然则已悫"，可知外交聘问之礼，须以外在的文饰来表达敬意。如果宾方传命使者太少，则礼过于简素，有怠慢不敬主国之嫌；如果主国接待的傧相太少，也有轻视不尊友邦之疑。故而外交聘问之礼，双方必须在繁复的礼文中，表达彼此尊重恭敬的心意。先秦外交使节在以身体践行礼仪时，此身体已非使者个人化的身体，而是代表着己国的国格与心意。礼曰"称情而立文"，外交聘礼的考量，无法以个人化身体为主，必须以社会化身体来建立敬让的礼文仪式，才能维持国与国之间的友好关系，整体世界方可以趋向中和的美善境界。

遗体：终身行孝

【原典精选】

曾子曰："身也者，父母之遗体也。行父母之遗体，敢不敬乎？居处不庄，非孝也；事君不忠，非孝也；莅官①不敬，非孝也；朋友不信，非孝也；战陈②无勇，非孝也；五者不遂，灾及于亲，敢不敬乎？

"亨、熟、膻、芗③，尝而荐之，非孝也，养也。君子之所谓孝也者，国人称愿然曰：'幸哉有子如此！'所谓孝也已。众之本教曰孝，其行曰养。养可能也，敬为难；敬可能也，安为难；安可能也，卒④为难。父母既没，慎行其身，不遗父母恶名，可谓能终矣。仁者，仁此者也；礼者，履此者也；义者，宜此者也；信者，信此者也；强⑤者，强此者也。乐自顺此生，刑自反此作。"（《祭义》）

【简注】

①莅官：上任、到职，居官。

②战陈：即战阵，上战场服军阵之事。

③亨、熟、膻、芗：烹宰腥膻熟食，焚烧谷类馨香的气味。亨：即"烹"。芗：音 xiāng，谷类馨香的气味。

④卒：终也，终其一生。

⑤强：努力。

曾子说："所谓身体，是父母留给子女的形躯。以父母给予子女的身体来行事，岂敢不恭敬谨慎？日常在生活起居的处所，举止行为如果不庄重，就不是孝；侍奉国君如果不忠，就不是孝；上任官场、主持政务，如果不恭敬行事，就不是孝；与朋友交往而不讲诚信，就不是孝；上战场服军阵之事，如果没有勇气，就不是孝。以上五项如果做不到，不仅自身要受到处罚，灾祸也会殃及父母亲，因此，身体能不恭敬行事吗？"

"宰鸡杀鸭，焚香烧纸，到祭祀的日子忽来奉祀一番，那都不是孝，只是供养而已。君子所谓的孝，是全国人民都称赞、希望效法，说：'多么幸运啊，有这样的好儿子！'能做到这样，才算是所谓的孝。教育大众最基本的品德就是孝，表现在行为上的称为养。养，也许一般人都做得到，但有恭敬心的养，就很困难了。有恭敬心的养，是可以做到的，但能使父母安心的敬养，就很困难了。能使父母安心的敬养，也许是可以做到的，但不管父母在世不在世，能终其一生，敬养父母到最后的，那就很困难了。父母过世之后，谨慎地以自己的身体行事，不连累父母遭受被批评的恶名，这才可称为能终其一生行孝了。所谓仁，就是做到这一点；所谓礼，就是实践这一点；所谓义，就是合乎这一点；所谓信，就是真诚地完成这一点；所谓强，就是努力在这一点上。内心的快乐，是由行此孝而自然地产生；社会的刑罚，也是因为违反这个孝而理当执行的。"

【现代解读】

《孝经·开宗明义》章有谓："身体发肤，受之父母，不敢毁伤，孝之始也。"《礼记·祭义》在此也提到孝子在为父母举行祭祀时，对自我身体的看法。孔门中行孝至笃的曾子所言，令人深切地感受到：

我之身躯，乃父母遗留下来的血缘肉体，以父母遗留下来的血缘肉体在人世间从事各种行为，岂敢不恭敬修持？当父母过世之后，能为父母守丧至终的最好证明，即谨慎地修养护持自己的身体，包括言语、行为、举止，均不使父母于死后蒙受教养不善的恶名。

而真正的孝，并非在父母过世之后，表面上备办了许多仪式性的食物，按四季祭祀追念，而是在父母仍健在时，便恭敬地奉养，并努力地修养自己身体的言行举止，不使父母担惊受怕，反而让周遭的人赞美羡慕，进而想学习效法，使父母以我为荣，博得教子有方的美名。为人子女者，是不是一个仁、义、礼、智、信的君子，从侍奉父母亲是否能终其一生行孝，便可真正地观察出来。

【原典精选】

曾子曰："孝子之养老也，乐其心，不违其志，乐其耳目①，安其寝处，以其饮食忠养之。孝子之身终，终身也者，非终父母之身，终其身也。是故父母之所爱亦爱之，父母之所敬亦敬之。至于犬马尽然，而况于人乎！"（《内则》）

【简注】

①乐其耳目：敬备礼乐，以奉父母之耳目视听。

【语译】

曾子说："孝子奉养亲老，在于使父母内心快乐，不违背父母的心意志愿，敬备礼乐，以悦耳目，留意寝处，使起居安适，以父母所喜好的饮食，尽心竭力地照料奉养，直到孝子的身体生命结束的那一天。所谓终身，不是终止于父母的一生，而是终止于孝子的一生，所以对于父母生前所爱所敬的，孝子也必须爱敬，乃至于父母钟爱的犬马也是如此，何况是对于父母所爱敬的人呢！"

【现代解读】

《内则》除了详细记载先秦男女童蒙教育的时程及内容之外，更重要的是，从日常生活常规的教养，以及品格学识的提升，进而实践在对父母的终身行孝与奉养上。因此，《内则》也出现了类似《祭义》"终身行孝"的概念。

"终身"一词在《礼记》中出现了五次，一与孝子奉养父母的心意有关，二与君子终其一身与一生的德行修养有关。《内则》所提到的终身行孝，完全指孝子奉养父母到自己生命终了之日，时时皆能深入体会父母所爱、所敬者为何。以父母之心为心，以父母之志为志，孝子对父母的行孝，不仅止于耳、目、口、腹的供养，更是要竭尽所能，直到父母生命结束时，都能让父母快乐，不虞匮乏，如此才是真正的终身行孝与奉养。

一、丧礼

（一）丧礼的意义

1.丧事主哀

【原典精选】

宾客主恭，祭祀主敬，丧事主哀，会同主诩[①]。军旅思险[②]，隐情以虞[③]。(《少仪》)

孝子之事亲也，有三道焉：生则养，没则丧，丧毕则祭。养则观其顺也，丧则观其哀也，祭则观其敬而时也。尽此三道者，孝子之行也。(《祭统》)

①会同主诩：诸侯朝见天子或互相聘问时，以炫耀国威为主。诩：音xǔ，夸口，说大话。

②思险：要思考、戒备以免失败。险：失败。

③隐情以虞：隐匿我方的实情，估量对方的实力。

【语译】

身为宾客，在与主人交际时以态度谦恭为主；祭祀的精神，在于内心诚敬以感动神明；丧礼的精神，以表达内心的哀戚之情为主；诸侯朝见天子或诸侯之间的集会，以炫耀国威为主。行军布阵，要思考、戒备以免失败，并隐匿我方的实情，估量对方的实力。

孝子侍奉双亲，有三项重要的任务：父母生时要尽心奉养，父母过世时要依礼守丧三年，守丧结束则要按时祭祀。尽心奉养父母，是用来观察孝子是否顺从父母；守丧三年，是用来观察孝子是否具有对父母过世的哀戚之情；在宗庙祭祀父母，是用来观察孝子是否以诚敬之心守时举行。能竭尽这三项重要的任务，就可称得上是孝子的行为了。

【现代解读】

丧葬之礼，其实质意义，在于审美主体发自内心的哀戚悲伤之情。这样的哀戚悲伤之情形诸仪式中，使仪式蕴蓄着生者对死者恒久不变、难以抑遏的情感。个体生命成长历程中，最大的创痛，莫过于遭逢父母之丧。父母之丧为个体生命过程中最大的变故，则事故陡然发生时，必有一连串表达孝子哀戚之情的仪式。

按周代的丧礼，必须经过属纩、复、饭含、袭、小殓、大殓、殡、虞祭、练祭、祥祭等仪式。仪式之用心，唯在使审美主体哀戚之情得以抒发。若拘执其外在仪式，而失其内心真诚的哀戚，则不为儒家思想所认同。

2.节哀顺变

【原典精选】

丧礼，与其哀不足而礼有余也，不若礼不足而哀有余也。(《檀弓上》)

丧礼，哀戚之至也。节哀，顺变①也，君子念始之者也。(《檀弓下》)

【简注】

①节哀，顺变：调节哀戚之情，制定适当的丧礼仪式，以顺应悲痛的身心变化。

【语译】

丧礼，与其哀戚之情不足，但礼文仪节非常繁复，不如礼文仪节简略不足，但哀戚之情充满心中、流露于外。

丧礼，是哀戚之情达到极致的表现。对于孝子遭逢父母之丧，必须制定一套适当的仪式，以逐渐调节哀戚之情，顺应悲痛的身心变化，这是有德的君子想到父母生育自己，针对孝子在遭逢父母之丧如何调节哀戚之情所创制的仪式。

【现代解读】

儒家的审美理想，自孔子以来，素以文质彬彬为最高原则，内心的哀戚与外在仪式礼文相称，才是儒家身体美学的理想境界。然而在现实中，倘若无法达致文质彬彬的美感状态，则形式与情感两相取舍的结果，孔子及后代儒家皆以审美主体内心的情感为主要诉求，强调本质之美重于形式之美，这是孔子及后世儒家一致主张的丧礼之精神意义。

丧礼以审美主体心中的哀戚之情为本质，然而在具体行礼的过程中，却必须衡量行礼者的身心状况，以合于人情之实。丧礼"尽其哀"的态度，与祭礼"自尽其敬"意义相同，要在行礼者的亲临参与，以竭尽所能的态度，实践丧礼主哀的本质。一旦掌握丧礼以哀为主的本质，则凡能达到哀戚本质的人，虽因身心状况而在行礼仪式上有所不足，亦在儒家思想可以包容、接纳的范围。

（二）丧葬礼仪

先圣先王在制礼之初，为免人情因过度哀痛而伤其身体，因此特别强调节哀顺变之道。节哀是针对父母刚过世时，各项仪式中孝子哀戚之哭的节限。至于顺变，丧礼以哀为主，乃人情之实，如果不加以节限，必将至于伤身灭性。因此，先秦丧礼有一连串繁复的葬仪，用以调节行礼主体的哀戚之情，令其身心通过一项一项的仪式，调节哀戚之情，顺应身心的变化，逐渐恢复精神与体能，回到原来所担任的社会角色。以下简单介绍先秦丧礼的几项重要仪式：

属纩：以棉花置死者口鼻之间，以判断是否尚有气息。

复：招魂仪式。

饭含：置米、饭、贝、玉于亡者口中。

袭：加衣、帽、屦、幎目。

小殓：死后第二日，于室中为死者加衣衾。

大殓：死后三日，于厅堂西阶，掘坎，置棺于其中，为亡者加衣，遗体入棺。

殡：大殓后，棺暂停于厅堂西阶，天子停殡七日，诸侯停殡五日，大夫及士、庶人停殡三日。

虞祭：丧后三个月称卒哭，卒哭之明日所举行的祭祀。

练祭（小祥之祭）：丧后第十三个月，即满一年之后所举行的祭祀，祭后改穿细麻的练服。

祥祭（大祥之祭）：丧后第二十五个月，亦即满两年之后所举行的祭祀，祭后即除去丧服，完成三年守丧。

《问丧》一篇，前半部分阐释父母之丧的守丧仪式，以及丧亲之痛的心情，后半部分以设问和回答的方式，阐明守丧之礼的肉袒、丧帽、丧杖等各项礼仪的意义。

1.笄缅徒跣

【原典精选】

亲始死，鸡斯[①]，徒跣，扱上衽，交手哭。恻怛之心，痛疾之意，伤肾、干肝、焦肺，水浆不入口，三日不举火，故邻里为之糜粥以饮食之。夫悲哀在中，故形变于外也；痛疾在心，故口不甘味，身不安美也。(《问丧》)

【简注】

①鸡斯：应为"笄缅"之字误。笄是发簪，缅是绑发的帛带。

【语译】

父母亲刚过世时，孝子要去除礼冠，仅留发簪和绑发的帛带在头上，打赤脚，把深衣的下裳前摆折纳在腰带间，双手交叉在胸前捶胸顿足痛哭。那种悲伤的心情，哀痛的意念，简直会使肾脏摧伤、肝脏干枯、肺脏焦燥，连一点水与浆也喝不下，三天之内没有心思生火烹煮进食，所以要靠邻里亲友煮点稀饭给他喝。这都是因为内在有极深的悲哀，连外在感官也都会改变。孝子因为心里极度的伤痛，所以口中尝不出美味，身体也不安于穿美丽的衣服。

【现代解读】

人遭遇最大的哀戚，莫过于哀父母之丧。父母刚过世时，孝子内心的悲哀伤痛是最深、最剧烈的，因此连外在的身体感官都随之骤变。然而，哀戚之情必须有所节制，随着仪式的加隆或减杀，孝子对父母之丧的心理调适，也会随仪式而顺应之，以免因过度的哀痛而毁形伤身。

以丧礼而言，丧葬礼仪为赎罪性仪式。其中较具美学意义的仪式，据《礼记》所载，则为"复礼"与"饭含之礼"。《檀弓下》曰："复，尽爱之道也，有祷祠之心焉。""饭用米贝，弗忍虚也；不以食道，用美焉尔。"复礼，即招魂仪式，以竭尽行礼者对亡者敬爱不舍的心意。饭含之礼，即置米、贝、玉于死者口中的仪式。士阶层的饭含之礼，不使用生者吃的熟食，而用米、贝等天然生成的美好之物。复礼和饭含之礼，都是表达行礼者内心的美好愿望，前者祈愿亡者复活，后者则祝祷亡者在死后的世界，也能饱食丰足、不虞匮乏。

2.击心雀踊

【原典精选】

三日而敛。在床曰尸，在棺曰柩。动尸举柩，哭踊无数。恻怛之心，痛疾之意，悲哀志懑气盛，故袒而踊之，所以动体安心、下气也。妇人不宜袒，故发胸、击心、爵踊①，殷殷田田②，如坏墙然③，悲哀痛疾之至也。故曰"辟踊哭泣，哀以送之"，送形而往，迎精而反也。（《问丧》）

【简注】

①爵踊：像雀鸟一样，双脚一起上下跳动。爵：同"雀"。

②殷殷田田：以手捶胸的声音。

③如坏墙然：以手捶胸的声音和形态，好像用土筑墙的样子。坏：为"抔"的错字，抔：音póu，筑造。

【语译】

父母亲死后三天而入殓，遗体放在床上称为尸，放入棺木中就称为柩。凡是移动尸体和举起棺柩，守丧的孝子就要尽情号哭和跳踊。由于悲哀的心情，伤痛过度像生病的样子，身体因悲哀烦闷而气血充盛，必须袒胸跳踊，通过运动肢体，安定心情，让气血下降平静。妇人不适合袒胸，所以敞开一点胸襟，用手捶胸，像雀鸟一样，两脚一起跳动，砰砰砰砰的，好像用土在筑墙一样，这是表示悲哀伤痛到极点。所以《孝经》说"捶胸跳踊哭泣，以哀伤的心情送父母最后一程"，把父母的形骸躯体送走，把父母的精神魂魄迎接回家。

【现代解读】

丧礼仪式的制定，深具身体美学与治疗学的意义。当听到父母过世的消息时，孝子是无法接受的，自然会有极强烈的悲痛哀伤，所以丧礼的每一项仪式，都是为了消解孝子的创伤心情，不论哭泣、敞胸、击心、跳踊，皆为了让充塞胸臆的悲痛有一个舒放的通道，这是处理悲伤极为重要的过程。如果没有适度的宣泄通道，则悲伤情绪无法有合理的出口，长期积累下来，容易导致忧郁症状，即创伤后压力症候群。因此，儒家对于丧礼仪式的制定，着眼守丧孝子的情绪处理，从一开始无时无刻地哭泣，一年后的悲伤逐渐平复，到三年丧期结束，孝子也从父母之丧的悲痛阴影中走出来，回到工作岗位，继续扮演社会上的角色。儒家面对丧礼的态度，与佛教丧礼以往生者为考量，迥异其趣。佛教生死学教导往生者在七七四十九天如何接受己身死亡的事实，在经历临终中阴、法性中阴、受生中阴的过程，如何修持一心不乱。从丧礼仪式的制定，可明显看出儒、佛两家的生死观，以及人文关怀的重点所在。

3.下葬返哭

【原典精选】

其往送也，望望然，汲汲然，如有追而弗及也。其反哭也，皇皇然，若有求而弗得也。故其往送也如慕，其反也如疑。

求而无所得之也，入门而弗见也，上堂又弗见也，入室又弗见也，亡矣丧矣，不可复见已矣！故哭泣辟踊，尽哀而止矣。心怅焉怆焉、惚焉忾焉①，心绝志悲而已矣。祭之宗庙，以鬼享之，微幸复反②也。

成圹③而归，不敢入处室，居于倚庐④，哀亲之在外也；寝苫枕块⑤，哀亲之在土也。故哭泣无时，服勤三年，思慕之心，孝子之志也，人情之实也。（《问丧》）

【简注】

①惚焉忾焉：神情恍惚而叹息。忾：音xì，叹息。

②微幸复反：希望父母的魂灵有幸能回到家。微幸：非分的企求，希望能成功。

③成圹：完成遗体下葬，将墓穴填平。

④倚庐：中门外东墙边临时搭建的草屋。

⑤寝苫枕块：睡在草垫上，用土块作枕头。苫：音shān，草垫。

【语译】

在为父母送葬的过程中，不断瞻望，心中焦急，好像一心要追随父母而跟不上的样子。在完成葬礼哭着回来时，彷徨不安，好像要请求父母神灵回家而没有得到应允。所以孝子在为父母送葬时，就像小时候对父母的孺慕之情，一心追随在后。完成下葬回来之后，心情又很疑惑，好像担心父母的神灵能否跟得上回家。

孝子哀伤的心情不断起伏变化，在下葬后返家的路上，好像请求父母的神灵回家而没有得到应允，进入家门时，看不见昔日父母的身影，进入父母的卧室，也看不见父母的身影，这时候孝子才真正体认到，父母真的过世了！真的失去至亲了！已经永远无法再见到父母了！所以不断哭泣、捶胸、跳踊，直到完全宣泄出内心的哀伤为止。此时孝子只能怅惘、凄怆、恍惚、叹息，内心绝望悲伤。丧礼结束之后，便将父母牌位放入宗庙祭祀，四季以祖先的地位加以祭奠，请父母之灵享用祭品，只希望如果有幸，父母的神灵能够再回来护佑子孙。

下葬将墓穴填平之后，孝子回到家中，不敢进入平日的寝室，过正常舒适的生活，而是住在中门外东墙边临时搭建的草屋，是哀伤父母孤零零地在外的感觉；睡在草垫上，用土块作枕头，这是哀痛父母被埋在冰冷坚硬的土里。因此，下葬后孝子因哀伤而每时每刻地哭泣，为父母守丧三年，勤谨地服侍，思念、孺慕之情，是孝子的心意，也是人情的自然流露。

【现代解读】

父母在世时，子女的个体生命通过父母血缘纽带的绾结，由父母的教养得以上溯家族、宗族的亲属关系，借由家族、宗族关系，联结为一个生命共同体的网络。一旦遭逢父母之丧，子女顿失依靠，对个体生命而言，是一个非常巨大的变故、创伤，乃至身心骤然改变，内心之悲哀伤痛，如锥之摧陷。表现于外，则完全无法过正常的生活，身体没办法安稳入睡，食不知味，顿觉个体生命在时空中毫无着落，惶惶然不知生命应如何走下去。

死亡，是人类终极的焦虑，因此，人类会制定许多丧葬仪式，如中国汉代皇室及近臣用的金缕玉衣、银缕玉衣，以及埃及的木乃伊等，其用意都在试图超越死亡，达到复活与再生的目的。丧礼仪式一向也被视为生命最后的神圣时刻，古今中外皆然。伊利亚德曾指出，死亡，被视为是最终极的入门礼，亦即被视为一种新的灵性存在的开始。对某些民族来说，只有仪式性的埋葬可以证实死亡，根据习俗，一个人未被埋葬表示他还没有死。在其他地方，死亡则不被认为是有效的，直到葬礼已举行完成之后，或者直到死者的灵魂被仪式性地引至他在另一世界的新居所，并且已被死者团体所接纳。**❶**

从宗教人类学的角度而言，丧礼的一系列仪式，是守丧者个体生命从创伤到复原的转化过程。如果没有经过丧礼葬仪，守丧者内心并无法承认并接受至亲死亡的事实。因此，神圣的仪式，具有治疗与净化守丧者心灵的重大意义，令守丧者得以逐步承认并接纳事实，也让哀伤有一个正向的情绪出口，通过守丧三年，使孝子逐渐恢复情绪，以回到现实生活的正常作息。

4.入殓免杖

【原典精选】

或问曰："死三日而后敛者何也？"

曰："孝子亲死，悲哀志懑，故匍匐而哭之，若将复生然，安可得夺而敛之也？故曰：三日而后敛者，以俟其生也。三日而不生，亦不生矣，孝子之心亦益衰矣。家室之计，衣服之具，亦可以成矣。亲戚之远者，亦可以至矣。是故圣人为之断决，以三日为之礼制也。"

或问曰："冠者不肉袒①，何也？"

---

❶ 参见伊利亚德著，杨素娥译《圣与俗——宗教的本质》，台北：桂冠图书股份有限公司，2001年，225、236页。

252 | 礼记的读法

曰："冠，至尊也，不居肉袒①之体也，故为之免②以代之也。然则秃者不免，伛者不袒，跛者不踊，非不悲也，身有锢疾，不可以备礼也。故曰：丧礼唯哀为主矣。女子哭泣悲哀，击胸伤心，男子哭泣悲哀，稽颡触地无容，哀之至也。"

或问曰："免者以何为也？"

曰："不冠者之所服也。《礼》曰：'童子不缌，唯当室缌。'缌者其免也，当室则免而杖矣。"

或问曰："杖者何也？"

曰："竹、桐一也。故为父苴杖，苴杖，竹也，为母削杖，削杖，桐也。"

或问曰："杖者以何为也？"

曰："孝子丧亲，哭泣无数，服勤三年，身病体羸，以杖扶病也。则父在不敢杖③矣，尊者在故也；堂上不杖，辟尊者之处也；堂上不趋，示不遽也。此孝子之志也，人情之实也，礼义之经也。非从天降也，非从地出也，人情而已矣。"（《问丧》）

【简注】

①肉袒：上半身不穿衣服，即打赤膊。

②免：音 wèn，指袒胸而不戴礼冠的丧饰。秃头无发的人，不需要戴礼冠，因为没有发髻可以让冠帽的帽带绕系。

③父在不敢杖：父系社会以父为尊，除了为父之丧要拄丧杖之外，为母、为妻、为长子之丧，也都必须拄杖。但父亲如果还健在，便不能为母、为妻、为长子之丧而拄杖，以表示血缘有亲疏，哀戚之情也要有降杀。

【语译】

有人问："人死后三天才入殓，这是为什么呢？"

回答说："父母亲刚过世时，孝子心情极度悲哀忧闷，所以匍匐在地上痛哭，好像父母还能复活一样，怎么能在这个时候把父母的遗体抢夺过来就入殓了呢？所以说父母死后三天才入殓，是在等待复活的机会，如果死后三天没有复活的迹象，那就不可能复活了。这时候，孝子希望父母复活的想法也会逐渐消失；家中关于丧礼的仪式和丧服器具，在这三天也可以备办完成了；远道而来奔丧的亲戚，也可以赶到了。所以古代圣人考量人性、人情，判断后决定以三天的期限作为人死入殓的礼制。

有人问："戴着冠帽时，就不能打赤膊，那是什么缘故呢？"

回答说："冠，是至尊的象征，不能戴在打赤膊的人身上。所以在打赤膊之前，要先脱掉冠，用白色的免来代替。然而在丧礼中秃发者不需要戴免，驼背者不需要打赤膊捶胸哭泣，跛足者不需要跳踊哭泣，这并不表示他们不悲伤，而是身体有久治不愈的疾病，无法完成这些礼节。所以说丧礼是以悲戚哀伤之情为根本。女子以哭泣宣泄悲哀，同时要捶胸击心；男子以哭泣宣泄悲哀，还要把额头磕到地面上，直至看不到容貌为止，这些都是悲戚哀伤到了极点的自然表现。

有人问："在什么情况下要戴免呢？"

回答说："不戴冠的人，就要换戴免。《仪礼》上说：'未成年的童子不必为远亲之丧穿缌麻丧服，只有父母过世了，自己当家了，才须为远亲之丧服缌麻。'服缌麻的成人，才戴免；但是只要当了家，不论成年与否，都须戴免、挂丧杖。"

有人问："丧杖是什么材质做的？"

回答说："丧礼上用竹杖和桐杖，在本质和意义上是一样的。所以为父亲之丧拿苴杖，这种苴杖是表面焦枯的竹子做的。为母亲之丧拿削了皮的手杖，这种杖是桐木做的，取其音同于父亲的意思。"

有人问："丧杖是在什么情况下才必须使用呢？"

回答说："孝子丧亲时，不断哭泣，忧劳守孝三年，身体变得虚弱多病，所以要用丧杖来支撑病体。但是如果父亲还健在，为母亲服丧时，便不能使用丧杖，因为尊者尚在，孝子不敢显现出衰弱的样子。在厅堂之上也不敢拄杖，以回避尊者所在的处所。在堂上也不敢急走，要表现得不匆忙的样子。这是孝子的心意，是对人情真实的考量，是合乎礼义的行为。不是从天而造，也不是从地而设，而是人情的自然流露。"

【现代解读】

《问丧》以各种设问，来阐明守丧的礼制。郑玄指出，有人疑惑为何人死之后，要迟至第三天才入殓，所以提出疑问。孔颖达认为，死后三日入殓，以士阶层而言，是属于大殓；若以大夫阶层而言，三日则为小殓。孙希旦则认为，士阶层以二日而殓为礼制。然而死亡时间有早有晚，如果是晚上死亡，死日来不及加袭衣，则隔天加袭衣，再隔一日才入殓，所以三日而敛，乃是士阶层的小殓。总之，这段发问，是为了说明入殓必须推迟的原因，所以统一以三日入殓来提问。

冠礼属嘉礼，行过加冠之礼后，表示已经为成人，所以在凶礼的守丧时，便不能戴着尊贵的冠，而必须改用白色的免。

周代行父系社会的宗法制度，一家之内，以父为尊，所以父母之丧，有不同的礼制考量。父亡，为父服斩衰三年；若父在母亡，为母服齐衰一年，表示母亲的地位低于父亲，服母丧不能越过服父丧之制；若父亡而母亦亡，则为母丧服齐衰三年。

父在母亡时，孝子要时时刻刻考量父亲丧妻的心情，所以父亲健在，不使用丧杖。厅堂为父亲起居之处，故在堂上也不拄杖。虽然为母守丧，有许多丧礼仪式及器具需要备办，但经过堂上时，也不可露出匆忙悲伤之态，以免勾起父亲丧妻的感伤。可见礼仪的制定，最初一定是为配合人性、人情的自然流露，其后形成了一套固定化的仪式，成为人们遵循的礼制。但是，礼的本质是顺应人性、人情，而不同时代的人，有不同的生活方式，所以，礼就必须随时代而因革损益，不可一成不变，否则，便容易流为禁锢人心的外在桎梏了。

（三）五服五期

1. 丧期原则

《三年问》篇全用设问的形式，以守父母三年之丧为主，扩及一年、九个月、五个月、三个月等丧期，阐明丧礼"五期"的制定，以"称情而立文"为原则。本篇并见于《荀子·礼论》，文字略有出入。

【原典精选】

三年之丧何也？

曰：称情而立文，因以饰群，别亲疏、贵贱之节，而弗可损益也。故曰："无易之道也。"

创巨者其日久，痛甚者其愈迟。三年者，称情而立文，所以为至痛极也。① 斩衰、苴杖 ②，居倚庐，食粥，寝苦枕块，所以为至痛饰也。

三年之丧，二十五月而毕，哀痛未尽，思慕未忘，然而服以是断之者，岂不送死有已，复生有节也哉！

凡生天地之间者，有血气之属必有知，有知之属莫不知爱其类。今是大鸟兽，则失丧其群匹，越月逾时焉，则必反巡过其故乡，翔回焉，鸣号焉，蹢躅焉，踟蹰焉，然后乃能去之。小者至于燕雀，犹有啁噍之顷焉，然后乃能去之。故有血气之属者莫知于人，故人于其亲也，至死不穷。

将由夫患邪淫之人与？则彼朝死而夕忘之，然而从之，则是曾鸟兽之不若也，夫焉能相与群居而不乱乎？

将由夫修饰之君子与？则三年之丧，二十五月而毕，若驷之过隙，然而遂之，则是无穷也。

故先王焉为之立中制节，壹使足以成文理，则释之矣。(《三年问》)

【简注】

①"创巨者其日久"一句：创伤严重，恢复起来时间就长；悲痛得越厉害，平复起来就越慢。唐代孔颖达谓："创小则易差，创大则难愈。愈，差也。贤者丧亲，伤肾干肝，斩斫之痛，甚创既甚，故其差亦迟也。既痛甚差迟，故称其病情而立三年之文以表之。"

②苴杖：为父死服斩衰之丧所使用的丧杖。

【语译】

父母死亡，孝子守丧三年是根据什么原则制定的？

回答说：这是根据守丧者内心哀戚情感的多少，因而制定的礼文，借此彰显族群的亲属关系，区别血缘亲疏和地位贵贱的界限，不可任意增减。所以说："三年之丧，是无法变易更动的原则。"

创伤巨大的，复原的日子就要久一点；哀痛非常严重的，痊愈的时间就要迟一些。为父母守丧三年，是根据孝子内心哀戚情感的多少而制定的礼文，用以表示哀痛到了极点。为父母守丧时，穿着不缝边的粗麻丧服，拄着丧杖，住在中门外东墙边临时搭建的草屋，喝着稀粥，睡在草垫上，用土块当枕头，这些守丧的仪式，都是用来表达孝子极度哀痛的心情的。

孝子为父母的亡故要守丧三年，但在第二十五个月时就必须除去丧服，结束守丧之礼，这时，孝子的哀痛尚未结束，思念孺慕之情也尚未忘怀，可是守丧的时间必须以这个时候截止，这岂不是意味着送走死者的哀痛情感必须终止，孝子正常的生活作息也必须恢复！

大凡天地之间的万物，只要是有血气的高等动物，都有知觉；有知觉的高等动物，没有不爱同类的。以大的鸟兽为例，要是它们失去了同伴或配偶，过了一个月，乃至一个季节，必定会返回原来的地方巡绕，经过老巢，一定会盘旋着、哀鸣着、徘徊着，最后才不得不离去。即使小如燕子、麻雀，当它们失去同伴时，还会有短暂悲哀鸣叫的情况，最后才不得不离去。有血气的高等动物，没有比人类更有知觉灵性的，所以人类对于父母亲的死亡，应该会终生怀念，到死都无法停止。

如果依循那些心术不正、行为放荡的人来制定守丧时间，那么，那些人父母早上死了，到晚上他们就全然忘记了，如果依从他们的心情来制定丧期，则是连鸟兽都不如了，和他们在一起过群居生活的话，怎么能不产生乱象呢？

然而，如果依循那些有德又有礼文修养的君子来制定礼仪，则三年的守丧时间，二十五个月就结束，就像马奔跑过缝隙一样的快速，如果顺着君子的情感来制定礼仪，则守丧时间就无穷无尽了。

所以古代的圣王就采用中道的办法，制定除丧的节限，使大家都能有统一的标准，来成就礼文和情理，然后在第三年的第一个月结束，脱下丧服，结束三年的丧期。

【现代解读】

不论内心的情感是哀伤的还是喜乐的，都必须用合宜的礼文加以修饰。如果内心情感太深，超过外在礼文，礼文就会显得太过简略草率，无法完整表达行礼者的情意。相反，如果外在礼文太烦琐，超过了内心的情感，礼文便显得太过奢华，只会凸显行礼者的浮华无度。

过与不及，都不符合儒家的中庸之道。然而，对于如何备办仪式才是合宜的礼文，以表现适度的情感，《三年问》提出了"称情而立文"的原则。

"称情而立文"虽然是针对丧礼五种守丧的时间，以及五种守丧的丧服而制定的原则，然而在人类普遍的情感考量下，所谓合称，实为符合人性、人情的制礼原则，所以称为无易之道，也即恒常不变的原则。中国传统思想认为，在文化美学的领域，人与人的交往交流，必须衡量双方血缘关系的亲疏，彼此情感的深浅，身份地位的尊卑，再以合宜的礼文形式，传达适度的内在情感，使情感与形式彼此相辅相成，以达成人际交往最佳的礼仪。

清代孙希旦谓："由淫邪之人，则哀不足以及乎三年，由修饰之君子，则哀不止于三年，故先王斟酌乎贤、不肖之间，立为中道，制其节限，使贤者俯而就之，不肖者企而及之……三年之中，有殡、葬、虞、祔、练、祥之礼，而使之足以成文章；有变除之节，而使之足以成条理。如此，则可以除去其服矣。此丧所以断以三年也。"

为父母守丧的丧期三年，是一个概略的统称，实际上仅有二十五个月。然则《礼记》何以规定为父母之丧须服孝三年？就人类的情感心理而言，守丧服孝一年，情感的心理距离太短，这时对父母哀痛思慕的情感仍然非常强烈，无法立刻恢复正常的生活作息。但如果守丧服孝三年以上，情感的心理距离却又太长了，这时哀痛思慕的情感已逐渐减缓，对父母亡故的事实已经有长时间的心理调适，这时候不适于继续哀伤悲恸，以免戕害自己的身心健康。

基于情感的心理距离考量，必须有一个节制、折中的时间点，使内心情感与外在礼文相配合。所以古代圣王在制定丧礼时，以两年之后再跨越第三年的一个月为守丧的神圣时间，统称为三年之丧。就情感的心理距离而言，三年之丧实为最适宜的断限点，一方面是宗教性的神圣时间，一方面也符合儒家中庸和无过与不及的审美原则。

【原典精选】

然则何以至期①也？

曰：至亲以期断。是何也？

曰：天地则已易矣，四时则已变矣，其在天地之中者，莫不更始焉，以是象之也。

然则何以三年也？

曰：加隆焉尔也，焉使倍之，故再期也。

由九月以下何也？

曰：焉使弗及也。

故三年以为隆，缌、小功以为杀，期、九月以为间。上取象于天，下取法于地，中取则于人，人之所以群居和壹之理尽矣。

故三年之丧，人道之至文②者也，夫是之谓至隆，是百王之所同，古今之所壹也，未有知其所由来者也。

孔子曰："子生三年，然后免于父母之怀。夫三年之丧，天下之达丧③也。"（《三年问》）

【简注】

①期：音jī，指一周年。

②至文：最美善的礼文。

③达丧：即通丧，指丧期的通则。

【语译】

那么为什么有一年的丧期呢？回答说：血缘最亲的亲人，服丧以一周年为断限。

问：为什么以一周年为断限呢？

回答说：因为经过一周年，天地的运行已经改变而循环一周了，春、夏、秋、冬四季也已变更一轮了，而在天地之中的草木，也已花开、花谢一回，重新再开始生长了。因此，人事就效法天地四季的变化，以一周年作为象征的断限。

问：那么为什么还有三年的丧期呢？

回答说：为了表示更加隆重，于是再延长一倍的时间，所以要满两周年以后才除去丧服。

问：那么九个月以下的丧期是以什么为根据呢？

回答说：由于有的亲属血缘关系不及至亲，所以守丧时间也就不必满一周年了。

所以，丧期以"斩衰三年"作为最隆重的礼，"缌麻三个月"和"小功五个月"作为最低的限度，"齐衰一周年"和"大功九个月"是折中两者。五服和五期的制定，都是往上以天时为效法的对象，往下以土地为效法的规律，中间以人情为效法的原则，而人类用来维系群体生活，使团体和谐一致的道理，从天、地、人三才，就已实践得很完备了。

所以为父母守丧三年，是人伦之道中最美善的礼文，也可以说是血缘关系中最隆重的心意。这是历代圣王所共同认定的，也是从古到今一直遵循的原则，无法考证是什么时候制定的。

孔子说："孩子在出生三年以后，才能离开父母的怀抱而成长，父母过世，孩子也应该为父母守丧三年。所以说，三年之丧，是天下守丧的普遍通则。"

【现代解读】

先秦丧礼五服的服期定制为斩衰三年、齐衰一年、大功九月、小功五月、缌麻三月。此神圣时间乃取象于天地四季运行的宇宙秩序，以及血缘亲情的亲疏远近，借此确定丧服与丧期的隆重或减杀。

唐代孔颖达谓："天地之气，三年一闰，是三年取象于一闰；天地一期物终，是一期取象于一周；九月象阳数，又象三时而物成也；五月象五行，三月象天地一时而气变。此五服之节皆取法于天地也。中取则于人者，子生三年，然后免于父母之怀，故服三年；人之一岁，情意改变，故服一期；九月、五月、三月之属，亦逐人情而减杀。是中取则于人。取法天地与人，三才并备，故能调和群众聚居，和谐专一，义理尽备矣。"

守丧五期的制定原则，取法于天、地、人三才，以维系人类群居的和谐。

（1）为父死守丧三年，是效法天地三年一闰，或父母生子三年，孩子才能离开父母的怀抱而成长。丧服称为斩衰，用不缝边的粗生麻布制成。

（2）若父死后，又逢母亡，则为母亦守丧三年；若父在而母亡，则为母守丧一年，乃效法天地四季一周期为一年，故曰"至亲以期断"，因为在父系社会的观念中，父亲的血缘关系比母更亲，所以父在母亡的丧期不能超过三年，故定以一年为断限。丧服称为齐衰，用缝边整齐的粗生麻布制成。

（3）为旁系亲属如堂兄弟及未嫁姐妹，守丧期为九个月，效法阳数之最尊者九之数，或三季九个月植物成熟之数。丧服称为大功，用粗熟麻布制成。

（4）为血缘稍远的已嫁堂姐妹、兄弟之妻、再从兄弟等，守丧期为五个月，效法五行。丧服称为小功，用稍粗的熟麻布制成。

（5）为血缘最远的外孙、外甥、女婿、妻之父母等，守丧期为三个月，效法一季三个月的气候转变。丧服称为缌麻，用较细的熟麻布制成。

通过以上五种丧服以及五种守丧时间，配合天地四季的节气变化，以及人伦血缘的亲疏远近，使得天、地、人三才兼备，先秦贵族依此丧礼制度，而达于天人合一的和谐境界。

孔子强调三年之丧的意义有三：第一，为报答父母生养之恩；第二，三年之丧符合周代的文化原则；第三，个体生命在面对血缘至亲，且与一切生命相感通的起始点时，三年之丧是人子在父母过世后对其思慕之情的真挚流露。

春秋战国时期，贵族僭越礼制而厚葬的风气大为盛行，丧礼已经失去最初人子行孝的本质，反而成为贵族竞显豪奢的虚文仪式。《三年问》一文，希望通过五服五期的丧礼仪式，重新唤起为人子女者对至亲丧亡的哀戚情感，使行礼者的哀戚情感，都能有一个合理且得宜的宣泄渠道，以此重振教民追孝的风气与功能。

2.丧服原则

《丧服四制》篇原是根据先秦阴阳家思想来解释丧服制度的，其后阴阳五行学说衰退，代之以五常：仁、义、礼、智、信。信为五常之要，仁、义、礼、智皆须兼具有信，所以本篇的丧服四制，以仁、义、礼、智四者，配于恩、理、节、权四种丧服制定的原则。本篇重要的部分，亦出现在《大戴礼记·本命》篇，篇中也杂有《论语》《孝经》的文句，与《礼记》其他论丧礼的篇章，有重复出现的文句。可相互参看。

【原典精选】

凡礼之大体，体天地，法四时，则阴阳，顺人情，故谓之礼。訾^①之者，是不知礼之所由生也。

夫礼吉凶异道，不得相干，取之阴阳也。丧有四制，变而从宜，取之四时也。有恩、有理，有节、有权②，取之人情也。恩者仁也，理者义也，节者礼也，权者知也。仁、义、礼、知，人道具矣。

其恩厚者其服重，故为父斩衰三年，以恩制者也。门内之治恩揜义③，门外之治义断恩④。资于事父以事君而敬同，贵贵尊尊⑤，义之大者也。故为君亦斩衰三年，以义制者也。

三日而食，三月而沐，期而练，毁不灭性，不以死伤生也。丧不过三年，苴衰不补，坟墓不培，祥之日鼓素琴，告民有终也，以节制者也。

资于事父以事母而爱同。天无二日，土无二王，国无二君，家无二尊，以一治之也。故父在为母齐衰期者，见无二尊也。

杖者何也？爵⑥也。三日授子⑦杖，五日授大夫杖，七日授士杖。或曰担主，或曰辅病。妇人、童子不杖，不能病也。

百官备，百物具，不言而事行者，扶而起；言而后事行者，杖而起；身自执事而后行者，面垢而已。秃者不髽⑧，伛者不袒⑨，跛者不踊⑩。老病不止酒肉。凡此八者，以权制者也。

始死，三日不怠⑪，三月不解⑫，期悲哀，三年忧，恩之杀⑬也。圣人因杀以制节，此丧之所以三年，贤者不得过，不肖者不得不及，此丧之中庸也，王者之所常行也。(《丧服四制》)

礼：斩衰之丧，唯而不对；齐衰之丧，对而不言；大功之丧，言而不议；缌、小功之丧，议而不及乐。

父母之丧，衰冠⑭、绳缨⑮、菅屦⑯，三日而食粥，三月而沐，期十三月而练冠，三年而祥。比终兹三节⑰者，仁者可以观其爱焉，知者可以观其理焉，强者可以观其志焉。礼以治之，义以正之，孝子、弟弟、贞妇，皆可得而察焉。(《丧服四制》)

【简注】

① 訾：音 zǐ，指责、批评。

② 有恩、有理，有节、有权：清代孙希旦《礼记集解》谓："有亲属而服之者谓之恩，本非亲属，因义理之宜而服之者谓之理；立其制限谓之节；酌其变通谓之权。"意指丧服制定原则有四项："恩"是血缘关系的亲疏远近，"理"是社会阶层的道义责任，"节"是礼文节限，"权"是通权达变。恩、理、节、权四项丧服的制定原则，正符合了孟子所提出的仁、义、礼、智四端。

③ 门内之治恩揜义：指家族之内的事务，要以血缘情感为重，超越理性道义的考量。

④ 门外之治义断恩：指社会政治方面的事务，要以理性道义为重，超越血缘情感的考量。

⑤ 贵贵尊尊：敬爱社会阶层尊贵且贤能的人。第一个"贵"与"尊"皆为动词，敬爱之意。第二"贵"与"尊"皆为名词，指尊贵且贤能的人。

⑥ 爵：有爵位的人。

⑦ 子：有政治继承权的王侯世子。

⑧ 秃者不髽：秃者无发，在丧礼时无须梳成髽。髽，音 zhuā，古代守丧时以麻布束的发髻。

⑨ 伛者不袒：伛者驼背，在丧礼时无须打赤膊。伛，音 yǔ，驼背。

⑩ 跛者不踊：跛者脚有残疾，走路时身体歪歪斜斜，不能平衡，在丧礼时无须跳踊。跛，音 bǒ。

⑪ 三日不怠：父母至亲刚死，孝子在三天内哭泣不停。怠：停止。

⑫ 三月不解：父母始死，孝子在三个月内，仍时时哭奠，毫不懈怠。解：音 xiè，懈怠。

⑬ 恩之杀：以血缘恩情的考量制定丧礼，让哀思递减。杀：音 shài，减、削之意。

⑭衰冠：斩衰、齐衰的丧服和丧冠。

⑮绳缨：古代斩衰的帽带。

⑯菅屦：音 jiān jù，用菅草编成的鞋，丧葬时所穿。

⑰比终兹三节：等到完成初丧、满周年、三年之丧这三个节次。
比：音 bì，等到。三节：初丧至三月为一节，满周年又一节，三年守
丧完毕又一节。

【语译】

礼的基本点与法则是，体现天地运行之道，效法四季变化之理，
以阴阳为法则，顺应人性、人情，所以称之为礼。那些诋毁礼的人，
是因为不知道礼是如何产生的。

吉礼和凶礼各有不同的原则，二者不相干扰，这是效法阴阳的法
则。而丧服的制定，有四种原则，随时权变并顺从最合宜的方式，这
是效法四季节气的变化。这四种原则，有从血缘关系的亲疏远近来考
量的，有从社会阶层的道义关系来考量的，有从礼文节限来考量的，
也有从通权达变来考量的。血缘关系的考量根据仁心，社会阶层的考
量根据道义，礼文节限的考量根据礼仪，通权达变的考量根据智慧。
从仁、义、礼、智四方面加以制定丧服制度，人与人之间的所有关
系，考虑得就很周详完备了。

对于血缘恩情亲厚的人，为他之丧所穿的丧服也特别隆重，所以
为父亲之死而服斩衰，守丧三年，这是依据恩情原则而制定的礼文。
家族之内血缘至亲的丧服制定原则，要以恩情为主，超过道义的考量；
家族之外社会关系的丧服制定原则，则要以道义为主，断除恩情的考
量。以对待父亲之礼来侍奉国君，对两者的敬爱之心相同，尊重身份
尊贵的人，这是道义原则最极致的表现。所以为国君之丧，臣子也服
斩衰，守丧三年，这是依据道义原则而制定的礼文。

父母过世三天后，孝子才能喝粥，三个月后才能洗头，满一周年后，举行练祭，才能改穿练服。孝子在守丧期间，虽然心情极度哀痛，毁损了身体的健康，但以不戕害性命为原则，不能因至亲之丧而伤害自己的生命。丧期以不超过三年为原则，粗恶的苴杖和斩衰破了也不必修补，父母下葬后的坟墓不必加土增高，丧期结束要举行大祥之祭，在这一天要弹素琴。这些仪式都是在昭告百姓，守丧要有终止的一天。这些礼文都是依据节限原则而制定的。

以侍奉父亲的礼节来侍奉母亲，说明对父母的爱是相同的。如同天上没有两个太阳，大地没有两个天子，一国之中没有两位诸侯国君，一家之中也不能有两位领导的尊者，这是以专一原则来制定的礼文。所以若父亲还健在，为母亲之丧要降一等，穿着齐衰，守丧一年，是为了彰显家无二尊。

丧杖是什么用途呢？那是用来表示丧主的爵位的。王侯的世子守丧，三天授予丧杖；大夫守丧，五天授予丧杖；士子守丧，七天授予丧杖。丧杖是用来支撑丧主因哀痛而虚弱的身体，或说是用来辅助、扶持病体的。妇人和儿童没有爵位，所以守丧时不能手持丧杖，因为不能哀伤过度而致病，以免情感超越了丧主。

丧礼上各种执事官员都齐备，各种丧葬礼器都具足，有的丧主无须发言交代而事事都有人代办，这样的王侯世子守丧，必须有人扶持才能起身。有的丧主必须亲自发言交代，事情才能办成的，这样的大夫和士子守丧，就得用丧杖扶持才能起身。有的丧主凡事必须亲身去执行才能办成，这样的一般百姓就不能使用丧杖，且不能洗脸刮须，要呈现垢秽憔悴的丧容。秃头的人无须用麻布绑发，驼背的人不必袒胸，跛脚的人哭泣时不必跳踊，老人和病人无须停止酒肉等营养食品。以上八种特殊情况，都是依权变的原则而制定的。

父母刚过世时，孝子三天内哭泣不止，三个月内，仍时时哭奠，满一周年后便在祭奠时悲哀悼念，三年守丧期满脱去丧服时，仍怀忧思，这是根据孝子哀戚之情逐渐平复，孝子对父母的恩情逐渐减弱而制定的礼文。圣人根据人类情感的逐渐减弱而制定礼文节限，这是为父母守丧要三年的原因。即使贤能的人也不得超过这个限度，不肖的人也不能不做到这个程度，这是丧期制度的中庸之道，是历代圣王所恒常践行的礼仪。

礼制规定：服斩衰的守丧者，别人提问只能回答"是"而不与人交谈；服齐衰的守丧者，虽可回答别人的提问，但自己不能主动找人说话；服大功的守丧者，虽可主动找人说话，但不能与人议论；至于服缌麻和小功的守丧者，虽可以议论，但不能谈及有关享乐的事。

父母的丧礼，孝子要披衰麻、戴丧帽、穿草鞋，三日之后才能喝粥，三个月之后才能洗头；十三个月满周年，才能换上练服、练冠；满二年后的第二十五个月，守丧期满，举行祥祭后，才能除去丧服。等到完成了初丧到三个月、满周年、三年除服这三个节次，从守丧爱敬与否可以观察孝子是否为仁者，从操办丧礼条理与否可以观察孝子是否为智者，从守丧三年的时间有无毅力可以观察孝子是否为强者。用礼文仪节来治理丧事，用道义理性来端正言行举止，一个人是否真为孝子，是否为恭敬兄长的晚辈，是否为贞静的妇女，都可以通过这三个节次观察出来。

【现代解读】

先圣先王制礼之初，为求合于人情人道的自然，特别针对丧服制度制定了四大原则。恩、理、节、权，指丧礼仪式中为亲属服丧服的原则。五种丧服制度，分别为斩衰、齐衰、大功、小功、缌麻，而以恩、理、节、权为考量，符合礼文艺术创制的五大审美原则，即所谓时、顺、体、宜、称。其最后归趋，则以中庸之道为最高审美原则。此种丧服制度的人道精神，也是人文化宗教美学的本质。

就先秦父系社会而言，丧服有内外之分。家族之内的血缘关系，由恩情的立场考量，以父为"亲亲"之重，所以为父服斩衰三年；家族以外的社会政治关系，由理性的立场考量，则以国君为"贵贵""尊尊"之重，所以为国君之丧也服斩衰三年。诚如吕大临谓："门内以亲为重，为父斩衰，亲亲之至也。门外以君为重，为君斩衰，尊尊之至也。内外尊亲，其义一也。"

先秦圣王依据恩、理、节、权四大原则，规定五服五期，是充分考量到人性、人情的各种现实状况，而对应于仁、义、礼、智四端来制定的。斩衰三年有情感的血缘考量，也有理性的道义考量；守丧的哀戚心情，依孝子的悲痛情绪与时间的转变，加以调节控制的考量。各种身份阶层的人守丧，也有爵位和身体状况等权变的考量，让身体不便的人，能保有尊严，不必在众人面前暴露最难堪的伤痛。由丧服四制而论及丧期，显示了先秦礼制的人文秩序之美，以及温柔敦厚的人道关怀。

礼文艺术的功能在于和谐个体生命、群体社会，以及天地宇宙，使人与人的关系、人与天地祖先的关系得以和谐凝聚。儒家重视礼乐典章制度，强调以礼所具有亲亲、贵贵、尊尊的特性，由至亲而扩及其他血亲，由至尊而尊敬其他尊者，以同心圆的方式，建立起人伦间的等差秩序与血缘结构。恩、理、节、权四制，与仁、义、礼、智四端，实为治国及立法者足资奉行的原则与价值。

吕大临谓："始死哭不绝声，水浆不入口者三日，此三日不怠也。未葬，哭无时，居倚庐，寝不说经、带，此三月不解也。既虞、卒哭，惟朝夕哭，此期悲哀也。既练，不朝夕哭，哀至则哭，此三年忧也。君子之居丧也，期合乎中者也。圣人因隆杀而制其礼，所谓'品节斯'，斯之谓礼。"

儒家极为重视现实的人伦秩序，因此，对于父母之丧的各项仪式，儒家以守丧的孝子之心为出发点，加以制定。丧礼各项仪式的制定，目的是使践礼孝子的哀戚情感递减。故而父母刚过世时，孝子之心必定极度哀痛，三天之内哭泣不止，遗体未下葬前，孝子居草庐守丧，仍时时刻刻哭泣；三个月下葬后，举行虞祭，则停止哭泣，只有在早晚哭奠一回；守丧满一周年后，改斩衰之粗麻服为较细的练服，举行练祭，便不再早晚哭奠，唯哀思时才哭泣一回，直到守丧三年（二十五个月），结束哭泣，重回正常的社会生活。

以上这几个重要的时间点，是古代圣王以血缘恩情为考量，所制定的哀戚情感的节限。有了这些时间节限，先秦的贵族君子，不论贤能与不肖，便能以中庸之道为依循，如此，人心得以齐一，不致造成社会舆论的纠纷。所以中庸之道，实为古代巩固国家社会秩序的无上心法。而在守丧三年的繁复礼仪中，可以考验一个人的体力与意志力。是否为孝子、贤弟、贞妇，在三个节次的丧礼中，完全表露无遗。忠臣出于孝子之门，因此，古代举孝廉以拔擢人才，守丧三年便是观察孝子人品的关键时刻。

【原典精选】

斩衰何以服苴①？苴，恶貌也，所以首其内而见诸外也。斩衰貌若苴，齐衰貌若枲②，大功貌若止，小功、缌麻容貌可也。此哀之发于容体者也。（《间传》）

【简注】

①苴：斩衰用结子的麻，颜色枯黑，以作为丧服衣带、丧杖的材质。

②枲：齐衰用无子的麻，颜色比苴略淡些，以作为丧服材质。枲：音 xǐ。

【语译】

　　斩衰丧服为什么要用结籽的苴麻作衣带呢？因为苴麻颜色枯黑，父亲刚过世时，孝子的内心极度悲哀，所以用结籽的麻的颜色来表现于外。服斩衰之丧的孝子，容貌像结子的麻一样枯黑；服齐衰之丧的孝子，容貌像没结子的枲麻一样苍黑；服大功之丧的人，容貌没有喜乐的表情；服小功和缌麻之丧的人，容貌可以保持日常的样子。这是丧礼中，因内心悲哀而表现于外在容貌体态的方式。

【现代解读】

　　《间传》提到，通过践礼时的容体，可以观察行礼者的内在德行。守丧时因血缘亲疏的不同，会有不同程度的悲哀情感自然流露出来，先秦丧礼分别以五种不同材质的丧服——斩衰、齐衰、大功、小功、缌麻，以及外表的容貌体态，来表达内心不同程度的哀戚情感。血缘愈亲者，哀戚之情愈深，丧服的材质与颜色便愈加粗糙和素朴，以此来表达守丧者因哀戚之情过度强烈，而没有多余的心思从事外在的礼文修饰，同时也突显行礼者与亡者的血缘关系之亲密。相对，由内展现于外，表里一致，才能彰显内在的德行涵养之高，仁心之深厚。

二、祭礼

（一）祭礼意义

1.祭祀主敬

【原典精选】

　　凡治人之道，莫急于礼。礼有五经，莫重于祭。①

　　夫祭者，非物自外至者也，自中出生于心也，心怵而奉之以礼。

是故唯贤者能尽祭之义。

贤者之祭也，必受其福，非世所谓福也。福者，备也；备者，百顺之名也。无所不顺者之谓备，言内尽于己而外顺于道也。忠臣以事其君，孝子以事其亲，其本一也。上则顺于鬼神，外则顺于君长，内则以孝于亲，如此之谓备。唯贤者能备，能备然后能祭。是故贤者之祭也，致其诚信与其忠敬，奉之以物，道之以礼，安之以乐，参之以时，明荐之而已矣，不求其为。此孝子之心也。(《祭统》)

凡天之所生，地之所长，苟可荐者，莫不咸在，示尽物也。外则尽物，内则尽志，此祭之心也。(《祭统》)

【简注】

①礼有五经，莫重于祭：郑玄《礼记注》云："礼有五经，谓吉、凶、宾、军、嘉也。莫重于祭，以吉礼为首也。"吉礼指祭祀之礼，为五种恒常不变之礼中最为重要也最隆重的礼。

【语译】

举凡管理众人之事，没有比制礼更为要紧的了。礼制包括吉、凶、宾、军、嘉五大类，没有比祭礼更为重要的。

所谓祭礼，并非从外在备办各种祭物、祭品至完备的状态，而是从内心出发，自然而然所产生的虔敬之情。内心有所感念，而敬奉各种祭品，并以行动来表现，这就是祭礼了。因此，唯有贤能有德的人，才能完全实践祭礼的意义。

贤德的人举行祭祀，必然受到赐福。这个福，不是世人所称的福。真正的福是完备的意思。所谓完备，是指各方面都依顺。无所不顺，就称为完备，意思是向内竭尽自己诚敬的心意，向外依顺于天理人情之道。忠臣依顺这个情理来侍奉国君，孝子依顺这个情理来侍奉双亲，两者的根本精神是一样的，都是从依顺天理人情出发。对于形而上、不可知的神圣对象，就依顺于鬼神；对于社会国家，则依顺于国君尊长；对于家族之内，则依此天理人情来孝顺父母。能做到无所不顺，就称为完备。所以，唯有贤德的人才能做到完备的地步，能如此完备，然后才能举行祭祀。所以说，贤者的祭祀，是极致地展现内心的诚信和忠敬，再奉以各种礼器祭物，以礼文仪式为引导，以乐舞节奏来安定身体动作，并参酌时令节气，用清明的心来敬奉，不会有其他目的、要求，这就是祭礼中孝子的诚敬之心了。

举凡上天所生和大地所长的动植物，如果是可以奉荐祭祀的，全部都陈列出来，以表示竭尽心力备办祭物。外在方面竭尽心力备办礼器祭物，内在方面竭尽心力展现诚敬的意志，这就是祭祀的真正心意。

【现代解读】

《祭统》篇阐明祭祀的意义在于敬，祭前斋戒、祭日备办祭品或祭器的各项仪节，均是践礼者至诚恭敬之心的表现。周代祭祀对象有三：天神、地祇、人鬼。郊天之祭由天子举行，祭地祇的社祭，则天子与诸侯皆可举行；祭人鬼即祭宗庙祖先，由此祭祀可见孝子虔敬之心。从各项祭祀仪式中，更可见周代礼乐典章制度下的十种人伦关系。

祭祀最重要的精神意义，在于主祭者以虔敬之心来参与各项仪式。《礼记》论祭祀之礼，有《郊特牲》《祭法》《祭义》《祭统》各篇，其他某些篇名，虽然不是以祭祀为题，也有许多涉及祭祀的精神与意义。礼以配合大自然节气为本体，落实于具体的生命进程与人际交往上，则有许多不同情境的表现形式，所谓冠、婚、丧、祭、射、御、朝、聘等仪式。其中最能突显周代人文化宗教的美感本质者，首推祭礼和丧礼。

因此，《礼记》四十九篇文本中，以有关丧礼和祭礼的篇章最多，显示先秦贵族阶层对祭礼与丧礼的重视。《左传·成公十三年》："国之大事，在祀与戎。"在丧礼和祭礼两种重要的生命礼仪中，祭礼更为首出。而祭礼的精神意义，不在完备外在的祭品与仪式，而在行礼者通过身体的动作，所呈现出来的内心虔敬之意。儒家一贯提倡以仁为本，各种礼乐典章制度，必须有内在真诚的仁心，贯注于外在的礼文中，其礼才具有真正的人文情感，不至于成为虚有其表的繁文缛节。

《祭统》提出备、顺、诚、敬、尽物、尽志等祭祀的用心方法，以让行礼者自己竭尽心中的诚信与忠敬。所谓诚、尽、敬，乃同一概念的不同用法。"尽"的极致即为诚。祭祀时不论所备办的牲品、醯、草木水陆之物，还是参与祭祀者的服饰仪容以及心理状况，都力求完备，以表现外尽物、内尽志的诚敬心意。以此诚敬之心的审美本质，通过审美主体"竭尽心力"的身体美感，所达到的境界，即一种结合天地、祖先、贤者三者的人文化宗教美的神圣境界。

【原典精选】

祭礼，与其敬不足而礼有余也，不若礼不足而敬有余也。(《檀弓上》)

唯祭祀之礼，主人自尽焉尔，岂知神之所飨，亦以主人有齐敬之心也。(《檀弓下》)

祭祀之相^①，主人自致其敬，尽其嘉，而无与让也。腥、肆^②、

焖③、腍祭④，岂知神之所飨也？主人自尽其敬而已矣。(《郊特牲》)

祀帝于郊，敬之至⑤也。(《礼器》)

郊之祭也，丧者不敢哭，凶服者不敢入国门，敬之至也。(《祭义》)

【简注】

① 相：辅佐行礼之人。

② 腥、肆：未煮熟的血腥牲体。

③ 焖：同"焰"，以火烤过的牲肉。

④ 腍祭：烹饪煮熟的祭品。腍：同"饪"。

⑤ 祀帝于郊，敬之至：清代孙希旦《礼记集解》谓："王者所敬莫如天，故祀帝为敬之至。"指周代祭祀的三个系统：祭天神、祭地祇、祭祖先，以祭祀天神为诚敬之心的最高表现。

【语译】

举行祭祀之礼，与其内心缺少诚信忠敬，而礼文仪式过多，还不如礼文仪式欠缺不足，而内心充满了诚信忠敬。

祭祀之礼，只是主人自己竭尽心力而已；哪里知道祖先神灵是否会来享用，也只是主人用来表现斋戒诚敬之心罢了。

祭祀时担任辅佐的人，虽然祭品都是主人自己竭尽诚敬之心的表现，但辅佐者也必须竭尽其心以愉悦神灵，诚敬之心不让于主人。祭礼上不只是呈献血腥的牲品，或是用火烤过的牲肉，或者是烹饪煮熟的食物，备办这些祭品，哪里知道祖先神灵是否会来享用？这只是主人自己竭尽心中的诚敬而已。

在国都南方郊外祭祀天帝，是诚敬之心的最高表现。

天子举行郊天之祭时，有丧事的人不敢哭泣出声，穿丧服的人不敢进入国都城门，因为天神比死者尊贵，祭天是吉礼，不敢以私人的丧事冲犯，这都是对天神诚敬之心的最高表现。

【现代解读】

礼的本质，根源于形而上超越的天道，其落实于现实生活的祭祀仪式时，最重要的本质则为人道的诚敬之心。祭祀之礼将行礼者主体生命诚敬之心的萌动，表达于外在的礼文仪式中，外在仪式与内心情意相称相合，即孔子的美学思想所强调的"文质彬彬，然后君子"，是最美善的君子的身体仪态。然而，当外在的礼文仪式与内在的诚敬心意无法相配合时，孔子主张以本质的情感心意为首要，礼文仪式若有所欠缺，仍为孔子所认可。

清代孙希旦《礼记集解》谓："祭祀或进腥，或进燗，或进熟，岂知神之何所飨，但主人自尽其敬心，故备用之以祭耳。"不论祭祀天神、地祇还是人鬼祖先，祭礼的精神都以审美主体内心的诚敬为主，其终极目的不在祈求福报或庇佑，而仅在于祭祀者主体的自尽其敬。祭祀时的仪式节文，不论所荐的祭品或所用的礼器。虽然不知道鬼神是否会来享用，但行礼者自尽其诚敬之心，完备各项礼器祭品以参与其礼。祭祀时，一方面"岂知神之所飨"，另一方面又必须郑重其事以祭之，充分显示祭礼中行礼者对自我德行的要求。

张鹤泉指出，周代祭礼的种类，共分三大系统。❶一曰天神系统，包括郊天之祭、祭日月、祭星辰等；二曰地祇系统，包括祭社稷、山

❶　有关周代祭天、祭地、祭宗庙三大系统的祭祀仪式，可详参张鹤泉《周代祭祀研究》，台北：文津出版社，1993年。

川，五祀及蜡祭；三曰人鬼系统，即宗庙之祭与厉鬼之祭。三大祭祀系统中，尤以郊天之祭最为重要，深具"大报本反始"之义，在祭礼中最能展现敬之至的精神意义。

就祭天的仪式而言，其审美功能在于教敬，即教化百姓具备诚敬之心。周代祭祀天神或地祇，一向由天子主持祭典。祭天之礼的审美功能，在于经由一系列象征性仪式，使天子与群臣进入神圣的艺术场域，体悟天地创生时的诚敬精神，进而效法天地诚敬的精神，以教化万民，如此上行下效，风行草偃，则百姓焉得不敬？若不按四时举行祭祀天地的仪式，不敬则何以教化万民？所以，祭天、祭地之礼，为历代天子所重视，实因其具有神道设教的审美功能与意义。因此，凡是举行祭天大典时，私人的丧事一概回避，以免冲犯神圣的天神。

2.追养继孝

【原典精选】

祭者，所以追养继孝也。孝者，畜也。顺于道，不逆于伦，是之谓畜。是故孝子之事亲也，有三道焉：生则养，没则丧，丧毕则祭。养则观其顺也，丧则观其哀也，祭则观其敬而时也。尽此三道者，孝子之行也。(《祭统》)

【语译】

宗庙祖先的祭祀，是孝子用来追溯对父母生前未尽的养育之恩，以及继承延续孝顺的时程的。所以孝就是蓄，顺于天道不违逆天伦的孝，就是积累对父母的报恩情意。所以孝子侍奉父母，有三项基本原则：父母生时要奉养，父母死后要守丧，丧期完毕后要移入宗庙按时祭祀。奉养父母时，要观察孝子是否顺从；为父母守丧时，要观察孝子是否具有真诚的哀戚之情；祭祀父母时，要观察孝子是否具有虔敬之心以及能否按四时祭祀。能克尽这三项原则，就是真正具备孝子的行为了。

【现代解读】

《礼记》论仪式之审美功能时，教民追孝为其中重要的意义之一。《祭统》提到孝的形式，可由三方面表现，一者父母生时，以礼敬事之、孝养之，通过冠礼、婚礼、敬老、养老礼诸仪式，以及日常生活的关怀照顾，传达孝道；二者父母死后，以丧葬之礼举其孝思；三者三年之丧毕，则行宗庙祭祀之礼，表达孝子对父母永久的哀思。孝之形式，虽大别为三，实则三类已含括个体生命与超人文之宗教的交感状态。三类仪式中，最能表现宗教的审美功能者，以丧礼、祭礼居之。

就宗庙祭祀的仪式而言，祭祀祖先的功能主要在于追孝。祭祖之所谓追养继孝，据孔颖达《礼记正义》云："亲没而祭之，追生时之养，继生时之孝也。"行于祖庙的祭礼，其功能为教化万民，使万民效法孝慈之道。因此，宗庙祭祀之礼，为主政者施政的重点。

3.区别人伦

【原典精选】

夫祭有十伦焉：见事鬼神之道焉，见君臣之义焉，见父子之伦焉，见贵贱之等焉，见亲疏之杀焉，见爵赏之施焉，见夫妇之别焉，见政事之均焉，见长幼之序焉，见上下之际焉。此之谓十伦。（《祭统》）

凡祭有四时：春祭曰礿，夏祭曰禘，秋祭曰尝，冬祭曰烝。礿、禘，阳义也；尝、烝，阴义也。禘者，阳之盛也；尝者，阴之盛也。

故曰："莫重于禘、尝。"(《祭统》)

夫鼎有铭，铭者，自名也。自名以称扬其先祖之美，而明著之后世者也。为先祖者，莫不有美焉，莫不有恶焉，铭之义，称美而不称恶。此孝子孝孙之心也，唯贤者能之。

铭者，论譔其先祖之有德善、功烈、勋劳、庆赏、声名，列于天下，而酌之祭器，自成其名焉，以祀其先祖者也。显扬先祖，所以崇孝也。身比焉①，顺也。明示后世，教也。

夫铭者，壹称而上下皆得②焉耳矣。是故君子之观于铭也，既美其所称，又美其所为。为之者，明足以见之，仁足以与之，知足以利之，可谓贤矣。贤而勿伐，可谓恭矣。(《祭统》)

古之君子，论譔其先祖之美，而明著之后世者也，以比其身，以重其国家如此。子孙之守宗庙、社稷者，其先祖无美而称之，是诬也；有善而弗知，不明也；知而弗传，不仁也。此三者，君子之所耻也。(《祭统》)

【简注】

① 身比焉：自己的名字也可并列刻在青铜器的铭文中。比：音bì，并列。

② 壹称而上下皆得：一次的称扬，使祖先和子孙都能得到好处。

【语译】

祭礼有十种人伦关系的意义：一可显现侍奉鬼神祖先的道理，二可显现君臣的道义关系，三可显现父子的天伦关系，四可显现阶层贵贱的等差，五可显现血缘亲疏的降减，六可显现爵赏有功的施赠，七可显现夫妇男女角色的区别，八可显现政事分配的均等，九可显现年龄长幼的秩序，十可显现上下尊卑的分际。这称为祭礼的十种人伦关系。

大凡祭祀，可分为四个时节：春祭称为礿，夏祭称为禘，秋祭称为尝，冬祭称为烝。春、夏举行礿与禘二祭，是取阳气的意义；秋、冬举行尝与烝二祭，是取阴气的意义。因为禘祭，是在阳气最盛的夏天举行；尝祭，是在阴气最盛的秋天举行。所以说："四时之祭，没有比禘祭、尝祭更隆重的了。"

祭祀用的鼎，常铸有铭文。铭文的意义是自己借此留下声名。自己借此留下声名，来称赞、宣扬祖先的美德，使它明白显著地流传于后世。凡是作为已故的祖先，无人不有各自的美德，也无人不有各自的缺点，刻铸铭文的意义，在称颂美德而不讥刺缺点，这是孝子和孝孙的心意，唯独贤能的人可以做到。

铭文上面记述自己祖先有德善的事迹，把他们的功业勋劳，受到的褒奖和荣誉，一一昭列于天下，斟酌最重要的，刻铸在祭祀的青铜礼器上，并附以自己的名字，然后这个礼器就用来祭祀祖先。如此显扬祖先，是用来推崇孝道。自己的名字也并列其中，这是顺理而行的事。明白地传示于后代，这是以孝顺教导后世子孙。

所谓铭文，是一种称扬的文字，使祖先和后世子孙都能得到好处。因此，君子观看铭文，既会赞美铭文所称扬的祖先，又会赞美这种刻铸铭文的举动。因为刻铸铭文的人，既有眼光能看出祖先的美德，又有仁心能参与这样的善举，更有智慧用这善举来利益后人，可称为贤能的人。既贤能而又不自夸功劳，更可称得上是谦恭之人了。

古代的君子论述自己祖先的美德，刻铸铭文以明白显著地传示后代子孙，并附加自己的名字，用以表示对自己国家的尊重。如果子孙中负责守持宗庙社稷的人，他的祖先没有美德却刻铸铭文称扬，这是诬陷祖先于不义；如果祖先有美德而没有让后代子孙知晓，这就是没有智慧的愚者；如果知晓祖先的美德而不宣扬，那就是没有仁心了。诬陷、愚昧、没有仁心，这三种都是君子认为耻辱的事。

【现代解读】

《礼记》祭祀祖先之礼，其审美功能在于"亲亲"，亦即联系亲属血缘团体之间的情感。由"亲亲"的血缘关系向外推扩，便有所谓"祭之十伦"。由祭祀的十伦，可明显看出，君臣之义、贵贱之等、爵赏之施、长幼之序、上下之际，皆隶属于"尊尊"的人际关系；父子之伦、亲疏之杀、夫妇之别，则属于"亲亲"的天伦关系。而事鬼神之道、政事之均，广义言之，亦应归属"尊尊"的宗教与政治关系。因此，《礼记》在论及祭礼的审美功能时，包括宗教领域及政治领域，此可作为周代政教合一、宗教人文化的证明。

四时之祭，指人鬼系统的宗庙祭祀。先秦祭礼除了十二个月均必须举行相应的节令仪式之外，在季节更迭交替的时期，亦有祭祀举行，四季转变的节气，也属于神圣时间。宗庙于春、夏、秋、冬四时，举行礿、禘、尝、烝四种祭祀祖先之礼，其中又以阳气最盛的夏禘之礼与阴气最盛的秋尝之礼最为隆重，乃缘于以人事配合大自然阴阳变化进行天人和合的仪式。

孝子要保全祖先及父母盛德的美名，除了修持自我的言行举止，不令父母蒙羞之外，《祭统》还提出了另一种直接的做法，即在祭祀的礼器鼎上铸造铭文，以称扬、彰显父母祖先的盛德之美。鼎为青铜礼器，铭为铸于青铜礼器上的文字。因青铜器的材质可万年不朽，周代贵族以之作为记载国家大事及家族功勋事迹。对于祖先及父母一生的事迹，以铭称美其盛德，并附上孝子自身之名，既赞扬先祖及父母，又彰显自我的眼光、仁爱、智慧，以及贤德和谦恭。由铸造铭文的行为，可以观孝子践礼时各方面的德行。

祭器的材质主要为青铜，其中最能表现文华之美者，除礼器外表的装饰之外，铸于钟鼎的铭文，实具有更高的美学价值。铭文主要在于称扬先祖美盛之德行，而将自己的名字自铸于其下，希望先祖的美德流传于后世。先祖生前，或有善迹，或有恶行，为子孙者必须斟酌其美德以避其恶行，刻铸于钟鼎之内。铭文刻铸，虽以称美而不称恶为目的，但也不可违背名实相符的原则。

铭文所象征的文化意义，在于纠合血缘生命于不坠。通过观的审美方式，铭文维系了同一血缘族群间的生命纽带。铸于钟鼎的铭文，在文化上具有神圣与神秘的力量，文字所承载的意义，绾合了血缘家族的成员，使家族子孙参与祖先的生命历程。通过铭文，上下两代的精神得以超越时空而连结，共享宗教的神圣性。铭文不仅称扬先祖美善的德行，同时也表达了子孙敬亲的孝思。

【原典精选】

祭不欲数，数则烦，烦则不敬。祭不欲疏，疏则怠，怠则忘。是故君子合诸天道，春禘秋尝。秋，霜露既降，君子履之，必有凄怆之心，非其寒之谓也。春，雨露既濡，君子履之，必有怵惕之心，如将见之。乐以迎来，哀以送往，故禘有乐而尝无乐。

致齐于内①，散齐于外②。齐之日，思其居处，思其笑语，思其志意，思其所乐，思其所嗜。齐三日，乃见其所为齐者。

祭之日，入室，僾然③必有见乎其位；周还出户，肃然必有闻乎其容声；出户而听，忾然必有闻乎其叹息之声。是故先王之孝也，色不忘乎目，声不绝乎耳，心志嗜欲不忘乎心。致爱则存，致悫④则著。

著、存不忘乎心，夫安得不敬乎！（《祭义》）

【简注】

①致齐于内：在居室内，三日身心清净，以收摄精神。齐：即"斋"，指调摄身心。

②散齐于外：在居室外，七日隔绝交际，以调摄身心。

③僾：音 ài，隐约，仿佛。

④悫：音 què，诚恳，谨慎。

【语译】

祭礼的仪节不可太繁多，太繁多则令人倦烦，倦烦就不会产生诚敬之心。祭礼的仪节也不可太简陋，太简陋则令人怠慢，怠慢就容易忘记要举行祖先祭祀。所以，有德的君王制礼作乐，配合天道的运行，春季举行禘礼，秋季举行尝礼。秋天，霜露降临大地，有德的君子踩到大地上的霜露，自然而然会产生悲凄哀怆的心情，这种心情不是气候寒冷所导致的，而是因为父母过世而产生的。春天，雨露灌溉大地，有德的君子踩到大地上的雨露，自然而然会产生惊动警觉，好像即将见到过世的父母与春天一起重临人间。孝子以喜乐的心情迎接父母魂魄的归来，以哀伤的心情送走父母的遗体。所以春天举行的禘礼使用乐舞，而秋天举行的尝礼则不用乐舞。

孝子在祭祀父母之前，要在居室内先举行三天致斋，再到居室外举行七天散斋，用来让身心清净，精神专一。斋戒的这段时间，要时时刻刻忆念父母生前在居处的行动、笑容言语、心意志向，以及父母所喜欢的事物。斋戒三天之后，才能将所要祭祀的父母形象，活现在心中。

祭祀当日，进到安置父母牌位的堂室中，仿佛看到父母在厅堂座位上；祭拜过后，转身出门，心里肃然，仍似听闻父母说话的声音；

出门之后仔细再听，耳边仿佛听到父母喟然长叹的声息。因此，先王的孝顺，是眼所见，不忘父母的形象；耳所听，不断父母的声音；心所想，不忘父母的心意和嗜好。亲爱到极点，父母永远活在孝子的心里；诚敬到极点，父母的影像永远显现在耳目之中。孝子对于活在心里和显现的父母形象，怎能不至诚恭敬呢！

【现代解读】

《祭义》篇篇名，最早见于西汉韦玄成等人的奏议，但其文句有存有不存，故此篇并非古代《祭义》原文。本篇主旨在于阐明孝子祭祀父母时的心情，更彰显祭祀主敬的核心精神。

周代礼仪的制定，首要原则是随顺天时，因此，父母过世后，将其神主牌位置入于宗庙，列为祖先加以奉祀，而有所谓四时之祭。配合春天与秋天的气候，孝子举行为父母祖先的祭祀时，也会有相应节气的心情。秋天肃杀之气，孝子送父母的大体下葬；春天万物复苏，孝子仿佛也期待父母祖灵的再生。周代对于父母之丧后的宗庙祭祀仪式，充分展现了天伦孝道的精神。

周代宗庙祭祀系统如下：

（1）作用：庇护同一血缘的成员，保护国家。

（2）建筑：古之宗庙，本为石室，其后有庙有寝。

（3）设置规定：天子七庙，诸侯五庙，大夫三庙，士一庙，宗庙配置，受昭、穆限制，"自始祖之后，父曰昭，子曰穆"。

（4）毁庙：天子诸侯之亲庙，不能超过四世，超过四世必毁庙，毁庙之主，藏于太祖庙中。

（5）祭祀前的斋戒：

①时间：十日。

②地点：斋宫（散斋在寝中进行，致斋在寝中小室完成）。

③变食：改变日常的饮食，忌酒肉。

④沐浴：用特殊香油沐浴。

⑤停止音乐及丧葬活动。

⑥助祭者亦要进行斋戒。

⑦作用：致敬祖先。

（6）宗庙四时祭：春祠、夏禘、秋尝、冬烝。

（7）袷祭：宗庙祭祀中的大祭，亦称殷祭，仅天子、诸侯行使之，三年一袷。

（8）用尸：尸是祖先神灵的象征，卿大夫为天子的公尸。

①迎尸：象征祖先神灵降临享祀、尊尊之义，在庙门外进行。

②献尸：献酒食于尸，男尊女卑。

（9）告庙：对宗庙的临时祭祀，分为：

①巡狩、朝聘必告庙。

②军事活动必告庙。

③冠礼、婚礼必告庙。

（10）册命、告朔：宗庙四时祭，要对臣下册命赏赐，并将一年十二月的计划颁告给诸侯国，称"告朔"。

（11）序爵：按政治等级规定助祭者的班次。

（12）序事：根据职官地位的高低，决定助祭时执掌祭事的高低差别。

（13）旅酬：主祭者按次序劝饮，慈幼的表现。

（14）燕毛：祭毕宴饮，敬长的表现。

（15）赐胙：下赐祭肉。

（16）受脤：上受祭肉（上献的祭肉，称"致福"）。

周代的宗庙祖先祭祀，在举行之前，必须先行斋戒仪式，其用意是示民以敬。斋戒的目的，主要是使行礼者的身心彻底涤净，通过斋戒的仪式，使行礼主体进入一种神圣性的宗教与艺术场域，心灵达到全然诚敬的美善状态。再借由用尸的仪式，以人臣扮演国君的祖先，使行礼者感悟个体生命与宗庙祖先精神的冥契合一，经由宗庙祭祀，以达到教民追孝的美善功能。

祭祀过程中有所谓斋戒仪式。斋戒主敬，目的在于通过仪式的隔离作用，使参与祭祀者与所祭对象形成一种虚幻的心理距离。此距离将现实区隔成神圣空间与凡俗空间，借由与祭者的心理作用，得以从凡俗世界超升到神圣世界。此刻与祭者的心灵，呈现一种超越现实功利目的之审美状态。此为宗教的态度，也是间隔观照的审美态度。

清代孙希旦《礼记集解》谓："齐三日，必见所为齐者，由其专精之至也。"林素娟也指出，孝子祭祀先人时，通过斋戒，如散斋、致斋，而暂离于俗世之纷繁状态，并专注于思念先人之居处、笑语、志意、所乐、所嗜。仪式中的各种用物均不只是客观物，而是对身体的召唤和开显。祖先的衣物、祖先的座椅、尸的存在，均开显了一个强烈的情感空间，而此空间的模态亦是身体的模态。孝子于此全身心听闻亲人的叹息和气味，在强烈的身体经验下，才能"致爱则存，致悫则著"。亡者在致爱与致悫的强烈情感中，真实地存在于执礼者的生命体验中，甚至身体觉知中。执礼者亦在此体验中真实地经历了存在状态的转化，加深了与祖先情感的连续性。❶

由此可知，身体美的展现在践礼的过程中，必须符合因时、因地制宜，以及相合相称的原则。由践礼者全身心融入仪式当中，此时的空间，便由凡俗空间转化为神圣空间；此刻的身体，亦由凡俗的身体，转变为践礼的社会化身体，由此开展出以体践礼、礼体合一的文

---

❶ 参见林素娟《气味、气氛、气之通感——先秦祭礼仪式中"气"的神圣体验、身体感知与教化意涵》，《清华学报》新第43卷第3期，419页。

化空间。此诚如杨儒宾所指出，礼安居于身，身亦安居于礼，身礼同化而一，这种状态的身体即变成了文化的承载体。以后只要一展现承载文化价值体系的身体，自然而然地会带出一种意义的空间。换言之，身体的展现到那里，空间的意义也就到了那里，一种人文化、意义化的世界于焉形成。❶

【原典精选】

君子生则敬养，死则敬享，思终身弗辱也。君子有终身之丧，忌日之谓也。忌日不用，非不祥也。言夫日，志有所至，而不敢尽其私也。（《祭义》）

孝子之祭也，尽其悫而悫焉，尽其信而信焉，尽其敬而敬焉，尽其礼而不过失焉。进退必敬，如亲听命，则或使之也。孝子之祭可知也：其立之也敬以诎①，其进之也敬以愉，其荐之也敬以欲。退而立，如将受命，已彻而退，敬齐之色不绝于面。（《祭义》）

孝子之有深爱者必有和气，有和气者必有愉色，有愉色者必有婉容。孝子如执玉，如奉盈，洞洞属属然如弗胜，如将失之。严威俨恪，非所以事亲也，成人之道也。（《祭义》）

【简注】
①诎：卑屈、谦抑。

【语译】
君子在父母活着时要恭敬奉养，父母死后，要诚敬祭享，总想着

---

❶ 参见杨儒宾《儒家身体观》，台北："中研院中国文哲研究所"，2004年，18页。

一辈子都不敢辱没父母的名声。君子有一辈子的丧事，那就是说，年年都有父母逝世纪念的忌日。忌日不做别的事，并非那天不吉祥，而是说那一天特别想念父母，没心情去做别的私事。

孝子的祭祀，是尽其虔敬而表现出虔敬的态度，尽其诚信而表现出诚信的态度，尽其敬意而表现出恭敬的态度，敬其礼节而没有太过与不及的地方。应对进退都毕恭毕敬，仿佛亲自倾听父母祖先的命令，就好像父母有什么要使唤自己似的。孝子的祭祀，从外表便可以察知：站立时是卑屈谦抑的，前进时是恭敬又愉悦的，献上祭品时是虔敬又想要讨祖先欢喜的，献毕退后站立时，仿佛接受父母祖先的命令，祭祀结束撤去祭品而退下时，一直保持着虔敬斋戒的神色。

孝子对于父母，如果心中有深挚的爱，必然会有和气的态度；有和气的态度，必然会表现出愉悦的神色；有愉悦的神色，必然会有柔婉的面容。孝子祭祀父母时，像执着尊贵的玉圭，如捧着满杯的酒水，非常恭敬谨慎的样子，好像无法胜任，又怕失手掉盏。至于展现出的威严庄重的样子，本质上不只是为了侍奉父母的神灵，更是成人男子本就应有的礼仪容态。

【现代解读】

儒家重视行礼者的情感和仪式的配合。就祖先祭祀而言，最重要的是行礼者对父母生前死后的孝顺之道。最极致的孝道，在于孝子能借由父母所遗留下来的身体，不断践行仁义、恩德，博施众人，让众人因受惠而来共同缅怀、赞扬父母的名声，这也是儒家以君子立德、立言、立功的"三不朽"。

祭祀之本质，根源于审美主体之心，心的内涵又以诚敬为主。因此，在举行祭礼时，进退动静必以敬为审美要求。在祭祀仪式过程中，不论立于其位、进至尸前、奉物而进，还是退反其位，其容貌、神色、内心，均须自尽其诚敬之意。若有其礼而无其敬，则礼便成为虚文而不取焉，此即孔子所谓"祭礼，与其敬不足而礼有余也，不若礼不足而敬有余也"。祭祀之礼以内心诚敬之意为本质，在周代祭天、祭地、祭祖先宗庙的诸多礼制中，以郊天之祭最能展现诚敬之心。

本段指祭祀祖先与父母时的容貌表情。容貌表情乃践礼者表达情意最为重要的身体媒介，无论在何种场合中践行何种礼仪，身体的容貌表情与体态展现，均应与当下的对象、空间、情感相称相合。礼仪形式乃根源于至深情感，有深爱之情，必有和气，情之感通因气之交融共感而被体验。仪式中的行礼者，因为被至亲的爱和思念穿透，故而浑身散发着和气，体气和谐，故而容色、举止皆是此和谐之气的流行。❶

【原典精选】

曾子曰："孝有三：大孝尊亲，其次弗辱，其下能养①。"（《祭义》）

曾子曰："……孝有三：小孝用力，中孝用劳，大孝不匮②。思慈爱忘劳，可谓用力矣。尊仁、安义，可谓用劳矣。博施、备物，可谓不匮矣。"（《祭义》）

曾子闻诸夫子，曰："天之所生，地之所养，无人为大。父母全

---

❶　林素娟认为，《曲礼》所言"临祭不惰"，显示祭祀的精神已由早期重视血腥、酒食之气味歆飨，而转向了德行之气的修养。对于德气的强调，反映了祭祀由原始宗教向礼仪、修身的转化。参见林素娟《气味、气氛、气之通感——先秦祭礼仪式中"气"的神圣体验、身体感知与教化意涵》，《清华学报》新第43卷第3期，402、420页。

而生之，子全而归之，可谓孝矣。不亏其体，不辱其身，可谓全矣。故君子顷步③而弗敢忘孝也。"……壹举足而不敢忘父母，壹出言而不敢忘父母。壹举足而不敢忘父母，是故道而不径，舟而不游，不敢以先父母之遗体行殆。壹出言而不敢忘父母，是故恶言不出于口，忿言不反于身，不辱其身，不羞其亲，可谓孝矣。（《祭义》）

孝子将祭祀，必有齐庄之心以虑事，以具服物，以修宫室，以治百事。及祭之日，颜色必温，行必恐，如惧不及爱然④。其奠之也，容貌必温，身必诎，如语焉而未之然⑤。（《祭义》）

【简注】

①大孝尊亲，其次弗辱，其下能养：孙希旦《礼记集解》谓"大孝尊亲，其次弗辱，其下能养"，是根据践行孝道之优劣而区分的。

②小孝用力，中孝用劳，大孝不匮：孙希旦《礼记集解》谓，"小孝用力"指庶人之孝，"中孝用劳"指士大夫之孝，"大孝不匮"指人君之孝。此三种孝是根据地位尊卑而区分的。

③顷步：本指半步，跨一脚，引申至举步、迈步，也被用于形容极近的距离、极少的数量、极短的时间等。顷：当为"跬"，亦写为"颐"，音 kuǐ。

④如惧不及爱然：好像害怕见不到亲爱的人的样子。

⑤如语焉而未之然：好像要说而还没有说的样子。

【语译】

曾子说："孝道有三等，最伟大的孝，是能使父母得到天下人的尊敬，其次是不要辱没父母的名声，最下等只不过是能够养活父母而已。"

曾子说："……孝道有三等：小孝用的是体力，中孝兼用心智，大孝不匮乏。想着父母慈爱抚育的恩德而忘记身体的疲劳，竭力奉养父母，这是所谓运用体力的小孝；令自己成为受人尊敬的仁者，以及习惯合理行为的义者，这是所谓用心劳智的中孝；至于推广自己的爱心，使众人皆受到恩惠，以至于父母死后，人们敬备祭品来参与祭祀，这就是令父母名声永不匮乏的大孝。"

曾子曾听孔夫子说："天地所生养的世间万物，没有比人更为尊贵伟大的了。父母把我们齐全健康地生下来，我们死时，也要身体齐全地归还，离开人世，这可说就是孝了。生时没有毁损自己的形体，没有损辱自己的身心，这才算是保全身体了。所以孝子时时刻刻都不敢忘了孝道。"由于每一次抬足行走都不敢忘记父母，所以走路要走大道而不走易发生危险的小径，渡水要乘船而不游水过去，因为不敢用父母给我的身体涉不必要的危险。由于每一次出言说话都不敢忘记父母，所以不会恶言伤人，也不让别人用愤怒的话来伤害自己的身心。不让自己身心受辱，父母也不会因我而蒙羞，这就可称为孝了。

孝子将要祭祀时，必须有斋戒庄重的心来考虑祭事，以筹办应具备的祭服祭物，修葺宫室，以及治理一切事务。等到祭祀当日，脸色必须温和，行走步伐必须戒慎恐惧，好像害怕见不到亲爱的父母的样子。在奠祭之时，容貌必须温和，身体必须卑屈，躬身听命，好像亲人要说话而还没有说出的样子。

【现代解读】

"小孝用力"，指庶人之孝，思父母之慈爱，而忘了自己躬耕的辛劳；"中孝用劳"，指士大夫之孝，不损伤父母遗留下来的身体，不辱没父母的名声；"大孝不匮"，指人君之孝，有德的君王，德政教化加被于四海，恩泽及于百姓，使天地间可荐为仕者无不任用。孝道本身乃人文的产物，宗教祭礼仪式臻于教民追孝的功能，表明孝敬已成为宗教人文化的基础。

人生于天地之间，是为至尊至贵者。此人身由何而来？乃父母所生。君子如何行孝？《祭义》认为，必须以不损伤自我身体、不辱没自我人格，方为守全孝道。对此，龚建平指出，从孝道来看，身并非全属于私有可随意支配的，而是具有某种神圣意义因而应该敬畏与爱护的象征符号。❶《祭义》认为，在走路时择大道而不走小径，渡水时择乘舟而不游水，原因在于不敢用父母遗留下来的身体，进行不必要的冒险。因此，真正的孝子，乃时时刻刻反省自己的言行举止，以自身不受辱且不令父母蒙羞为要务，即终己一身与一生，修持自我的身体及行为，并保全父母盛德的美名。

《祭义》指出践行祭礼时的容貌表情，孝子在举行祭祖当天，脸色必须温和，步伐必须戒慎；举行奠祭时，容貌必须温婉，形躯必须俯屈，务必将整个身心融入祭礼的氛围中，仿佛如此就能见到所祭的祖先与父母。

（二）祭祀系统

1.祭天

【原典精选】

郊特牲①，而社稷大牢②。天子适诸侯，诸侯膳用犊；诸侯适天子，天子赐之礼大牢；贵诚之义也。故天子牲孕弗食也，祭帝弗用也。(《郊特牲》)

---

❶ 参见龚建平《意义的生成与实现——〈礼记〉哲学思想》，北京：商务印书馆，2005年，290页。

天子适四方，先柴③。郊之祭也，迎长日之至④也，大报天而主日也。

兆于南郊，就阳位也。扫地而祭，于其质也。器用陶、匏，以象天地之性也。于郊，故谓之郊。牲用骍⑤，尚赤也。用犊，贵诚也。(《郊特牲》)

祭之日，王被衮⑥以象天。戴冕⑦璪十有二旒⑧，则天数也。乘素车，贵其质也。旂⑨十有二旒，龙章而设日月，以象天也。天垂象，圣人则之。郊所以明天道也。

帝牛不吉，以为稷牛。帝牛必在涤⑩三月，稷牛唯具⑪，所以别事天神与人鬼也。(《郊特牲》)

【简注】

①郊特牲：举行祭天之礼时，要在国都南郊，用一头特别豢养的小牛来祭祀。

②社稷大牢：举行祭地之礼时，用牛、羊、豕三牲来祭祀。大牢：即太牢，指牛、羊、豕三牲。

③天子适四方，先柴：指天子至四方巡狩。柴：焚烧柴火以祝告于天。

④长日之至：白昼开始变长的一日，即冬至之日。

⑤牲用骍：骍：音 xīng，赤色的马，亦泛指赤色的牲畜。指祭天时用赤色的小牛为牲品。周代在五行中尚赤色，故用赤色。

⑥衮：龙袍。

⑦冕：礼冠。

⑧旒：音 liú，礼冠前后端垂下的穿玉丝绳。有旒的冠冕是古代最尊贵的一种礼冠。

⑨旂：音 qí，旒上绘有龙纹并在杆上系有铃铛的旗子。

⑩涤：打扫干净的牛舍。

⑪稷牛唯具：周代人以后稷为始祖，故祭天的牛有两种：帝牛、稷牛。稷牛只要挑选毛色和体格完整的牛即可。

【语译】

举行祭天之礼时，要在国都南郊，用一头小牛犊来祭祀，而祭地之礼则用牛、羊、豕三牲作为祭品。天子到诸侯之国，诸侯奉食时，使用一头小牛犊；诸侯朝见天子，天子赐宴之礼则用牛、羊、豕三牲。这是尊重天道至诚的意义。所以天子不食用怀孕的牛，祭天帝时也不以怀孕的牛为祭品。

天子到四方巡狩时，要先举行燔柴告天的仪式。在国都南郊举行祭天之礼，正逢着白昼开始变长的冬至日，冬至的祭天仪式，是最隆重的礼，用来报答天神，以日为主祭对象。

郊祭要在国都南郊先划定祭坛的区域，因为南方属阳。祭天时无须登到祭坛上，只需扫地行礼而祭，是顺于天道素朴的本质。祭器使用陶土瓦器，用来象征天道自然的本性。在国都南郊举行，所以称为郊天之祭。祭牲用赤色的小牛，是因为周代在五行中崇尚赤色，至于用小牛，则是因为它尚未有牝牡之情，本质像天一般纯一无杂。

郊祭当日，天子要披上画有日月星辰等十二章的龙袍，以象征天的样子。戴着冕冠，穿玉的丝绳有十二条带子，效法天数的十二个月。乘着没有金玉装饰的木车，取其质朴的本性。车上的旗子有根飘带，带子上画有龙纹以及日月星辰等，以象征天象。天以日月星辰垂象给世人，圣人效法天象以制定历法，于是有农业的生产节奏。所以郊天之祭，是用来彰明天道的。

祭天帝所用的赤色小牛，如果占卜不吉或死伤，就改用祭始祖后稷的牛。占卜为吉、供祭天的小牛，必须单独在洗涤洁净的牛舍中特别饲养三个月，至于供祭始祖后稷的牛，只要注意它的身体毛色完整即可，这是用来区别祭祀天神与祖先人鬼之礼的不同。

【现代解读】

《郊特牲》篇阐明祭天用特牲的意义，并兼论及社祭、蜡祭。篇中对周代三大祭祀系统的功能，论之甚详。王梦鸥指出，西汉自武帝至于昭、宣之世，齐学称盛，其学说多涉及阴阳五行，本篇与《礼运》之所记，颇近齐学思想。当中训诂之语，学者认为符合齐人语音，推测本篇出于齐学者的遗说。❶

周代祭天系统如下：

（1）时间：

①春正月祈祭（祈谷之祭）。

②冬至日报祭（报本反始、答谢天恩之祭）。

（2）地点：

①南郊（都城的南郊）。

②设坛场（圜丘），象征天圆的观念。

（3）礼仪程序：

卜日、誓戒择士、斋戒、戒具陈设、省眡（视）、呼旦警戒、除道警跸、祭日陈设省眡、听祭报、出郊、燔柴、作乐降神、迎尸、迎牲杀牲、荐血腥、祝号、享牲、荐牲、荐熟、荐黍稷、嘏（祝为尸，致福于主人之辞）、送尸、彻、告事毕。

---

❶　参见王梦鸥《礼记今注今译》，台北：台湾商务印书馆，1969年，333页。

（4）祭器：祭服、车、旗、器、用特牲（为刚出角的牛犊）、用豆、登。

（5）至上性：唯天子祭之，举行郊祀大典时，暂停官民一切丧葬活动。

（6）临时之祭天：巡狩告祭、出师告祭、建都城告祭、除灾患告祭。

天子举行祭天之礼，要在国都南郊的圆形圜丘，用一头特别豢养并且没有经过牝牡之情的小牛来祭祀，而祭地之礼则在方形的地坛上举行，并以牛、羊、豕三牲为祭品。周代祭祀尊贵的天神，并不使用华丽的礼器与丰盛的牲体，反而仅以单纯的一头小牛为祭品，背后的象征意义，在于彰显天道纯一无杂的特性，即所谓贵诚之义。

天子在举行郊天之祭时，除了使用的牲品为未经牝牡之情的小牛之外，其他礼文仪式也完全使用纯一无杂的本质之物，不论是所划定的天坛的空间区域，或在坛墠燔柴而祭，乃至所使用的陶匏礼器、所穿着的龙袍礼服、所驾乘的车舆之装饰图纹等，均象征天地冲穆无为的本质。

祭地及宗庙之祭则完全不同，祭地及祭祖先宗庙，使用的礼器以见美尽饰为主，竭尽地展现美的文饰，而唯独祭天，则以贵诚为首要考量，显示周代人对天的观念。所谓"诚者，天之道；诚之者，人之道"，天神的本质为诚，纯粹、纯净、单纯、真诚，人也要效法天的本质，在祭天的礼制中践行纯粹、纯净、单纯、真诚的精神。

【原典精选】

燔柴于泰坛，祭天也；瘗埋于泰折，祭地也。[①]用骍犊。（《祭法》）

郊之祭，大报天而主日，配以月。夏后氏祭其闇，殷人祭其阳，周人祭日以朝及闇。祭日于坛，祭月于坎，以别幽明，以制上下。祭日于东，祭月于西，以别外内，以端其位。日出于东，月生于西，阴阳长短，终始相巡，以致天下之和。(《祭义》)

【简注】
①"燔柴于泰坛"一句：周代祭天仪式的神圣空间在都城的南郊，设高的圆形圜丘，名为泰坛，象征天圆的宇宙图像。祭地仪式的建筑为低的方形坎，称为泰折，象征地方的空间图像。在泰坛焚烧祭牲，为祈求天神之降临。在泰折埋藏祭牲，为祈求土地神之出现。

【语译】
在国都南郊的天坛焚烧牲币等祭品，是祭天的仪式；在国都北郊的泰折瘗埋牛羊等祭品，是祭地的仪式。不论祭天还是祭地，都以小赤牛为祭牲。

郊天之祭，是报答天恩最隆重的礼仪，祭祀的对象以日为主祭，以月为配飨。祭天仪式的举行时间，夏后氏在天未亮时举行，殷商人在天亮时举行，周代则从天未亮祭到黄昏。祭日是在圆形的天坛上，祭月则在方形的坎内，以区别幽暗的月与明亮的日，以制定上下的分际。祭日在东方，祭月在西方，以区别内外，以端正日月不同的位置，因为日出在东方，月生于西方，日月一阴一阳，昼夜或长或短，始终回绕循环，以达到天下季节、气候、人事的和谐。

【现代解读】
祭天于圆形圜丘的泰坛，祭地于方形的泰折，乃周代天圆地方宇宙观的具体实践。此圜丘、泰坛、泰折的建筑即成为宗教上的神圣空间。在神圣空间举行神圣仪式，呈现宗教的庄严与美感，可使行礼者的身心状态得以净化，由凡俗的身体转变为神圣化的身体。

孙希旦《礼记集解》曰："此谓春分朝日，秋分夕月之礼也。日照于昼为明，而坛亦在上而明者也。月照于夜为幽，而坎亦在下而幽者也……以致天下之和者，阴阳相济，和气由此而致也。"《祭义》所言，在祭祀时择定时间，春分祭日，秋分祭月，配合空间，祭日的地点选择在东方阳而明的建筑坛，祭月则选择在西方阴而幽的建筑坎，空间位置名分皆正，便能阴阳相互调济，以身体和谐的能量通达宇宙和谐的能量，形成所谓天人合一的大美境界。

和谐为先秦极为重要的美感思想，因为和谐，才有稳定感、安全感。以家族为中心的人伦思想，尤其注重和谐，因其消弭了个体的情绪感受，转而以群体的互动关系为优先，故而人际关系的和谐，通过神圣空间以贞定之。先秦人的生命过渡仪式均须在宗庙中举行，所谓"歌于斯，哭于斯，聚国族于斯"，宗庙是一个神圣空间，中国人在此寻找到其血缘的认同，肯定其家族生命的存在。

礼乐文化为周代人的集体潜意识，身体的和谐安顿，为先秦诸子关注的焦点。中国建筑很早就发展出理性精神，显示周代以理性作为情感的防御机制，以人文化、理性化的礼乐典章制度，调节礼崩乐坏后的非理性行为，将之升华为各种身体美学的创造与欣赏，建筑美学即为其中之一。

2.祭地

【原典精选】

社祭土而主阴气也。君南乡于北墉下，答阴之义也。日用甲，用日之始也。天子大社，必受霜露风雨，以达天地之气也。是故丧国之社屋之，不受天阳也。薄社①北牖②，使阴明也。

社，所以神地之道也。地载万物，天垂象。取财于地，取法于天，是以尊天而亲地也，故教民美报焉。家主中霤而国主社，示本也。

唯为社事，单③出里。唯为社田，国人毕作。唯社，丘乘共粢盛④，所以报本反始也。(《郊特牲》)

【简注】

①薄社：即亳社，商汤建都于此，约今之河南省商丘市。薄：同"亳"。

②牖：音 yǒu，穿壁以木为交窗，即窗户。

③单：同"殚"，全部之意。

④丘乘共粢盛：指各个地区。共：供应。粢盛：祭祀的用食。

【语译】

祭社是祭祀土地之神而以阴气为主。举行祭社之礼时，国君面向南方立在社坛的北墙下，象征报答主阴的土地。祭祀的日子选用甲日，甲是每十日中的第一日。天子的社坛称为大社，必须接触霜露风雨，以通达天地之气。所以，殷商的旧都为亡国之社，使它不接触上天的阳光。殷商遗民祭祀祖先的亳社，只能在北墙开一个小窗，以通阴明之气。

祭社，是用来尊重神而明之的大地之道。土地载育万物，天昭垂日月星辰等天象。人类从土地取得稻麦黍稷等生活的资财，效法天的运行节奏而有四季变化，所以必须尊敬天神而且亲爱土地，于是以祭地来教导人民作完美的报答。卿大夫之家以宫内土神为主祭对象，诸侯及天子以境内土神为主祭对象，表示不忘养生之本。

唯有举行社祭，里中全部的人民都必须出席。唯有为社祭而举行的田猎，全国人民都必须参与。唯有祭社神，各地区都必须用当地生产的粮食，作为供应祭祀的用食，这是用来报答天地养育之本、反溯生命之始的礼仪。

【现代解读】

周代祭地的系统如下：

（1）社会作用：避免天灾，保护国家政治、军事活动，确保农业丰收。

（2）天子及诸侯之社：

①建筑格式：社坛（堳埒、墙）、社木（象征社神）、社主（殷用土，周用石质，木主，以体现神灵）。

②差别：诸侯立社坛以天子社坛之土为建坛基础，小于天子之坛，可以改置。

（3）置社：郊以内为国，郊以外为野，皆有社之设置，称为命民社。

（4）亳社：亡国殷民之社，又称亡国之社、胜国之社。

（5）祭社种类：

①祈社：定期的祭社，春分举行的祈年祭。

②报社：定期在秋天举行的报恩祭。

③宜社：军事行动前举行，用牲、受脤（主祭者赐祭肉于将帅）。

④类社：对社的因事祭，祈祷祭。

⑤祓社：除恶祭。

⑥禜社：祈祷祭，以禳除水旱灾为主。

⑦营社：专为救日之祭社（日食）。

⑧衈社：除疾求福，以衈礼祭社，亦称珥社。

泰坛为祭天的天坛，为圆形建筑，在坛上用柴焚牲币；泰折为祭地的地坛，为方形建筑，祭地以牲币埋于土。祭天仪式唯有天子才能主持举行，社祭仪式则自天子以至于大夫、士阶层均可主持举行，两者都是周代祭祀的神圣空间。

孙希旦《礼记集解》谓："天秉阳，而霜露风雨，天之用也。地秉阴，而山川陵隰，地之体也。故大社不为屋，使天之阳气下通于地，以成生物之功也。丧国之社，即亳社也。薄、亳通……薄社屋其上，使不得受风雨霜露之阳气也。又塞其三面，惟开北牖，使其阴方偏明，所以通其阴而绝其阳也。阳主生而阴主杀，亡国之社如此，以其无事乎生物，而但用以示诫也。"天子在举行社祭之礼时，对于社屋的顶端，以及殷商亡国之社的建筑，均有特别的规定。

殷周鼎革的势力消长，在周代礼制建筑中区分得非常清楚。凡天子大社不加屋盖，保留开口，使其通天地阳气，以化成万物。而殷商丧国之社，必须于屋顶加盖，令其不得受阳气，并将东、西、南三面窗户闭塞，仅保留北方小窗，以通达北面的阴气，以此区别当政之社与亡国之社，其用意在为后世所借鉴。

周代宫室建筑以天体结构为美的典范，以屋顶开洞取明的方式，与天地阳气相互交感。人在这样的神圣空间中，试着经历宇宙创生时的原初状态，世俗生命得以净化，被整合为圆满复活的神圣生命，并开发本自具足的潜能，用更健康的心态，适应未来的各种生存困境。

【原典精选】

天子祭天地，祭四方，祭山川，祭五祀①，岁遍。诸侯方祀，祭山川，祭五祀，岁遍。大夫祭五祀，岁遍。士祭其先。（《曲礼下》）

【简注】

①五祀：郑玄注："五祀，户、灶、中霤、门、行也。""中霤，亦土神也。""行，在庙门外之西。"孔颖达疏："中霤，室中也。"中霤之神，即宅神。孙希旦《礼记集解》谓："五祀，谓春祭户，夏祭灶，季夏祭中霤，秋祭门，冬祭行也。岁遍者，谓一岁中祭此诸神皆遍也。"

【语译】

天子祭天地之神，祭四方之神，祭山川之神，祭户、灶、中霤、门、行之神，一年之内遍祭一次。诸侯在其境内祭山川及五祀之神，也是一年之内遍祭一次。大夫祭五祀，一年遍祭一次。士则只祭祀祖先。

【现代解读】

除了天子大社的屋顶开口以通阳气，在屋室的中霤，亦开洞取明。此处中霤指屋室正中处。盖当远古穴居时期，在穴顶开洞取明，雨水从洞口滴下，故谓之中霤。在屋顶开洞取明，亦即能与超越的天地共融交往，其目的在于以建筑重复宇宙的创生，企图借由人间建筑的创造，重复宇宙原初的创生经验。

祭山川有三类：望祀，远望而祭之；祈祀，乞求福佑及消灾；告祀：禀告，直接亲临山川，用牲礼。祭五祀为：户、灶、中霤、门、行五种屋室的局部建筑，也为《礼记》中经常论述的神圣空间。中霤即小土神，也是宅神（另一种意义为屋室正中处）；行指外出远行，要在庙门外西边，祭祀行神。

《礼记》认为五祀这五种局部建筑各自存在着守护之神，每年必须各举行一次祭祀仪式。中霤作为一个神圣空间而被祭祀，其意义在于不忘本。至于行的建筑方位在宗庙门外西边，周代贵族外出远行，须于宗庙门外西边祭祀行神。

由《礼记》的记载可知，周代以祭祀功能为主的宗教性神圣空间有：祭天的泰坛，祭地的泰折，祭祖先的宗庙，祭祀及朝见诸侯、宣明政教的明堂，以及贵族阶层每年必须祭祀周遍的五祀——户、灶、中霤、门、行。在神圣空间举行的各项祭祀仪式，可使周代贵族阶层在心理层面产生信仰、信任及亲切、幸福的美感。由此外在美的感受，与内在神圣经验相互照应，内外合一，则比较容易产生宗教学及美学上所谓的高峰体验。

3.蜡祭

【原典精选】

天子大蜡八①。伊耆氏②始为蜡。蜡也者，索也，岁十二月，合聚万物而索飨之也。

蜡之祭也，主先啬③而祭司啬④也，祭百种⑤以报啬也。飨农⑥及邮表畷⑦、禽兽⑧，仁之至，义之尽也。古之君子，使之必报之。迎猫，为其食田鼠也；迎虎，为其食田豕也，迎而祭之也。祭坊⑨与水庸⑩，事也。曰："土反其宅，水归其壑，昆虫毋作，草木归其泽。"（《郊特牲》）

既蜡而收，民息已。故既蜡，君子不兴功。（《郊特牲》）

【简注】

①大蜡八：于岁末十二月大祭万物，以八种神灵为飨祭之代表。蜡：音zhà，搜求之意。

②伊耆氏：即神农氏。

③先啬：指最先发明农业稼穑者，即神农氏。

④司啬：指司掌农业稼穑者，即后稷。

⑤百种：百种谷神。

⑥农：田官之神。

⑦邮表畷：田间庐舍及阡陌之神。

⑧禽兽：有功于农业的动物。

⑨坊：堤防。

⑩水庸：灌溉农田的水沟。

【语译】

天子在岁末十二月举行大蜡祭，祭祀八种与农业有关的神灵。传说从神农氏时代就开始有蜡祭习俗。所谓蜡，就是搜求。周历每年十二月，合聚万物的神灵，加以祭祀，让八种神灵代表接受飨祭。

蜡祭的八种对象，首先，以最早创立稼穑的神农氏为主祭对象；其次，以司掌稼穑的后稷为从祭对象；第三，祭百种谷物之神以报答稼穑丰收；第四祭田官之神，第五祭阡陌田舍之神，第六祭对农业有功的动物，以表达仁至义尽的心意。古代的君子，对于使用过的东西，都要报答它的恩德。譬如迎猫的神灵，因为它会替农人吃掉伤害稻禾的田鼠；迎虎的神灵，因为它会替农人吃掉伤害稻禾的野猪，所以都得把神灵请来加以祭祀。至于祭堤防和祭水沟，也因为这两者都有功于农事。祭祀的祝词说："堤防的土壤请回到自己所在之处而不要崩塌，水沟的水请回归自己应去的坑坎而不要泛滥，昆虫不要兴灾作害，杂草乱木都能回归薮泽，不要生于良田，而妨害了谷物的生长。"

举行蜡祭之后，把农作物收割贮藏起来，于是，农民就可以休养生息了。所以蜡祭结束之后，在位的君子就不再兴举劳役了。

【现代解读】

周代祭祀之礼，除却郊天之祭、社祭、宗庙祖先之祭、飨祭圣贤之外，最足以彰显人类对自然万物的报恩之心，就是每年举行的蜡祭。从宗教人类学而言，人们把农作物视为神祇，耕作即崇拜神祇的方式。耕种可能起源于祈求生殖力的仪式，灌溉等于献酒给神祇，架设围篱则是对神圣的植物表示敬意。❶传说从神农时代即有蜡祭礼俗。

---

❶ 参见菲立普·费南德兹－阿梅斯托著，韩良忆译《食物的历史——透视人类的饮食与文明》，台北：左岸文化出版社，2005年，60页。

蜡祭举行的时间在每年十二月，祭拜与农事有关的动植物及神灵，这是源于万物有灵和自然崇拜，也是全民参与的宗教活动。蜡祭完毕后，在位者使百姓饮酒宴乐，一国之人皆沉浸在迷狂的欢乐氛围中，准备迎接新年的到来。在一张一弛的仪式设计中，百姓的身体得以放松调养，休养生息，好迎接来年新的耕作。

4.祭宗庙祖先

【原典精选】

明堂①也者，明诸侯之尊卑也。(《明堂位》)

祀乎明堂，所以教诸侯之孝也。(《祭义》)

天子、诸侯宗庙之祭，春曰礿，夏曰禘，秋曰尝，冬曰烝。(《王制》)

【简注】

①明堂：周人追享文王之庙，也是天子朝见诸侯、宣明政教的神圣空间。郑玄注："朝于此，所以正仪辨等也。"郑玄所言"名曰'明堂位'者，以其记诸侯朝周公于明堂之时所陈列之位也"。

【语译】

明堂，是表彰诸侯地位尊卑的神圣空间。

周人在明堂举行大祭，教导诸侯如何孝敬父母。

天子与诸侯对祖先的宗庙祭祀，一年共举行四次，春天举行的称为礿祭，夏天举行的称为禘祭，秋天举行的称为尝祭，冬天举行的称为烝祭。

【现代解读】

除泰坛、泰折、宗庙建筑之外，明堂也是周代举行文王祭祀及进行各项政令倡导极为重要的神圣空间。明堂为殷周时帝王祭祀、朝见诸侯、宣明政教之处。其建筑结构有重屋、四柱，以及台基，上圆下方，象征天圆地方。明堂属神圣空间的概念一直沿续至秦汉不衰。

汉宝德曾指出，周代的明堂，其建筑造型为三段式结构：两重屋檐，四方柱列，以及底部的台基。依中国建筑意象观之，中国的三段式，可以从天、地、人的三才观念去了解。屋顶为天，台基为地，柱列为人。屋顶是中国建筑意象的主体，是三段形式的最上一段。《礼记》曰："重檐……天子之庙饰也。"表示古代确有重檐，基本上是对屋顶本身的歌颂、赞美。梁柱，由柱子与梁组织而成，是人类自身的影像。最底层的台基，为社会阶级的象征。《礼记》又曰："天子之堂九尺，诸侯七尺，大夫五尺，士三尺。"依周代的规定，天子之堂九尺，诸侯七尺，大夫五尺，士三尺。一般平民大约只有一尺。且台基超过一定的高度就有山的形象，所以台基不但代表了稳固的意义，而且有崇高、伟大的意义。当近乎山的形象时，就与神接近了。❶

周代礼制下的神圣空间，不论祭天的泰坛还是祭地的泰折，均用象征的手法，以模仿天地冲穆无为的本质。其美学风格对于贵族阶层的心理有治疗意义。

第一，对称均衡的造型艺术，令人在心理上产生可理解、可掌握的和谐美感。

---

❶ 参见汉宝德《中国的建筑与文化》，台北：联经出版事业股份有限公司，2004年，184—190页。

第二，宗庙建筑的血缘联系及自卑尊祖的心理，使人产生被庇护的安全感。

第三，中国建筑的身体化空间美学，使得各种祭祀空间均在人生的基础上建构而成，形塑出圣俗一体的亲切感，可消弭神秘的祭祀对象所造成的紧张与不安。

【原典精选】

礼器，是故大备①。大备，盛德也。礼释回②，增美质；措则正，施则行。其在人也，如竹箭之有筠③也，如松柏之有心也。二者居天下之大端④矣。故贯四时而不改柯易叶。故君子有礼，则外谐而内无怨，故物无不怀仁，鬼神飨德。

先王之立礼也，有本有文。忠信，礼之本也；义理，礼之文也。无本不立，无文不行。

礼也者，合于天时，设于地财，顺于鬼神，合于人心，理万物者也。是故天时有生也，地理有宜也，人官有能也，物曲有利也。故天不生，地不养，君子不以为礼，鬼神弗飨也。(《礼器》)

礼也者，反本、修古，不忘其初者也。(《礼器》)

【简注】

①礼器，是故大备：本篇以此句为开端，上无所承，推测为先秦两汉《礼记》简策脱漏、散佚所致。

②释回：消除邪恶。

③筠：竹子外表的青色皮膜。

④二者居天下之大端：礼的重要性如竹之外表青皮、松之内在年轮，象征外表和内在二者，是天下万物之所同，所以称为重要的端绪。

【语译】

礼器的功用因此完备了。功用完备，是圣王盛德的表现。礼的功用能消除人们内心的邪念，增进美善的本质。因为礼乐文化灿然明备，所以百姓可依礼而安置手足行为，导归于正道；礼乐普遍施用，教化就会普及实行。礼对于人的重要性，犹如竹子外表有青色皮膜，又如松柏内在有木心年轮。外表和内心二者，是天下万物的根本，根本既好，所以能历经寒暑四季，挺直的枝柯和茂盛的叶子始终不变。所以，君子如果有推展礼乐的教化，群体社会便会外部和谐，内部又没有怨言，于是万物无不感怀君子的仁德，鬼神也会来享用他在祭礼中的心意。

先王所制定的礼，有其内在根本和外在形式。忠信，是立礼的根本精神；义理，是创制仪式的形式原则。如果没有忠信的根本精神，百姓的行为便不能端正；如果没有义理作为形式原则，礼也就无法推行。

所谓礼，是需配合天时、符应地利、顺于鬼神、合于人心、用来治理万物的法则。配合天时，所以能生生不已；符应地利，所以能各得其宜；由人管理，所以能各显所能；因物效用，所以能各具利益。因此，凡是不配合天时而生的，不符应地利所养的，德位相称的君子不用来制定为礼的原则，鬼神也不会来享用其祭品。

礼，教导百姓通过践礼，反溯生命的根本，顺从古代的传统，不忘生命最初的根源。

【现代解读】

清代孙希旦《礼记集解》谓："《礼运》言礼之行于天下，而极其效于大顺，由体而达之于用也。此篇言礼之备于一身，而原其本于忠信，由外而约之于内也。二篇之义，相为表里。"《礼器》篇以忠信、义理言礼之质，而归重于忠信；以内心、外表言礼之文，而归重于内心。以《礼器》来命名此篇，主要因为礼具有"简""俭"之本质。《礼器》篇多引述《礼运》《郊特牲》之文，所以写作年代当在《礼运》及《郊特牲》二篇之后。

礼乃身体践行不可或缺的依据，也是使身体达于美善的具体方法。践礼者以至诚恭敬的心，真实地践行各种礼仪时，身心均会产生极大的转变，可将邪恶的念头杜绝，增加生命美好的素质。

先秦圣王创制礼仪，规划五大体类：吉、凶、军、宾、嘉。士阶层以上的贵族在践礼时，注重容貌体态，并谨慎持守父母遗留给孝子的身体，终其一身及一生，用身体践行生命过渡礼仪及人伦交往礼仪，在践礼的过程中，改变外表体态，使其臻于美善的姿容；转化内在心理，使其达于诚敬的德行。因此，礼的内在根本与外在仪式，缺一不可。以内在的忠信，践行各种外在的节文，忠信义理，内外一致，个体生命才能成为真正文质彬彬的君子，群体社会才能成就灿然明备的礼乐典章制度。

（三）丧祭功能

1.报本反始

【原典精选】

天下之礼，致反始①也，致鬼神也，致和用也，致义也，致让也。致反始，以厚其本也；致鬼神，以尊上也；致物用，以立民纪也。致义，则上下不悖逆矣。致让，以去争也。合此五者，以治天下之礼也，虽有奇邪，而不治者则微矣。(《祭义》)

圣人以是为未足也，筑为宫室，设为宗祧②，以别亲疏远迩，教民反古复始，不忘其所由生也。（《祭义》）

唯为社事，单出里③。唯为社田，国人毕作。唯社，丘乘共粢盛④，所以报本反始也。（《郊特牲》）

万物本乎天，人本乎祖，此所以配上帝也。郊之祭也，大报本反始也。（《郊特牲》）

【简注】

①天下之礼，致反始也：天下的礼，要达至回返生命的初始，教导百姓不忘本。郑玄《礼记注》云："至于反始，谓报天之属也。"孔颖达《礼记正义》云："致反始也者，致之言至也。言礼之至极于天，反报初始，言人始于天，反而报之。"

②祧：音 tiāo，远祖的宗庙。

③单：同"殚"，全部。

④丘乘共粢盛：各地区共同提供祭祀用食。丘乘：各地区。共：供也，提供。粢盛：祭祀用食。

【语译】

天下的礼，一在教导百姓达致反溯生命根本，二在通达祖先的鬼神魂灵，三为开发资源与物用，四可建立伦理道义，五可教化百姓谦让之德。百姓不忘本，因此性情变得温柔敦厚；通达祖先鬼神，于是尊重祖先地位为上；开发资源，以建立百姓的生活纪律；建立人际伦理关系，则上下阶层不相悖逆紊乱；发扬谦让精神，以去除争执。能综合这五种意义的，只有治理天下的礼了，即使还有歪邪不正而不被治理的百姓，也是属于极少数的了！

古代圣王认为此原始巫术尚未完足，于是建筑宫室，设立远祖的宗庙，以区别血缘关系的亲疏远近，教导百姓反溯最古的祖先，回到生命的源头，不要忘记自己的所来之处。

凡是举行社祭的礼事，所有里中的百姓都要全体出动。凡是为社祭而举行的田猎活动，全国人民必须参与。凡是社祭，各个丘乘区域的人民都必须提供资粮作为祭祀用食，这是用来报答土地的养育之恩。

天地万物根源于天，世上之人根源于祖先，这是祖先之所以配享天神而陪祭的原因。所以说，郊天之祭，是报答天地养育之恩最隆盛的礼了。

【现代解读】

在诸多宗教礼仪中，何种方式最能表达报德、报恩的情感？据《礼记》所载，唯祭祀之礼最具报本反始的功能。《荀子·礼论》曰："礼有三本：天地者，生之本也；先祖者，类之本也；君师者，治之本也。无天地恶生？无先祖恶出？无君师恶治？三者偏亡，焉无安人。故礼，上事天，下事地，尊先祖而隆君师，是礼之三本也。"综上言之，报本反始乃指回报天、地、君、亲、师之德，以饮水思源，归返生命的源头。

孙希旦《礼记集解》谓："报本者，报其养人之本；反始者，反其生物之始。"又谓："郊、社皆有报本反始之义，而郊之报本反始为尤大也。"祭天与祭地都具有报本反始的意义，可以回报生命本源，且具有初始的审美功能，其中郊天之祭更具有报恩、报德的意义。周代郊天之祭分别在春、冬二季举行。春正月举行的称为祈祭，是祈求谷物丰登的祭天仪式；冬至日举行的称报祭，为报答天恩赐福的祭天仪式。祈祭与报祭，虽同样是与超人文的天神进行感通的仪式，但其差异处在于，祈祭重视的是求，报祭重视的是报，两种祭天的心态，自有不同。

丧礼和祭礼的审美功能类似，最重要的表现在报答生命初始的祖先恩情上。《礼记》认为，人性根源于天，所以制礼的本怀，在于对天神反报生命的创始之恩，亦即对生命本源的尊重，使人慎终追远，不忘生命的源头所在，所谓"礼不忘其本"（《檀弓上》）之意也。

就祭祀礼仪而言，报祭的对象，不限于超人文的天地，举凡万事万物，若有功有德于人者，即在回报之列。因此，报祭即为报德之祭。《祭义》即以宗庙之祭具备反古复始之义。

反古复始与报本反始具有相同的意义。祭礼之所以强调报本反始，其目的在于通过仪式教导百姓"不忘其所由生""不忘其本"，借着神圣的仪式，使人追本溯源，重新思考生命起源的意义与价值。

先秦祭礼报本反始的审美意义，在于以个体生命美学融摄一股绝对、超越的精神力量，使个体生命得以与宗教性的绝对精神相感通。践礼的审美主体在向自我本质回归与超越的过程中，突破一元性人文化、规律化的宗教文明，而求回归生命原创的自然性宗教文明，即所谓新人文化宗教的意义。

2.贵质尚本

【原典精选】

卜郊，受命于祖庙，作龟于祢宫①，尊祖亲考之义也。（《郊特牲》）

酒醴之美，玄酒②、明水③之尚，贵五味之本也。黼黻④、文绣之美，疏布之尚，反女功之始也。莞簟⑤之安，而蒲越⑥、稾鞂⑦之尚，明之也。大羹不和，贵其质也。大圭不琢，美其质也。丹漆雕幾⑧之美，素车之乘，尊其朴也。贵其质而已矣，所以交于神明者，不可同于所安亵⑨之甚也。如是而后宜。(《郊特牲》)

祭天，扫地而祭焉，于其质而已矣。醓醢⑩之美，而煎盐之尚，贵天产也。割刀之用，而鸾刀之贵，贵其义也，声和而后断也。(《郊特牲》)

【简注】

① 祢：音 nǐ，奉祀先父的祠庙。

② 玄酒：即水。

③ 明水：将铜制的鉴盘放在月下所承接的露水。

④ 黼黻：音 fǔ fú，古代礼服上所绣的色彩绚丽的花纹。

⑤ 莞簟：材质好的席子。莞：音 guān，水葱类编的席。簟：音 diàn，竹席。

⑥ 蒲越：音 pú huó，以蒲草编的席子。

⑦ 稿鞂：音 gǎo jiē，用禾秆编的草席。

⑧ 雕幾：雕刻及装饰华美的花纹。幾：漆饰成凹凸花纹。

⑨ 亵：音 xiè，亲近的。

⑩ 醓醢：指鱼等肉类做成的酱料。

【语译】

周代郊天之祭要先受命于太祖的宗庙，然后在文王的宗庙里选用龟甲问卜，这是尊重父祖的意义。

酒醴虽然香甜可口，但祭天时以清水、露水为尊，因为无味的水，是五味的根本。雕镂装饰花纹的服饰虽美，但祭天时覆盖酒樽却崇尚粗布，这是返归针线手工的初始。材质好的席子虽然舒适，祭天时却崇尚用蒲草禾秆编成的草席，这是要与天神相感应。最好的羹汤不加调味料，因为重视它本质的美。最美的圭玉不雕琢，因为喜爱它原来素朴的美质。铅红色的漆器刻画、装饰着凹凸花纹，非常美丽，天子祭天时却乘着没有纹饰的车乘，这是因为尊重天的素朴，重视它的本质之美。以上这些礼器，都是用于与天神相交的，不能和平日非常亲近舒适的用具等同。祭天的礼器，必须是原始的、素朴的，才是妥善合宜的。

祭天时，只要在祭坛四周扫地而祭，强调在实地行礼的本质。一般祭祀以酱酢美味烹调食物，祭天时却崇尚以提炼天然的盐来调味，这是尊重大自然的表现。祭天时不用锋利的割刀来杀牲，却用古鸾刀来切割，那是因为重视仪式的意义，古鸾铃之声和谐后，才能割断。

【现代解读】

在举行神圣的郊天之祭时，必须舍弃常日安适的"酒醴之美""醢酱、文绣之美"和"丹漆雕几之美"，改以素朴无文、原始本质的玄酒、明水、疏布、素车等，以与天神相感应。对于祭天的食物，也不加调味料，在不同文化圈中，神圣食物都有此一特色，不加调味料，不是为了美味，而是为了救赎。❶

何以郊天之祭所用的礼器要贵质尚本，才能人神感应？一则祭天使用毛色整全初生的小牛犊，以及素朴之物，较接近原始自然状态，用以与俗世用物区隔，凸显天的神圣性；二则使用原始质朴的材料，显示遥远的天神，乃未有人文化成介入、道德未经污染的至诚对象；

---

❶ 参见菲立普·费南德兹–阿梅斯托著，韩良忆译《食物的历史——透视人类的饮食与文明》，台北：左岸文化出版社，2005年，61—63页。

三则器用陶匏，暗合天冲穆无为的本性，传达行礼者至敬之精神，以及反映行礼者身份阶层之高低。❶因此，祭天之礼，有非常高的神圣性，必须舍弃世俗生活安适华丽的物用之美，改以原始而且素朴无文的用器，以彰显天道至诚、贵质尚本的崇高之美。

祭天之礼，为一种神圣性的艺术表现，祭祀所使用的器物，必须异于平常之物。先秦贵族在日常生活方面，不论饮食、衣饰、言行举止，皆以文饰华丽为美，必须适度表现人文的美感。宗教的祭礼，其审美的理想，则以自然、原始的质素之美为最高境界，而将平常的美摒于其侧。平常以酒醴为美，祭祀时则不用酒醴，反以淡而无味的清水陈列供神，尊其味觉审美之本；祭祀时以粗布覆盖酒樽，则为溯其女功之始；以蒲越、槀鞂为席来祭天，为神明之也；以自然无文饰的车乘取代雕镂丹漆的礼车，为尊其素朴、贵其本质之美。而大羹清淡，不求调味的和美，也是珍贵自然之质；大圭的玉质本来即美，也无须人文雕饰。凡此所举，皆一一指出《礼记》宗教美学的终极理想，乃试图超越人为文饰的华美，回归自然、原始、素朴的本质之美。

中国的伦理结构，家族主义为其中极为重要的特点。家族主义反映在神圣空间的表征上，则是视宗庙为精神生活的活动空间。生命过渡仪式中的冠礼、婚礼，以及生活交接仪式的聘礼，均在宗庙举行。一则显示仪式的神圣性，必须于家族中最重要的神圣空间来举行；二则意在尊重家族祖先，凡事必先告诸祖先，表示自我生命的渺小，凸显祖先神灵的崇高，只有将一己生命安顿在家族血缘的系谱中，个体生命才能感受到祖先的庇护，才有相当的安全感及价值感可言。

---

❶ 参见林素娟《饮食礼仪的身心过渡意涵及文化象征意义——以三〈礼〉斋戒、祭祖为核心进行探讨》,《中国文哲研究集刊》第32期，194—199页。

不论祭天、祭地，还是祭祀东、西、南、北、中五个方位的五帝，均必须在宗庙举行占卜择日的仪式。占卜仪式，表达对神圣时间精审慎重的态度，于宗庙举行，则彰显家族神圣空间至高无上的地位。在宗庙举行占卜择日的仪式，以不敢专擅的恭敬心理，来求得祖先的首肯应允，不但个体生命与祖先精神相感通，在深层心理上亦有求得祖先亲近、庇护的情感慰藉。

中国人重视宗庙的庇护慰藉力量，源自周代家族主义的血缘联结，由个人与家族的血缘联结，以求一己生命的安顿。就儒家而言，人必须将自我身体放置在现实的时间、空间坐标上，才能彰显生命存在的价值。若取消了时空坐标，取消了仪式，人将会丧失自我表达的媒介与形式，最后终将取消自我生命的价值与意义，而沦落到虚无的存在焦虑当中。先秦礼乐美典所建构的神圣空间概念，即为了安顿生命，让有限的生命在无限的广宇长宙中，找到定位与安全感，以免在面对无法掌握的天地神秘力量时，产生恐惧与不安。

所谓质者，原始之规律；文者，人文之规律。自然与原始的本义，与人文息息相关，却并非人文的对立面，而是人文的发生性基础。从人文规范外的自然与原始处，反而更可触探到真实世界的本质。因此，一切属于人文的装饰性表达，必然要回归和效法自然与原始。

原始的规律为自然生成，一旦积习日久，便转而为强制性的人文规律。当人文规律的精神丧失后，其强制性便松动瓦解，必须以原始自然生成的规律，矫正其缺失。春秋战国时期，正值周文凋敝、礼崩乐坏到无以复加之际。《礼记》承孔子遗绪，倡导贵质尚本的美学思想，乃希望从祭祀礼仪着手，矫正周代礼坏乐崩后，徒有形式、虚文的文化弊病，以补救精神意义丧失的弊病。

祭祀之礼中，以郊天之祭最能展现天人合一的审美理想。盖郊天之祭为一年中最盛大的祭典，因所祭对象为至大无极的天神，仪式中所装饰的衣着、用器，莫不效法于天象。如祭天时，天子内服大裘，外披日、月、星、辰等十二章之衣，以成天数十二之象。天子所戴冕之旒及素车上旂之旒，亦取十二之数，以则天数也。借由各式象征天象、天数之礼服、礼器之辅助，进行对天之祭祀，以期通过仪式而使人与天建立一脉相承的关系。

古代举行祭天仪式的空间，均用象征手法，在形象、数字与色彩三方面，满足帝王在祭祀方面的精神要求，诚如孙希旦《礼记集解》谓，"郊所以明天道，故其衣服旂章皆取象于天也"。

（1）形象上：天圆地方，故祭天之坛为圜丘，圆形；祭地之社稷坛，为方形。

（2）数字上：祭天用阳数中的最高数字，即九；祈谷祭所用数字多与农业有关，如四柱象征一年四季，十二柱象征一年十二个月、一天十二个时辰，二十四柱象征一年二十四节气。

（3）色彩上：苍天为蓝，土地为黄，天坛建筑多用蓝色。❶

扫地祭天，求其实地行礼，以煎盐贵其天质自然，鸾刀贵其和断相资、刚柔相济，强调天子祭祀时用器及车乘的审美标准，必须以本、质、素、朴为最高境界。祭天时为了表达虔敬之心，在礼服上也以无文饰的袭之质素为美。《郊特牲》反复申言祭祀礼仪之本、质、素、朴，显示祭天之礼的审美理想在于贵质尚本，即以事物原始、自然之本质为宗教美学追求的终极目标。

中国建筑自先秦时期开始，即由身体坐标而展开，形成人化、身体化的空间美学。因此，中国建筑形塑出一种神圣、凡俗的亲切感，圣与俗皆在同一建筑结构中展现。

---

❶ 参见楼庆西《中国古建筑二十讲》，台北：联经出版事业股份有限公司，2003年，81—82页。

人类借由神圣空间建筑模仿宇宙创生，其最深层的审美心理要求，在于寻找存在的定向感。由神圣空间之模仿所回复的宇宙原初状态是怎样的样貌？何以回复宇宙原初的状态即能减轻人们面对新奇事物的压力、紧张与焦虑？就中国的集体潜意识而言，中国人通过神圣建筑空间以象征天地宇宙的本质，究其实质，是对完美、圆满的原型的向往与追求。神圣空间所具有的审美治疗意义，即在使人通过空间的圣化，回归宇宙最原初的状态，此时生命是不受污染的、纯净完美的、圆满整全的样貌。人在每一次进入神圣空间时，受损的生命会被修复，受创的情感会被净化，在神圣空间的高峰体验中，能重新整合内在矛盾、冲突的负面心理，开发生命本自具足的面对未来、适应生存的无限能量。

3.亲亲、尊尊

【原典精选】

上治祖祢，尊尊也；下治子孙，亲亲也。旁治昆弟，合族以食，序以昭缪①，别之以礼义，人道竭矣。(《大传》)

其不可得变革者则有矣。亲亲也，尊尊也，长长也，男女有别，此其不可得与民变革者也。(《大传》)

服术有六：一曰亲亲，二曰尊尊，三曰名，四曰出入，五曰长幼，六曰从服。(《大传》)

自仁率亲，等而上之至于祖，自义率祖，顺而下之至于祢，是故人道亲亲也。亲亲故尊祖，尊祖故敬宗，敬宗故收族，收族故宗庙严，宗庙严故重社稷，重社稷故爱百姓，爱百姓故刑罚中，刑罚中故庶民

安，庶民安故财用足，财用足故百志成，百志成故礼俗刑，礼俗刑然后乐。(《大传》)

【简注】

①昭缪：即昭穆。先秦宗庙制度有左昭右穆，指宗庙、墓地或神主的辈次排列。庙制规定，天子立七庙，诸侯立五庙，大夫立三庙，士立一庙，庶人无庙。若父辈在昭列，子辈便在穆列，反之亦然，以此区分血缘的亲疏贵贱。

【语译】

订定上代祖父、父亲的次序，是以辈分尊贵者为尊考量的；订定后代子孙的次序，是以血统亲近者为亲考量的。从旁又确定亲堂兄弟的关系，联合同一血统的支族，在宗庙之中共同祭祀缋食，排列父辈、子辈的昭穆位置，而制定彼此之间最合理的礼节。如此做人的道理，就都体现在宗庙祭祀的礼仪中了。

有不可以随意变革的关系，如家族血统以亲者为亲的关系，社会阶层以尊者为尊的关系，长幼辈分以长者为长的关系，性别上男女有所区别的关系，这些都是不可以让人民随意变革的。

服丧制度的制定有六种原则：第一种是依血缘关系的亲疏而制定，第二种是依社会关系的尊卑而制定，第三种是依名分而制定，第四种是依女子在家或出嫁而制定，第五种是依长幼辈分而制定，第六种是依婚姻而产生的间接关系而制定。

从仁爱的角度统率血缘关系，一等一等向上，直至祖先的宗庙；从义理角度统率祖先宗庙，一级一级顺下，直至先父的宗庙。所以说，人道以血缘关系的亲者为亲。因为爱其亲者，所以会尊重始祖；尊重始祖，所以扩及敬重同祖传下来的宗族；敬重宗族，所以能团结族人；族人团结了，所以祭祀宗庙的礼仪便极为庄严；自己宗族的宗庙祭礼庄严了，便会重视自己的国土；重视自己的国土，便会爱护国土上的百姓；爱护百姓，所以刑罚必须公平；刑罚能够公平，则一般人都能安居乐业；人人都能安居乐业，则资财的运用充足；资财运用充足、富裕，则一切生活愿望都能达成；一切生活所需都能达成，礼俗便有规模了；有了具有规模的礼俗，人人就都可以和乐地生活了。

【现代解读】

《大传》篇与《丧服小记》文句颇有相似，皆因丧服而涉及宗庙昭穆制度。古人合族人而祭祖先宗庙，故宗庙制度与丧服制度多有关联，前人多疑其为《仪礼·丧服》之传记。清代孙希旦《礼记集解》谓："此篇之义，言先王治天下必自人道始。篇中言祭法，言服制，言宗法，皆所以发明人道之重，而篇末尤归重于亲亲。盖人道虽有四者，而莫不由亲亲推之，所谓'孝弟为仁之本'也。"

丧祭之礼的文化美学之功能在于尊尊、亲亲，即政治秩序以上下尊卑之等差为结构原则，血缘关系次之；宗教美学之功能则在于亲亲、尊尊，亦即通过丧祭礼仪，维系亲属间的血缘关系，绾合人伦秩序于不乱，政治尊卑的考量则次之。

先秦通过祭礼的仪式，维系亲亲、尊尊的人伦秩序。在亲亲、尊尊、长长、男女有别四者之中，又以亲亲为最重，此亦表现在祭祀祖先的宗庙礼仪上，又以宗庙之祭祢为最重。孙希旦《礼记集解》谓："盖人道虽有四者，而不外于亲亲，而亲亲之义，则又以属于祢者为最隆，故于此归本而言之，以明人道之所尤重也。"

丧礼方面，丧礼的审美功能以亲亲、尊尊为重，此功能表现在丧服制度上最为明显。一曰亲亲，二曰尊尊，三曰名，四曰出入，五曰长幼，六曰从服。王明珂指出："这六个原则也就是儒家为人伦所定的范畴。在这人伦范畴中的亲疏尊卑秩序，表现在丧礼中的丧服轻重上；愈重的丧，丧服质料愈粗，剪裁愈简陋，因而有斩衰、齐衰、大功、小功、缌麻等，由头到脚不同的服饰组合。愈重的丧，丧期愈长，而有三年、一年、九月、七月、五月、三月不等。"❶丧服制度的原则虽以六者为主，总而言之，则仍以亲亲、尊尊、长幼、男女有别四者为重。四者之中，其实又以亲亲、尊尊为优先考量。

　　由礼乐美典所凝成的文化特质，强调人伦社群之间的等差秩序，形成以亲亲、尊尊为结构原则的血缘性宗法社会。牟宗三指出，所谓亲亲，即以主观血缘关系之仁爱为社会结构原则；所谓尊尊，则是一种客观精神，超越形限之私、具体之情，以建立社会客观法度。此客观精神所表现的客观法度，必待周公制礼作乐、宗法制度厘定后，始得以成立。"商质周文"，商代文化以亲亲之仁为社会政治的结构原则。周公制礼，在殷商亲亲之仁的基础上注入客观精神，辅以尊尊之义的法度，虽有时以亲亲补尊尊，然文化美学上，实以尊尊为领导原则。❷

　　周代的礼乐典章制度由于太过重视阶层与阶层之间的差别性，致使社会流动率低，形成闭锁式的阶层化体系。孔子及后代儒家学者，为了弥补"周文"过于强调辨别社会阶层的差异性，于是提倡增加殷代重质的亲亲之仁。《礼记》承孔子思想，在凋敝的周代虚文中由乐

　　❶　参见王明珂《慎终追远——历代的丧礼》，收入《中国文化新论·宗教礼俗篇·敬天与亲人》，台北：联经出版事业股份有限公司，1982年，323—324页。
　　❷　参见牟宗三《政道与治道》，台北：台湾学生书局，2010年，5—6页。

教的亲亲之仁，结合礼教的尊尊之义，造就了社会结构中礼乐之美的和谐社会。

【原典精选】

夫祭有昭穆。昭穆者，所以别父子、远近、长幼、亲疏之序而无乱也。是故有事于大庙，则群昭群穆咸在而不失其伦。此之谓亲疏之杀也。(《祭统》)

【语译】

祭祀要分左昭右穆、父昭子穆。昭穆制度可区别父子、远近、长幼、亲疏等人伦关系的秩序，使其不致紊乱。所以，在太庙举行祭祖仪式时，昭辈和穆辈的人都聚在一起，就不会迷失彼此的人伦辈分了。这就是血缘关系由亲到疏逐渐递减的意义。

【现代解读】

孙希旦《礼记集解》谓："宗庙之礼，始祖为大庙，自此以下，每一世为昭，每一世为穆，而子孙亦以为称。其在大庙之中，昭为一列，穆为一列，虽其世数之久，人众之多，而其父子、远近、长幼、亲疏皆可得而序也。"又谓："合族以食，以联其情之同，别以昭穆，以辨其等之异，皆旁治之事也。"宗庙祭祀的左昭右穆制度，主要在辨别宗族祖先上下尊卑、亲疏远近的等差关系。

祭礼具有亲亲、尊尊的功能，具体反映在宗庙祭祀的昭穆制度上。宗庙祭祀时，始祖入于太庙，左右两旁分列昭穆。父为昭列，则子为穆列；子为昭列，则父为穆列，依次类推。由左昭右穆的排列顺序，即明显区分亲疏、尊卑、长幼、远近的血缘关系，发挥了维系宗族上下尊卑等差秩序的功能。

《礼记》所反映的亲亲、尊尊的人伦结构，具体展现在社会群体的关系网络中，大自冠、婚、丧、祭等生命过渡仪式，以及燕礼、射礼、乡饮酒礼等生活交接仪式，小至日常生活的细小言行仪则，莫不展现此尊卑贵贱的结构原则。尤其通过祭礼与丧礼，更可以借由亲亲、尊尊的人伦结构，凝聚宗族的向心力，使宗族中每一个身体与生命，通过践礼仪式，得以顺畅、和谐地履行社会化的角色。

伍　身体美学的终极理想

中和之美

经由前文对《礼记》四十九篇文本的归纳得出，先秦士阶层以上的贵族对身与体的看法，分别有三个面向的身体美学思考：

首先，从生活常规的威仪化身体，考察先秦贵族在衣、食、住、行日常生活的身体，具有美身、养身、敬身的生活美感的要求与照护。

其次，从即身涵德的艺术化身体，探究先秦贵族所认为的理想的、美善的身体状态，乃与修身、澡身、成身的德行修养密切相关，显示先秦贵族对内在品格的重视。

最后，从以体践礼的社会化身体，检视先秦贵族在冠、婚、丧、祭的生命过渡仪式，以及燕、乡、射、聘等人伦交往仪式的身体实践，凸显礼的大体，践礼的容体，以及如何成就父母留给子女之遗体。

综合以上三个面向的身体美学，《礼记》所要展现的完整的身体概念，究竟呈现什么形态的美感样貌？此便涉及《礼记》对"身体"二字合用的看法。

【原典精选】

凡奸声感人而逆气应之，逆气成象而淫乐兴焉。正声感人而顺气应之，顺气成象而和乐兴焉。倡和有应，回邪曲直各归其分，而万物之理各以其类相动也。

是故君子反情以和其志，比类以成其行。奸声、乱色不留聪明①，淫乐、慝礼②不接心术，惰慢、邪辟之气不设于身体，使耳、目、鼻、口、心知、百体皆由顺正，以行其义。(《乐记》)

故乐者，天地之命，中和之纪，人情之所不能免也。夫乐者，先王之所以饰喜也。军旅、铁钺③者，先王之所以饰怒也。故先王之喜怒皆得其侪④焉。喜则天下和之，怒则暴乱者畏之。先王之道，礼乐可谓盛矣。(《乐记》)

【简注】

① 聪明：指眼与耳的视听之间。

② 慝礼：邪恶的礼制。慝：音 tè。

③ 铁钺：音 fǔ yuè，刑戮的器具。

④ 侪：同"齐"，使人心齐一。

【语译】

凡是不正当的声音感荡人心，就会有违逆的能量加以应和。违逆的能量造成一种现象，繁多杂乱的音乐便由此产生。如果是纯正的声音感荡人心，就会有顺畅的能量应和而起。顺畅的能量造成一种现象，和谐快乐的音乐便由此产生。在提倡和应和之间，美善或邪恶、歪曲或正直，都回归其分际，有如万物的原理，都是同类相互感荡而萌动。

所以，君子会时时反观情感的萌动，以音乐调和自己的心念，排比同类的音乐以成功地推行乐教，使不正当的声音以及混乱的形色，不会驻留在耳目视听之间；让繁多杂乱的音乐，以及邪恶的礼制，不会与心中的念头接触；更不会让怠惰骄慢、邪恶乖僻的气息，不会停留在身体当中，使自己的耳、目、鼻、口、心智、各种肢体，都能循着和顺纯正的能量，来实践符合礼义的行为。

因此，乐是天地给予的使命，是大自然中正平和的规律，也是人情社会所不可或缺的重要元素。乐是古代君王用来表现喜乐之情的方式。所谓战争、刑罚，是先王用来表现愤怒的方式。所以先王在政治上的喜乐或愤怒，都有一定的方式，目的在使人心齐一。先王如果喜乐，则天下百姓共同应和他；君王如果愤怒，则暴乱的人都畏惧他。先王治理天下，是靠礼乐教化，让国家得以昌盛的。

【现代解读】

《礼记》四十九篇文献中，仅一处以"身体"二字连用，出现在《乐记》中。本段文字指出，君子时时刻刻收摄情欲，谐和心志，并以具体行为加以实践，使邪乱之声色不停留在视听之间，使流荡不正之礼乐，不接收于心念之中，使怠惰、骄慢、邪恶、怪僻的习气，不感染身体，使感官肢体及心理认知，均顺正道以实践正当的行为。想要使身心都顺正道而行，必须以礼乐为修养内容，时时以礼乐调节外在的身体与内在的心灵。

依据乐的精神调节内在心理，则自然产生平易、爽直、慈爱、体谅之心，内心逐渐愉悦、安定、长久、诚信、智慧；依据礼的精神调节外在形躯，则身体言行自然端庄、敬慎、整饬而威严。礼乐涵融于身体，身体的视、听、言、动，时时刻刻流露礼乐的精神，礼乐在全身心的展现，即为一具人文化成、具有美感的艺术化身体。诚如周与沉所指出的，自内而外将显露出全新的气象，内外交映、动静相成，身心互渗、德艺双修，生命展现乃成为一大艺术——活泼泼的人生艺术，并在被礼的精神所浸润的生活空间中展开，举手投足、行住坐卧莫不合礼。❶

❶ 参见周与沉《身体：思想与修行——以中国经典为中心的跨文化观照》，北京：中国社会科学出版社，2005年，310页。

《乐记》认为礼乐的功能，由调节人心，进而调节天地，天地也因此而和于伦序，于是，礼乐艺术在审美心理的调节上，实与天地同功同用。最极致的礼文艺术，与天地同具节制人欲的功能；最极致的音乐艺术，也与天地一样具备和同人心的功能。能节制人欲，所以可以区别彼此的差异；能和同人心，于是可以绾结彼此的共同情感。

礼和乐两种不同的艺术门类，虽然经常并称，但哪一种更具有优先性、更为首出？就人心的情感表达而言，乐具有比礼更为优先的重要性，因为乐根源于人心、人情，乐的功能也在于和同人心、绾结情感。然则，乐何以能和同人心？

就艺术与美学而言，宗白华先生指出，一切艺术的共性为生命的舞。美与艺术的特点在形式、在节奏，而它所表现的是生命的内核，是生命内部最深的动，是至动而有条理的生命情调。艺术境界与哲理境界，都是诞生于一个最自由、最充沛的深心的自我。于是，舞是它最直接、最具体的自然流露。舞是最高度的韵律、节奏、秩序、理性，同时是最高度的生命、旋动、力、热情，舞是中国一切艺术境界的典型。中国的书法、画法都趋向飞舞，庄严的建筑也通过飞檐表现着舞姿。舞不但是一切艺术表现的究竟状态，而且是宇宙创化过程的象征。❶古代圣王充分认识到，舞对人类社会的重要功能，于是从身体的自然舞动出发，再加入诗歌的吟诵、音乐的旋律，成就诗、歌、舞合一的乐，成为中国儒家美学的主要表现形式。

就艺术治疗的角度而言，身体是最原始、最自然的艺术媒介。通过身体的舞动，人类可以抒发情绪、分享情感、沟通情意。诚如舞蹈治疗师李宗芹所指出的，身体节奏在人类的天性中是整合的一部分，舞蹈中的节拍速度是与自然界的韵律及人体的脉搏同时发生的。我们

---

❶　参见宗白华《艺境》，北京：北京大学出版社，1999年，117、167、169页。

的身体有它深沉的韵律，能自然地对不同的节奏产生反应。在身体的舞动中，每个人都有自己内在、外在的节奏模式，但人们对于共同的节拍，可能会有一些共同的反应。因此，当节奏、声音重复响起时，人们参与了一个过程——与他人共享一种经验。以社会化意义而言，这时人们将不再孤单，而是感受到一种心理上的安全感。因此，舞蹈本身便具备了某些特性，包括身体节奏共同的参与和分享，感觉情绪的表达与释放，身心合一的追求，沟通与接触。仪式性的舞蹈，其中即兴舞蹈及自发的动作，呈现出生动的形式，并以身体具体表现出来，极易在团体中形成集体共识的表达与共通经验，以提高团体的向心力与归属感，进而达到精神与情绪的超越。❶

现代的舞蹈治疗的理论，正呼应了先秦《乐记》所谓"大乐与天地同和，大礼与天地同节"的原理，身体的舞动与仪式的践行，与天地具有共同的节奏。礼乐的仪式行进与身体舞动，具有宣泄、解放、净化、升华的功能，使个体生命重新整合与修复，使团体文化得以凝聚与通感。因此，《乐记》强调"礼乐不可斯须去身"。礼乐片刻不离的身体美，其呈现的样态在《乐记》中有提及，礼的功能在调节人类社会的秩序，达到无过与不及的中庸境界；乐的功能，在使人情臻于和谐状态。中庸即中和，是礼乐展现的最高艺术境界。至于何谓中和？《中庸》有明确的诠释。

【原典精选】

天命之谓性，率性之谓道，修道之谓教。道也者，不可须臾离也，可离非道也。是故君子戒慎乎其所不睹，恐惧乎其所不闻。莫见乎隐，莫显乎微。故君子慎其独也。

---

❶ 参见李宗芹《与心共舞——舞蹈治疗的理论与实务》，台北：张老师文化，2000年，23—26页。

喜怒哀乐之未发，谓之中；发而皆中节，谓之和。中也者，天下之大本也；和也者，天下之达道也。致中和，天地位焉，万物育焉。（《中庸》）

【语译】

天道下贯赋予人的生命，称为自然的本性；顺着自然的本性去做，就是正道，修养正道成为美善的人，就是教育。正道不可片刻离开身体，如果可以离开身体，就不是正道了。所以说，君子在别人看不到的地方更要警戒、谨慎，在别人听不到的地方也要常怀惶恐、畏惧之心。没有比在隐晦处表现得更为清楚的，也没有比在细微处更容易彰显的。所以君子在一个人独处时，必须特别谨慎自己的行为举止。

喜悦、愤怒、哀伤、快乐的情绪在心里还没抒发之前，叫作中；如果情绪抒发出来，也都能符合外在的礼节，就叫作和。所谓中，是天下最极致的本体；所谓和，是天下最通达的道路。能够达到中和的境界，就可以使天地安于正常的位置，使万物不断繁育、生养不息了。

【现代解读】

先秦至两汉的宇宙观为天圆地方，天体宇宙是一个圆满整全的状态，中国人不论由宇宙观或心性论，其发展出来的美学是天人合一的中和之美。中指一种虚静平和、情欲未起的状态。❶和是情感流露时，皆能符合外在社会的礼节限度。能达到内在心灵虚静平和、外显情感符合礼节，则天地各安其位，万物各行化育，呈现出来的，便是一种天地和同而化成的艺术境界。由此可见，《礼记》文本中不论生命过渡仪式，还是人伦交往仪式，甚至日常生活的细小仪节、空间与时序

---

❶ 参见杨儒宾《儒家身体观》，台北："中研院中国文哲研究所"，2004年，114页。

的选择、饮食服器的安排，其精神与意义无不在于主体以身体去实践，在此实践行为中，达成身体的和谐、生命的涵德、人文的化成，以及天人合一的中和的审美理想。

如此中和之美展现在天命下贯的人类身体上，中国人的身体美学，便形成一种圆的审美观。诚如李宗芹所指出的，东方的身体律动表现的特色之一为圆的移动。这种环形动作无限地持续，没有突然的动力转变，或新动作的冲击，因而带给人们和宇宙合而为一的感觉。❶这种圆的审美观，是无限开放、无限和谐的完美状态，也是以礼乐进行审美治疗之后，由个体生命到团体文化，乃至与宇宙自然冥合所臻至的中和境界。儒家的政治理想中，中和境界的实现，便是《礼运》所记载孔子所谓大同之世。

---

❶ 参见李宗芹《与心共舞——舞蹈治疗的理论与实务》，台北：张老师文化，2000年，28页。

大同之世

【原典精选】

昔者仲尼与于蜡宾^①，事毕，出游于观之上，喟然而叹。仲尼之叹，盖叹鲁也^②。言偃^③在侧，曰："君子何叹？"

孔子曰："大道之行也，与三代之英，丘未之逮也，而有志焉。"

大道之行也，天下为公。选贤与能，讲信修睦，故人不独亲其亲，不独子其子，使老有所终，壮有所用，幼有所长，矜寡孤独^④废疾者皆有所养。男有分，女有归。货恶其弃于地也，不必藏于己；力恶其不出于身也，不必为己。是故谋闭而不兴，盗窃乱贼而不作，故外户而不闭，是谓大同。（《礼运》）

【简注】

①与于蜡宾：参与担任蜡祭的特别来宾。蜡：音 zhà，岁末十二月的祭礼，求索对农业有功的万物，加以祭祀。

②仲尼之叹，盖叹鲁也：王梦鸥《礼记校证》认为，此八字似为郑玄以前人之旁批，羼入正文。

③言偃：孔子弟子，字子游。子游和子夏同列"孔门十哲"的文学科，精通礼乐，能行于教化。

④矜寡孤独：年老无妻、无夫，以及年幼无父、无母之人。矜：同"鳏"，音 guān，年老无妻之人。

【语译】

从前，孔子接受邀请，担任蜡祭的特别来宾，祭礼结束，出行在大门楼上游览，不觉感慨而叹息。孔子的叹息，是慨叹鲁国啊！当时子游随侍在侧，问说："老师为何叹息呢？"

孔子说："大道实行的时代，以及夏、商、周英明的君王统治的时期，我都没看到，所看到的只剩下一些典籍记载而已。"

大道实行的时代啊，是以天下为天下人所共有。选拔贤才、推举能者共同治理，讲求信用、修持和睦，因此，人们不只亲爱自己的亲人，不只慈爱自己的子女，更能推己及人，使社会上的老人得以安享终年，青壮的人得以适才适用，幼小的儿童能够拥有良好的成长环境，年老无妻、无夫的人，年幼无父、无母的人，以及残疾、生病的人，都能得到充足的供养。男子有正当的分内工作，女子有各自的归宿。各种生活资源不希望丢弃在大地上，导致浪费，但也不可以私藏在自己家里；不希望有能力的人不出力，但也不能为一己之私而出力。因此，权谋、算计的心机关闭而不再发生，偷盗、窃取、作乱、抢夺的现象不再出现，于是，虽有门窗，只用于遮风蔽雨，却无须紧闭以防止歹徒。这样的世界，真可说是大同之世了。

【现代解读】

《礼运》开宗明义地指出大同思想实施的时代。本篇是孔子任司寇和蜡宾时，与子游的谈话，孔子慨叹三皇五帝与三代政治之昌盛，自己来不及躬逢其世，只有典籍记载。这说明《礼运》中所言大同之世与小康之治为孔子政治美学的理想。

关于《礼运》一篇的作者，其思想传承，历来有许多不同的看法。举例而言，冯友兰的《中国哲学史》认为，《礼运》作者等一般儒家所殷殷提倡的政治社会，仅为小康之治，于其上另有大同之治，此乃采用道家学说之政治社会哲学也。❶梁启超的《先秦政治思想史》则确信，《礼运》为孔子之言。❷蒋伯潜的《十三经概论》认为，《礼运》即使不是孔子亲撰，要亦言偃之徒记述所闻，而为儒家政治理论之结晶。❸萧公权的《中国政治思想史》谓，《礼运》作者虽可疑，不当取作孔学之代表，然大同之义，尚不与儒学宗旨相反背，大同之世实为孔子之政治理想。❹高明的《孔子政治思想综论》则以为，孔子返鲁与于蜡宾时，子游年已二十三，《礼运》为子游所传述，大同之义可能正是孔子晚年最成熟之思想。❺

《礼运》一篇不论是否为孔子所作，观其思想大多与儒家政治哲学一脉相承，其作者或是孔门后学，或为晚周秦汉儒者，大抵是孔子一脉的后学所作。《礼运》提出来的大同之世与小康之治，实为《礼记》文化美学的终极理想。对《礼记》文本的全体系而言，实际上仍为具有一贯性美学思想的重要文献。

大同即大和、大平，亦即天道流行通达于天下的境界。此境界为《礼记》政治美学的终极理想，亦为文化美学的最后归趋。其理想托始于五帝，内容含括政治、社会、经济等诸多面向，为儒家政治美学构建了一幅礼乐大行于世的美好蓝图。

《礼运》所构建的大同之世，乃政治上希望天下为公、经济上力

---

❶ 参见冯友兰《中国哲学史》（增订本），台北：台湾商务印书馆，1993年，456页。

❷ 参见梁启超《先秦政治思想史》，台北：中华书局，2018年，85—86页。

❸ 参见蒋伯潜《十三经概论》，转引自刘松来《礼记漫谈》，台北：顶渊文化事业有限公司，1997年，151页。

❹ 参见萧公权《中国政治思想史》，台北：联经出版事业股份有限公司，1986年，72页。

❺ 参见高明《孔子政治思想综论》，转引自刘松来：《礼记漫谈》，台北：顶渊文化事业有限公司，1997年，150页。

求平均富裕、社会上令群体道德自觉的美好理想境界。这一美好理想，肯定社会上个体生活的不同，企图达到一种更高的群体"平""和"的大同。

《礼记》文化美学的审美理想，为一种礼乐灿然明备的艺术境界，亦即礼的运行秩然、灿然的大同之世。礼乐美典的功能，可使现实世界臻于社会祥和、政治为公、经济均等的大平、大和境界。此大同境界在《大学》中被称为"止于至善"。《大学》曰："大学之道，在明明德，在亲民，在止于至善。"所谓明明德，是指生命美学成德的仁；亲民，则是个体生命美学的成德之仁，推扩到群体文化美学的化民成俗；止于至善则是移风易俗，天下皆宁之后的终极审美理想，亦即大同之世的境界。

小康之治

今大道既隐，天下为家，各亲其亲，各子其子，货力为己，大人世及以为礼。城郭沟池以为固，礼义以为纪；以正君臣，以笃父子，以睦兄弟，以和夫妇，以设制度，以立田里，以贤勇知，以功为己。故谋用是作，而兵由此起。禹、汤、文、武、成王、周公，由此其选①也。此六君子者，未有不谨于礼者也。以著其义，以考其信，著有过，刑仁②讲让，示民有常。如有不由此者，在势者去，众以为殃，是谓小康。（《礼运》）

【简注】

①选：俊也，最优秀之意。

②刑仁：以仁为型范。刑：同"型"。

【语译】

现在大道既已隐没不彰，天下便成为一家一姓专制的私产，各人只管亲爱自己的亲人，各自慈爱自己的子女，财货和劳力资源都成为私人所有，而且贵族世袭资源所有权反而变为礼制。要建造坚固的城墙沟池以保全私有财产，制定各种礼仪作为社会纪律；用礼来确认君臣的名分，加强父子的亲情，和睦兄弟的情谊，和合夫妇的情义，订立各种典章制度，划定田地界线，尊重勇敢和睿智的人，把功绩全归为己有。于是，权谋算计的心机就此产生，而兵戎战争的事件也随之兴起。在这样的时代里，禹、汤、文、武、成王、周公，要算是最优秀的人物了。这六位君王，没有谁不恭谨地恪遵礼制。以礼来彰显意义，考校信用，指示错误之处；以仁为模范，讲求礼让，昭示人民行为的常则。如果有不遵循礼的行为，虽是权势之人，也必然被驱逐出境，使人人都知道他是罪魁祸首。这样的时代，就称为小康之治。

【现代解读】

就审美终极理想的可行性而言，理想终归理想，终究只能成为虚悬的标的，在现实世界的具体落实上，必然会遭遇许多困境。就《礼记》所呈现的礼乐美典而言，儒家建构的大同之世为一个艺术化的社会。在此艺术化的社会中，人与人的群体关系为一种审美的、和谐的、自由的、平等的关系。然而，《礼运》所标举的大同之世的审美理想，究其实质，也只能是一种虚构的理想世界。现实世界中，并无法真正实现这种理想。于是，《礼运》在大同之世后，紧接着提出小康之治的社会，以作为可能落实的文化美学理想。

大同之世为儒家政治的乌托邦，但也仅止于是虚悬的理想国。《礼记》的政治理想，只有在小康之治上，才能具体实现。此为儒家政治美学的永恒困境，也是儒家政治美学努力实践而精进不已的希望工程。

身心：身体美学趋势

在中国思想史的研究上，身体观为近年来的热门研究课题，至今仍方兴未艾。而在中国美学研究方面，身体美学的研究，也正处于蓬勃发展的态势。面对这两大身体研究的潮流，学术界有许多反省、思考的声浪出现。

首先，针对目前身体观研究的成果，黄俊杰指出，近数十年中国思想史的研究论著，采取"即心言心"的研究进路者较多，采取"即身心互渗以言心"的研究进路者实不多见。[1]何乏笔也指出，当代新儒家所面临的一个危机，亦即"心性之学"的绝对化及传统儒学的化约。[2]杨儒宾在《儒家身体观》中，也提出了对儒家的反省，他认为，儒家除了发扬正面立体的功能外，有一天它还是要停下来，考虑权力的身体、情欲的身体、丑陋的身体到底是怎么回事。[3]

综合以上各家的说法，未来身体观的研究，势必要摆脱"心性之学"的束缚，转向内外兼具、身心一体的角度，对"生物性存在、社

---

[1] 参见黄俊杰《中国思想史中"身体观"研究的新视野》，《中国文哲研究集刊》第20期，542页。

[2] 参见何乏笔《修身·个人·身体——对杨儒宾〈儒家身体观〉之反省》，《中国文哲研究通讯》第10卷第3期，308页。

[3] 参见杨儒宾《儒家身体观》，台北："中研院中国文哲研究所"，2004年，26页。

会伦理性存在、政治存在、历史存在、文化存在与形而上存在诸层面叠合"❶的身体，做更彻底深入的思考与探索。

其次，针对身体美学研究热门上扬的趋势，方英敏也呼吁，身体美学的基础理论研究，当是身体美学经历了作为一个学术热门话题初兴之时议论蜂起的兴奋期之后，转入沉潜期所应努力的方向。❷方英敏因此提出，身体美学基础理论应包括身体美塑造论、身体美欣赏论、身体美展现论、身体审美经验（美感）论、身体审美价值论和身体美育。❸

至于中国古代身体美学的研究，刘悦笛指出了其特性与研究价值。他认为，在中国古典哲学和美学中，身与心本来就是在一起的，这就是一种身心相交或者身心融合的过程，它对于建构起一种身体美学无疑具有重要的价值。❹蒋勋对儒家身体美学研究亦提出省思，他指出，儒家文化很奇怪地认为美都属于精神的美，一直歌颂着精神上的美感。然而，没有真正肉体上的耕耘，没有对身体的照顾、锻炼、培养，那些精神的美有时其实非常空洞。❺儒家文化的初始，绝不是不重视身体美学，揖、让、进、退，其实都是身体美学。礼的基础绝对是身体美学的讲究。礼的仪式在任何民族都是身体美学的结果。典礼之中，看到人的行走、致敬、前进、回旋与后退，莫不是身体美学

❶　参见周与沉《身体：思想与修行——以中国经典为中心的跨文化观照》，北京：中国社会科学出版社，2005年，302页。

❷　参见方英敏《什么是身体美学——基于身体美学定义的批判与发展性考察》，《贵州大学学报·社会科学版》第34卷第1期，25页。

❸　同上。

❹　参见刘悦笛《观念、身体与自然：艺术终结与中国美学新生》，《哲学与文化》第41卷第2期，2014年2月，177页。

❺　参见蒋勋《身体美学》，台北：远流出版事业股份有限公司，2008年，253页。

的表现。❶

　　以上有识者所提出的反思与针砭，对未来在中国古代身体美学研究的趋势，已明白地指出了具体的方向。未来在中国古代身体美学的研究，应摆脱纯粹抽象性精神美的论述架构，回到古代美学思想家在当时发言时的历史情境与审美经验中，从精神与肉体的养护、照顾、培养、修炼的角度，重新建构中国身体美学的基础理论。而儒家身体美学集大成的经典，无疑是强调礼乐美感典范的《礼记》一书。对于《礼记》身体美学的研究，现在正是成熟的时机！

---

❶　参见蒋勋《身体美学》，台北：远流出版事业股份有限公司，2008年，《序》，7页。

参考书目

一、原典文献

〔汉〕郑玄注、〔唐〕孔颖达疏：《十三经注疏·礼记》，台北：艺文印书馆，1985 年。

〔清〕孙希旦：《礼记集解》，台北：文史哲出版社，1990 年。

二、现代中文专书

王梦鸥：《礼记今注今译》，台北：台湾商务印书馆，1969 年。

王梦鸥：《礼记校证》，台北：艺文印书馆，1976 年。

牟宗三：《政道与治道》，台北：台湾学生书局，2010 年。

宋兆麟：《中国生育信仰》，上海：上海文艺出版社，1999 年。

李宗芹：《与心共舞——舞蹈治疗的理论与实务》，台北：张老师文化，2000 年。

李泽厚：《美的历程》，台北：三民书局，2000 年。

宗白华：《艺境》，北京：北京大学出版社，1999 年。

周何：《礼记：儒家的理想国》，台北：时报出版企业股份有限公司，1996 年。

周与沉：《身体：思想与修行——以中国经典为中心的跨文化观照》，北京：中国社会科学出版社，2005 年。

金泽：《宗教禁忌研究》，北京：北京社科文献出版社，1996 年。

林素玟：《〈礼记〉人文美学探究》，台北：文津出版社，2001年。

徐复观：《中国艺术精神》，台北：台湾学生书局，1988年。

梁启超：《先秦政治思想史》，台北：中华书局，2018年。

康学伟：《先秦孝道研究》，台北：文津出版社，1992年。

张鹤泉：《周代祭祀研究》，台北：文津出版社，1993年。

冯友兰：《中国哲学史》（增订本），台北：台湾商务印书馆，1993年。

彭锋：《诗可以兴——古代宗教、伦理、哲学与艺术的美学阐释》，合肥：安徽教育出版社，2003年。

杨儒宾：《儒家身体观》，台北："中央研究院中国文哲研究所"，2004年。

汉宝德：《中国的建筑与文化》，台北：联经出版事业股份有限公司，2004年。

楼庆西：《中国古建筑二十讲》，台北：联经出版事业股份有限公司，2003年。

蒋勋：《身体美学》，台北：远流出版事业股份有限公司，2008年。

郑晓江、万建中主编：《中国生育文化大观》，南昌：百花洲文艺出版社，1999年。

刘松来：《礼记漫谈》，台北：顶渊文化事业公司，1997年。

萧公权：《中国政治思想史》，台北：联经出版事业股份有限公司，1986年。

龚建平：《意义的生成与实现——〈礼记〉哲学思想》，北京：商务印书馆，2005年。

三、现代翻译专书

尼采著，周国平译：《悲剧的诞生》，台北：猫头鹰出版社，2000年。

伊利亚德著，杨素娥译：《圣与俗——宗教的本质》，台北：桂冠图书股份有限公司，2001年。

村井靖儿著，吴锵煌译：《音乐疗法的基础》，台北：稻田出版社，2002年。

理查德·舒斯特曼著，彭锋译：《实用主义美学》，北京：商务印书馆，2002年。

菲立普·费南德兹—阿梅斯托著，韩良忆译：《食物的历史——透视人类的饮食与文明》，台北：左岸文化出版社，2005年。

特菲·达利等著，陈鸣译：《艺术治疗的理论与实务——精神分析、美学与心理治疗的整合》，台北：远流出版社，2001年。

四、专书论文

王明珂：《慎终追远——历代的丧礼》，《中国文化新论·宗教礼俗篇·敬天与亲人》，台北：联经出版事业股份有限公司，1982年。

唐君毅：《〈礼记〉中之礼乐之道与天地之道》，《中国哲学原论·原道篇》，台北：台湾学生书局，1986年。

五、期刊论文

方英敏：《"习"与身体美的养成——在先秦美学视野下》，《当代文坛》，2011年第1期。

方英敏：《什么是身体美学——基于身体美学定义的批判与发展性考察》，《贵州大学学报·社会科学版》第34卷第1期，2016年1月。

何乏笔：《修身·个人·身体——对杨儒宾〈儒家身体观〉之反省》，《中国文哲研究通讯》第10卷第3期，2000年。

林素玟：《仪式、审美与治疗——论〈礼记·乐记〉之审美治疗》，《华梵人文学报》第3期，2004年6月。

林素玟：《〈礼记〉神圣空间的审美治疗》，《华梵人文学报》第10期，2008年7月。

林素玟：《即身涵德、以体践礼——〈礼记〉的身体美学》，《成大中文学报》第65期，2019年6月。

林素娟：《饮食礼仪的身心过渡意涵及文化象征意义——以三〈礼〉斋戒、祭祖为核心进行探讨》，《中国文哲研究集刊》第32期，2008年3月。

林素娟：《气味、气氛、气之通感——先秦祭礼仪式中"气"的神圣体验、身体感知与教化意涵》，《清华学报》新第43卷第3期，2013年9月。

黄俊杰：《中国思想史中"身体观"研究的新视野》，《中国文哲研究集刊》第20期，2002年3月。

刘悦笛：《观念、身体与自然：艺术终结与中国美学的新生》，《哲学与文化》第41卷第2期，2014年2月。

钟云莺：《身与体：〈易经〉儒家身体观所呈现的两个面向》，《佛学与科学》第11卷第1期，2010年2月。

在道善学苑读懂中华文化

品赏古典音乐之美

会员加入接口

欢迎您加入道善会员，入会后您将尊享这张清单所列的所有音频、视频课的学习以及所有电子书的阅读，同时可获得道善学苑店铺图书折上 9.5 折优惠。

我们是谁

道善文化传媒（北京）有限公司的前身，为成立于 2004 年的北京爱智达人教育科技有限公司，公司自成立以来一直从事传统文化类图书的出版发行与音视频课制作，尤其深耕中华传统文化经典的优质讲解内容，用心遴选明家、大家，注重讲解经典的今用价值与正本清源，突出用古人的智慧启发今人的智慧。已经出版了海内外数十位知名学者与作家的近 200 种作品，其中百分之九十以上的图书作者为台湾学术界著名专家学者。

我们能为会员提供什么

一、名家音视频课程

吴怡老师课程：
吴怡：《碧岩录》上下部（视频课）
吴怡：周易本义通讲（视频 43 期）
吴怡：孔子学易心得——易经系辞传细讲（视频课）
吴怡：老子哲学的道与理　专栏回放（视频课）
吴怡：禅与人生（视频课）
吴怡：假如我遇到荣格（视频课）
吴怡：读懂易经（视频课）
吴怡：孔子学易心得——易经系辞传细讲（音频 39 期）
吴怡：《老子》新说——我在美国讲老子（音频课）
吴怡：易经入门与处变哲学（音频课）
吴怡：觉醒与转化——坛经的生活智慧（音频 20 期）
吴怡：《庄子》新说——我在美国讲庄子（音频课）

刘君祖老师课程：

刘君祖：易经与智慧人生（视频课）

刘君祖：《五经道贯》直播回放（视频）

刘君祖：讲透《孙子兵法》（视频 85 期）

刘君祖：演示大衍之术（视频）

刘君祖：学懂易经 64 卦

刘君祖：逐字逐爻详解易经六十四卦（音频 128 期）

刘君祖：易解《心经》（视频）

刘君祖：易经入门 6 小时（音频）

刘君祖：讲鬼谷子（音频 31 期）

袁保新：如何进入孟子的精神世界

林义正：贯通群经解论语（视频 25 期）

林义正：《论语》原来这么深刻（视频 36 期）

高柏园：精讲韩非子（视频 74 期）

刘少雄：唐宋词的情感世界（音频 60 期）

沈鸿元：听得懂的爵士乐（音频 102 期）

王令樾：史记 100 讲（音频 100 期）

严定暹：孙子兵法细讲（音频 72 期）

甘怀真：中国通史——王权激荡五千年（音频 105 期）

朱　琦：青春李白 | 硅谷华人最喜爱的诗词课（音频 33 期）

叶思芬：《金瓶梅》私房笔记（音频 107 期）

叶思芬：成住坏空看红楼梦（音频 124 期）

欧丽娟：醉美古诗词（音频 60 期）

彭广林：30 天听懂古典音乐（视频 12 期）

彭广林：古典音乐的奇幻之旅—从入门到上瘾的 108 堂课（音频 216 期）

刘岠渭深度导聆古典音乐视频课程

莫扎特歌剧《魔笛》（上下）

莫扎特歌剧《费加洛婚礼》（上下）

马勒第五号交响曲（上下）

贝多芬 D 大调小提琴协奏曲

贝多芬第五号交响曲《命运》

贝多芬第三号交响曲《英雄》

威尔第歌剧《茶花女》（上下）

勃拉姆斯 D 大调小提琴协奏曲

舒伯特磨坊少女（上下）

舒伯特 Arpeggione 大提琴奏鸣曲

普契尼歌剧《杜兰朵公主》（上下）

巴赫郭德堡变奏曲（上下）

柴可夫斯基第一号钢琴协奏曲

柴可夫斯基小提琴协奏曲

门德尔松小提琴协奏曲

门德尔松仲夏夜之梦

舒曼 A 小调大提琴协奏曲，Op.129

布鲁赫第一号小提琴协奏曲

西贝柳司小提琴协奏曲

韦瓦尔第小提琴协奏曲《四季》

梁祝小提琴协奏曲

德沃夏克　大提琴协奏曲，Op.104

萧邦第二号钢琴协奏曲

二、道善人与经典文库纸质书与电子书书目

文　运著《大学今用：开启生命成长之路》

高怀民著《易学史》（全三卷）

林素玟著《礼记的读法》

林义正著《论语约讲：感通孔子心志的新诠释》

刘君祖著《道德经通讲》

刘君祖著《庄子通讲》

刘君祖著《黄帝阴符经通讲》

刘君祖著《春秋繁露的读法》

刘君祖著《人物志的读法》

吴　怡著《周易本义通讲》

刘岠渭著《一生必听的 100 首经典名曲》

刘岠渭著《默观无限美——西方古典音乐讲座》

毓　鋆著《毓老师说老子》

毓　鋆著《毓老师说庄子》

毓　鋆著《毓老师说大学》

毓　鋆著《毓老师说论语》

毓　鋆著《毓老师说人物志》

毓 鋆著《毓老师说孙子兵法》
毓 鋆著《毓老师说易传》
毓 鋆著《毓老师说易经》(全 3 册)
毓 鋆著《毓老师说中庸》
毓 鋆著《毓老师说春秋繁露》
毓 鋆著《毓老师说公羊》
毓 鋆著《毓老师说管子》
毓 鋆著《毓老师说吴起太公兵法》
毓 鋆著《毓老师说孟子》
毓 鋆著《毓老师说诗书礼》
毓 鋆著《毓老师说》

刘君祖著《系辞传全译全解》
刘君祖著《刘君祖经典讲堂》(全十卷)
刘君祖著《刘君祖完全破解易经密码(全九册)》
刘君祖著《刘君祖易断全书(上下)》
刘君祖著《易经与现代生活》
刘君祖著《易经说什么》
刘君祖著《孙子兵法新解》
刘君祖著《新解冰鉴》
刘君祖著《鬼谷子新解》
刘君祖著《新解黄帝阴符经》
刘君祖著《新解论语》
刘君祖著《新解鬼谷子》
刘君祖著《忧患：刘君祖讲易经忧患九卦》
刘君祖著《乾坤：刘君祖讲乾坤大智慧》

吴 怡著《庄子的读法》
吴 怡著《老子新说：我在美国讲老子》
吴 怡著《易经新说：我在美国讲易经》
吴 怡著《庄子新说：我在美国讲庄子》
吴 怡著《易经应该这样用》
吴 怡著《中国哲学关键词 50 讲（汉英对照）》
吴 怡著《中国哲学史》

吴 怡著《人与经典·老子》

吴　怡著《人与经典·易经系辞传》

高柏园著《人与经典·韩非子》

王令樾著《人与经典·史记》

吴宏一著《人与经典·说文解字》

毓　鋆著《人与经典·大学》

毓　鋆著《人与经典·中庸》

张高评著《人与经典·左传》

叶思芬著《叶思芬说金瓶梅》

叶思芬著《金瓶梅的读法（全二册）》

欧丽娟著《欧丽娟品读古诗词》

阮芝生著《史记的读法》

袁保新著《孟子的读法》

刘龙勋著《诗经的读法》

叶思芬著《红楼梦的读法》

高怀民著《易经哲学精讲》

高华民著《东道西理：先秦哲学与希腊哲学通讲》

朱　琦著《唐诗之巅》（全三册）

张　元著《读史与观心——从心读〈资治通鉴〉》

林　乾著《柄国宰相张居正》

黄绍祖著《易经与中医学》

徐芹庭著《细说易经》（上下册）

刘少雄著《伤离别与共春风：至情至性唐宋词》（套装共 2 册）

张　源著《把大学彻底说明白》

下村湖人《论语故事》

陈文德著《数位易经》（全二册）

刘思白著《周易话解》

辛意云著《论语大义》（上下）

史瑞华　林左鸣著《不得不说的事——外星代言的传奇经历》

王式智著《中国历史评鉴录》